韓国プロテスタントの南北統一の思想と運動

国家と宗教の間で

李鎔哲

社会評論社

韓国プロテスタントの南北統一の思想と運動・目次

序論　宗教と政治参加

1. 研究の目的と分析方法

現代は政治と宗教との関係、宗教の政治との関わり方が真摯に問われなければならない時代である。七〇年代の第三世界における解放神学の出現、七〇年代と八〇年代の韓国や東欧・旧ソ連におけるキリスト教の積極的な民主化運動への関わり、七九年のイラン革命を前後にした「イスラム原理主義」の台頭、そして、インド・スリランカなどにおける民族・宗教紛争および、国際宗教団体の様々な紛争解決の努力など、二〇世紀後半から世界各地で起こっている国内・国際政治における「宗教復興」の多様な現象は、宗教を政治学の真摯な対象として、政治と宗教の問題に注目することを要求している。(1)

政治と宗教の基本的な関わり方については、一六世紀および一七世紀に西欧で悲惨な宗教戦争を経験して以来、近代国家においては政治と宗教との分離が主張され、その分離は制度として実現されてきた。(2) つまり、法律によって政治の領域や目的を宗教のそれらと区別し、国家による宗教への介入と、宗教による政権への直接的な関与を禁止することである。こうした政教分離の原則と制度は、宗教の自己絶対化の傾向から政治の自律性を確保しつつ、他方、政治権力の悪魔性から個人人格の内面性を保障するという意味で、近代西欧の政治思想史が作り出した偉大な業績であるといえよう[3]。

しかしながら、近代民主主義国家における政教分離の原則が、政治権力と宗教との癒着を否定するものではあっても、両者の実質的な分離を必ずしも意味するものではないことは言うまでもない。言い換えれば、宗教の現実政治に対する無関心および無責任を規定し、正当化するものではないのである。というのも、宗教も現実の政治社会のなかでしか存在せざるを得ないのであり、それだけいっそう、宗教は公的な政治社会の営みに対して責任があるからである。この点で、むしろ宗教には、宗教の独自の立場から、望ましい政治社会の形成に自律的で積極的に関わっていくことが必要とされる。つまり、政教分離の原則と制度に依拠しつつも、宗教的世界観や倫理観に基づき、国家権力および政治権力との緊張関係を保ちつつ、現実政治に対して批判的に発言し、行動することが要求されるのである[4]。

ところで、このように近代民主主義国家において宗教に批判的で創造的な役割が理念として求められる反面、実際の歴史における宗教の政治的機能については多くの理論家たちによって否定的な見解が主張されてきた。それらの見解は大きく次のように二つに類型化することができよう。

まず一つは、宗教が既存の政治秩序を正当化し、維持する保守的な機能を果たすということである。こうした政治変動に対する障碍としての宗教の政治的機能については、一九世紀に入ってから、主にR・スペンサー、B・マリノフスキー、E・デュルケム、K・マルクスなどによって強調されてきた。これらの古典的な理論家の共通した見解は、「宗教は主に特定社会において支配的な価値と構造を統合し、正当化する力であって、社会変化を導き出す力ではない」ということである[5]。このなかで、特にマルクスは、宗教が既存の政治秩序および支配体制に対して保守的な機能しか果たせないことを彼の疎外理論のなかでもっとも批判的に主張している。

マルクスによれば、宗教の本質は現実の疎外関係を非現実的に克服しようというところにある[6]。つまり、私的所有という社会関係によって成立した非人間的な現実のなかで、その状況を観念的な信仰および信心によって超越しようとするものである。こうした宗教によって、個人は救済されるかもしれないが、現実社会における非人間的な疎外関係はそのままに温存されつづけることになる。この意味で、マルクスにとって、宗教は幻想的幸福に過ぎないものであり、疎外のもう一つの現われである。さらに、マルクスは、宗教の本質が現実を観念的に克服しようとするところにあるだけに、民衆は宗教のなかで現実の疎外状況を軽視し、その現実を保障する政治秩序および支配体制に対して受動的な態度をとることになる、と主張する。この意味で、マルクスにおいて宗教は「民衆の阿片」であり、宗教の政治的機能とは、民衆を無力化し、真の社会主義の実現を妨げるものに他ならないのである。

また、宗教の否定的な機能に対する典型的な見解は、特に国際政治において宗教が紛争を引き起し、激化する主な原因として働くということである。言い換えれば、宗教が民族紛争および地域紛争を招き、その紛争に対する政治的・外交的な妥協を妨げる要因として機能するということである。このように宗教を紛争の原因および紛争解決の障碍として捉える見解は、宗教の自己絶対化の傾向および脅威を強調するという点で、西欧の近代初期におけるT・ホッブズ、M・モンテスキュー、D・ヒュームなどの思想に端を発しているといえよう。[7]そして、冷戦後の現代においては、S・ハンチントンの「文明の衝突」論がこの立場を代表していると指摘することができる。

ハンチントンによれば、脱冷戦時代においては、国益や政治イデオロギーに代わって、文明の対立が国際紛争の主因となる。この場合、文明とは「言語、歴史、宗教、生活習慣、制度といった共通の枠組み、そして主観的な自己認識（アイデンティティ）をめぐる共通の基盤や目的によって導かれる」[8]ものである。この点で、単に宗教だけが冷戦後の紛争の原因として指摘されているのではない。しかしながら、ハンチントンが、これらの文明の構成要素のなかで紛争の要因として実際にもっとも強調するのは、宗教である。そして、宗教においても特に、イスラム教ばかりでなく、西欧のキリスト教、ユダヤ教、仏教、ヒンズー教などにおけるいわゆる「原理主義」

の世界的な台頭が、国際秩序の不安定化の主な原因となっていく可能性が高いと主張する。ハンチントンは、その理由として、「宗教的な差別が民族問題にもまして熾烈で排他的な性格を具えている」が故に、「政治・経済問題にもまして妥協や解決を図るのが難しい」という点を指摘している。(9)

このような宗教の政治的な機能に対する二つの否定的な見解は、それぞれ現実のリアリティーをある程度反映するものであるといえよう。確かに、宗教の本質が霊魂の救済にあるだけに、数多くの宗教は実際の人類の歴史において、既存の政治秩序および支配体制を受動的に正当化するという保守的な機能を果たしてきた。また、大多数の宗教に含まれている自己絶対化の傾向によって様々な地域・民族紛争は発生し、また、激化していったことも事実である。

しかしながら、他方、これらの否定的な見解は、それぞれ宗教の肯定的な政治的役割を根拠づける宗教のもう一つの重要な側面を度外視していると指摘せざるを得ない。つまり、宗教は、単に霊魂の救済だけでなく、それを可能にする社会的・政治的な条件にも関心を持つ。それ故に、宗教は常に既存の政治秩序を正当化することではなく、ある特定の政治状況においては、むしろ宗教的な世界観および信念体系を媒介とした現実認識を基盤として、先駆的に既存の政治秩序および支配体制と対立し、政治変動に一定の影響を及ぼすことができるのである。また、宗教には、単に排他的な自己絶対化の傾向があるのではなく、包容的な寛容・非暴力主義・対話の精神も含まれている。それ故に、宗教は常に紛争の原因として機能するのではなく、むしろ宗教的な価値観によって政治的・民族的な紛争を仲裁し、解決するという調整者的な役割をも果たすことができるのである。(10)要するに、宗教には、先駆的に既存の政治秩序を批判的・創造的に変革し、既存の政治的紛争を平和的に解決する能力があり、こうした力による宗教特有の政治的役割は現代においてむしろ要求されるのである。

本研究は、このような宗教の政治的役割に関する二つの観点から、一九八〇年代において韓国のプロテスタントが展開した南北朝鮮間の「平和統一」(11)運動を取り上げ、その理念と実際の活動が韓国国家の対北朝鮮政策とどう対立し、また、南北朝鮮間の政治的紛争の平和的解決にどのような意味を持つのかを明らかにしようとするものである。このために、本研究は特に次の二つの分析方法を用いる。

まず、南北朝鮮関係をめぐる様々な問題のなかでも、韓国にとって北朝鮮をどう認識すべきであるかという北朝鮮認識の問題と、平和統一への過程を推進する主体をどのように設定すべきであるかという統一主体認識の問題に焦点を当てる。これらに特に注目する理由は、前者が北朝鮮との平和的な統一の当為性や基本原則を根本的に規定するものであり、後者が統一をめぐる議論の民主化や運動の自由化と深く関わると同時に、統一に至る方法を左右する問題だからである。要するに、この二つの問題は、韓国側から北朝鮮との平和統一を志向する時、統一への意志や原則・方法を根底から規定する。従ってこれらを検証することによって、韓国プロテスタントの平和統一運動が韓国の対北朝鮮政策及び南北朝鮮関係の根本的な変革を目指したものであることを示すことができると考えられる。

また、本研究は、韓国国家とプロテスタントとの政教間対立の構造に焦点を当てる。後者は、七九年五月の光州事件における民主化運動の挫折の経験を直接的な契機とし、八〇年代に入り朝鮮半島の冷戦及び分断体制に対する批判的な省察を行った。そして、これに基づいて、北朝鮮及び統一過程に対する認識を根本的に変え、平和統一運動を展開した。しかしながらこの新しい認識と運動は、前者の全斗煥政権（八〇年九月―八八年二月）の対北朝鮮政策と真正面から対立した。このような政教間対立の中で、韓国プロテスタントの理念は、韓国市民社会において広範な合意を形成し、これが一九八七年六月から始まった韓国の民主化過程を通して、盧泰愚政権（八八年二月―九三年二月）の対北朝鮮政策を大きく変化させたと考えられる。このように見るならば、韓国プロテスタントの平和統一運動の特徴と政治的意味は、何よりも民主化以前の八〇年代における、北朝鮮及び統一主体の認識をめぐる国家との対立にあるといえる。以上の観点から、この政教間対立の構造に注目するのである。

2. 研究の対象

本書は、韓国市民社会の様々な民間統一運動のなかで宗教を取り上げ、そのなかでも特に韓国プロテスタントの進歩的な政治的意思を代表してきた「韓国キリスト教教会協議会」（The National Council of Churches in Korea：KNCC, NCCK. 以下、「教会協議会」と略称する）[12]を主な研究の対象としている。そして、検討の対象となる時期においても主に八〇年九月から八八年二月までの第五共和国期に限定し[13]、この期間における政教間の対立を分析している。このように研究の範囲を設定した理由は、特にこの時期における教会協議会の平和統一運動と政教間の対立が、宗教の先駆的・変革的・紛争調整者的な役割を明確に表現していると思うからである。

四五年八月に南北朝鮮が分断されてから八〇年代にいたるまで、韓国社会における民間の組織的な平和統一運動は存在しなかった。その主な理由は、第一章第一節で詳述するように、国際的な冷戦秩序のなかで、歴代の韓国政権が反共産主義的な統一政策を実施し、「国家保安法」という法律によって民間の平和統一論および統一運動を厳しく統制したからである。ただ、六〇年四月の学生・市民革命によって成立した第二共和国期において、南北朝鮮の直接的な交流と交渉を主張する平和統一運動が大学生を中心に展開されたが、六一年五月の軍事クーデタによって成立した第三共和国以降、再び抑圧されることになる。以来八〇年代にいたるまで、韓国社会において「南北間の和解と平和的統一を主張することは、時々、命を賭ける時にのみ、可能なこと」[14]であった。

しかしながら、八〇年代に入って韓国社会の平和統一運動は始まり、九〇年代には様々な民間の分野において活性化することになる。こうした民間の平和統一運動を八〇年前後から先導してきたのが、韓国プロテスタントの教会協議会である[15]。

もちろん、八〇年代においても、他分野の民間統一運動は行われていた。例えば、学生運動勢力は、八二年からアメリカの在韓文化院の放火・占拠などの反米運動を展開しながら、八八年にソウルで開かれるオリンピックの南北共同開催、南北学生会談を推進した。そして、学術・言論・法曹・宗教・労働・芸術などの分野における社会運動勢力の代表と在野政治家が中心となって、八五年には民間の平和統一運動団体である「民主統一民衆運動連合」を結成し、南北朝鮮社会団体の共同大会やオリンピックの南北共同開催を要求する運動などを展開した。[16]しかし、これらの学生および社会運動勢力による運動は、韓国国民の平和統一に対する関心を喚起することには寄与したが、その過激な政治的主張と行動の故に、韓国国民の大衆的な支持を得ることには失敗したと評価されている。[17]また、南北朝鮮間の直接的な交流など、実質的な成果をもたらすこともできなかった。後に第四章の第二節で見るように、八〇年代に北朝鮮側と直接的に交流し、共同事業を行った韓国の民間組織は、教会協議会だけであった。他の民間分野が独自に組織的な平和統一運動を展開し、公式に南北交流を実現するのは、九〇年代に入ってからである。

他方、韓国の他の三大宗教である仏教とカトリックの場合、公式に南北朝鮮の平和統一問題に取り組むことになるのは、八〇年代末からである。まず、仏教の場合、八八年五月に在野の仏教運動団体を中心にして「民族和合共同オリンピック推進仏教本部」が結成され、仏教界の平和統一運動を展開する。そして、九〇年代に入って、北朝鮮側との交流を始めることになる。しかし、韓国仏教の代表的な教団の連合体である「韓国仏教宗団協議会」に公式に「南北仏教交流推進委員会」が設けられたのは、九八年八月である。[18]また、カトリックの場合においても、教団が平和統一問題を担当する公式な組織として「民族和解委員会」を発足させたのは九五年三月であり、実際にこの年から北朝鮮側との直接交流を始めている。[19]この他に、天道教などの民族宗教も、八〇年代後半から南北交流を推進し、九〇年代に実現している。[20]こうした他宗教の状況と比べてみると、八〇年前後から展開された教会協議会の平和統一運動は時期的にもっとも先駆的だったと評価することができる。[21]

また、本書が特にプロテスタントの教会協議会を主な研究の対象とする理由は、韓国社会における教会協議会の持つ影響力の大きさにある。その影響力については、思想と組織という二つの側面から指摘することができる。

まず、思想的な側面において、教会協議会の神学者らは七〇年代から「民衆神学」という、社会的・政治的実践を神学的に基礎づけた独自の思想を持っていた。[22] そして、八〇年代には、民衆神学に基づいて、南北朝鮮間の平和統一の正当性や方法論などを神学的に根拠づける「統一神学」を展開した。[23] この統一神学のなかでは、特に北朝鮮をどう認識するかという問題と、誰が統一過程の主体となるべきかという問題が体系的に論じられた。これらの議論は、韓国社会における他の民間分野の統一論に精神的な刺激と影響を与えることになる。もちろん、この場合、韓国の仏教とカトリックも、それぞれの思想的な観点から平和統一の問題を論じているが、[24] 教会協議会の統一神学に比較すると、個人的な試論の水準にとどまっている。

さらに、組織的な側面においても、教会協議会は大きい影響力を持っている。八五年の韓国政府の人口統計調査によると、韓国の宗教人口は全体人口の四二・五％であり、そのなかで一六％の約六五〇万人がプロテスタント信者である。[25] 教会協議会はこのプロテスタント信者の約五五％を会員として抱えている。そして、独自の教会、放送、言論、出版、教育機関を持っている。これらの組織によって、平和統一運動は大きく大衆化することができたのである。[26] また、教会協議会は、「世界教会協議会」（World Council of Churches：WCC）および「アジアキリスト教協議会」（Christian Conference of Asia：CCA）などの国際機関と緊密な協力関係を形成している。これらの国際組織との連帯によって、後に第四章第三節で詳述するように、教会協議会は八〇年代に最初に南北交流を実現することができ、また、逆に南北朝鮮の統一問題を国際化することができた。以上のような時代的な先駆性と、思想的・組織的な影響力の大きさの故に、特に教会協議会の統一運動は検討に値するのである。

本書は、主な分析の対象となる時期を第五共和国期に限定している。その理由は、この時期が韓国国家の統一政策史における過渡期に当たり、それ故に、教会協議会の統一運動の政治的意味を明確に表現していると思うからである。

韓国国家の統一政策は、第五共和国期を経て、第六共和国期の盧泰愚政権に入って、質的に大きく変化することになる。その変化の核心的な内容は次の二つである。一つは、北朝鮮を何よりも「民族共同体」の一部として認識することになったことである。この民族共同体としての北朝鮮認識は、八八年七月に盧泰愚大統領によって、「民族自尊と統一繁栄のための特別宣言」（以下、「七・七宣言」と略称する）という形で公式に発表されて以来、韓国国家の統一政策の理念的基盤として働くことになる。また、もう一つの変化は、九〇年八月に「南北交流協力に関する法律」（以下、「南北交流協力法」と略称する）を制定し、南北朝鮮の様々な民間交流を法的に保障したことである。[27] この南北交流協力法は、両側の交流に対して韓国政府の「承認」を義務づけてはいるが、韓国国家が南北朝鮮の統一過程における民間分野の役割、言い換えれば、政府と民間との共同主体の必要性を公式に認めることになったことを意味する。

ところで、このような第六共和国の初期における北朝鮮認識および統一主体論の変化は、この時期に広範に形成された市民社会の要求を積極的に受け入れたものであり、[28] これは特に教会協議会の主張と軌を同じくするものである。この側面からみると、第五共和国期は、教会協議会の統一論および統一運動が国家権力と対立しつつ、市民社会および国家の認識と政策の変化に一定の影響を及ぼした時期となる。このように、南北朝鮮の統一問題をめぐる韓国政治において、政教間対立を通じた宗教の変革的な役割が集約的に現れるという点で、第五共和国期は特に検討の対象とする必要があるのである。

3. 先行研究の現状と課題

本書は、韓国プロテスタントの教会協議会と第五共和国期とに焦点を合わせて、この時期における教会協議会の平和統一運動が韓国国家の統一政策とどのように対立し、それの変化にどのような役割を果したのかを明らかにしようとするものである。こうした研究目的を実現するために、本書は、教会協議会を中心とした韓国プロテスタントの平和統一運動と、第五共和国期を前後にした韓国国家の統一政策とに関する先行研究の成果をふまえつつ、その限界を克服しようと試みた。

まず、韓国プロテスタントの平和統一論および統一運動に関しては、八〇年代と九〇年代という同時代的な性格の故に、それほど多くの研究がなされていないのが現状である。しかしながら、八〇年代の中盤から、主に統一運動を主導している宗教者および学者によって、いくつかの注目すべき論考が発表されている。これらの研究を大別するならば、プロテスタントの南北朝鮮統一論および統一運動の展開を通史的に考察したものと、主にそれの意味や限界などを質的に分析したものに分けられる。

通史的な研究のなかで代表的なものとしては、まず、キム・ヨンボックの「民族分断とキリスト教の対応」(一九八三年)を挙げることができる。[29] この論考は、歴史の事実をあるがままに整理することが重要であるという観点から、四五年に分断されてから八〇年前後に平和統一運動が始まる時期まで、北朝鮮および統一問題に対して韓国プロテスタントの代表的な理論家らがどう考え、教会協議会がどう行動してきたのかを時系列的に説明している。特に彼は、七二年七月に南北朝鮮の当局間に合意された「七・四南北共同声明」を中心に時代を区分し、その共同声明に対するプロテスタントの対応過程を詳しく分析している。しかし、著者自らが認めているように、様々な理論家の主張や歴史的な事実の整理を超えて、各時代におけるそれの特徴を解明していないという点で、そして、時期的に八〇年代の平和統一運動を取り上げることができなかったという点で、通史的な研究として限界を持つものである。

これに対して、キム・フンスは「韓国教会の統一運動の歴史に関する再検討」(一九九五年)において、四五年から九〇年にいたるまで、韓国プロテスタントの北朝鮮に対する認識および統一論の変遷を歴史的に分析しつつ、それを時代ごとに特徴づけている。[30] つまり、四五年以降と五〇年代については武力による「北進統一論」として、六〇年代と七〇年代については平和的な対決による「勝共統一論」として、そして、八〇年代については対話による「平和統一論」として特徴づけ、こうした規定を歴史資料によって根拠づけている。この点で、キム・フンスの研究は、キム・ヨンボックのそれと比べて、大きく進展したものとして、通史的な研究のなかでもっとも影響力のあるものであると評価することができる。しかしながら、これらの通史的な研究は、韓国プロテスタントの主観的な側面の変遷については分析しているものの、それが、韓国社会および政治においてどのような意味や限界を持つのかという客観的な側面に対する分析を抜きにしているという点で、一面的なものであるといえよう。

こうした通史的研究の問題点を克服し、プロテスタントの平和統一運動の持つ意味や限界を比較的・質的に分析しようとした代表的な研究としては、パク・ソンジュンの「一九八〇年代における韓国キリスト教の統一運動に対する考察」(一九九五年)を挙げることができる。[31] 彼は、韓国社会の進歩的な統一運動の発展という観点から、八〇年代に焦点を合わせて教会協議会の平和統一運動の内容を概観しながら、それの成果と問題点を分析している。まず、成果としては、韓国社会に統一運動の大衆化をもたらしたことを指摘している。これは、教会の組織、国際機関との連帯、統一問題への非政治的な接近などによって可能になったと分析する。しかし他方、問題点として、労働者・農民・知識人などの他の社会運動勢力との連帯や、統一された国家の性格の規定において、消極的で抽象的な態度などを批判している。

このようなパク・ソンジュンの研究は、教会協議会の統一運動の意味と限界をともに考察しているという点で、特筆に値するものである。しかしながら、彼が分析の対象としたのは、韓国の社会運動勢力との関係であり、韓国の政治や国家とのそれではない。この点で、彼の研究は社会学的な分析ではあっても、政治学的な分析であるとはいえない。言い換えれば、教会協議会の統一運動の持つ政治的意味や限界を研究の視座に収めていないものである。

これに対して、パク・ジョンファの「南北交流と韓国教会統一運動の反省と未来展望」(一九九五年)と「八八宣言――意味、発展的実践方向、韓国教会の実践意志――」(一九九八年)は、教会協議会の統一運動と国家の統一政策との関係に注目している[32]。彼は、教会協議会の統一運動の政治的な意味と課題を考察するためには、教会協議会の統一論と国家の統一政策との共通点と相違点を検討すべきであるという観点から、特に八八年七月に韓国の第六共和国政府によって発表された「七・七宣言」や、九一年一二月に南北朝鮮の当局間に合意された「南北間の和解と不可侵、および交流・協力に関する合意書」の内容と、教会協議会の主張とを比較して分析している。この点で、政教関係という視座から、南北朝鮮関係における宗教の政治的な役割を考察したものであるといえよう。しかしながら、彼の分析は、教会協議会の平和統一論および統一運動の政治的結果に関するものであって、政治的過程に関するものではない。つまり、どのような政治的な条件のなかでその運動が展開されたのか、という側面に関する分析を抜きにしており、それ故に、政治および国家との全体的な関連性を充分に説明していないのである。

以上に述べてきた先行研究の現状を要約するならば、次のようになるだろう。まず第一に、教会協議会の統一運動の主観的な側面、つまり、それがどのような宗教的な世界観に基づいて、どのように南北朝鮮関係を理解し、どのように活動したのかについて通史的な研究がなされ、その時代的な特徴と変遷過程が分析されている。そして、第二に、教会協議会の統一運動の客観的な側面、つまり、それと社会的・政治的現実との関係については、その関連性を指摘する研究はあるものの、具体的な分析はまだ行われていない[33]。この点で、先行研究の成果をふまえながら、教会協議会の統一運動を社会的・政治的現実、特に国家の統一政策のなかに位置づけ、両者の関連性を具体的に分析することは、本書に求められる研究課題であるといえよう[34]。

他方、韓国国家の統一政策に関しては、様々な観点から数多くの研究がなされてきた。特に、韓国国家の北朝鮮認識に関する問題は、第一章第一節で詳しく述べるように、七〇年代以後に平和統一政策が展開されることによって、南北朝鮮関係を根本的に規定するもっとも重要なテーマの一つとして考察されてきた。北朝鮮認識の問題を論じた先行研究の中で、本書が特に注目した代表的なものを示すと、次のようになる。

まず、通史的な研究としては、イム・ヒョクベックの「南北韓統一政策の比較研究」(一九九二年)を指摘することができる。[35] この論考は、五〇年代から八〇年代にいたるまで、南北朝鮮政府が統一よりは分断を実際に選好したという前提から、両者の統一案を時代ごとに批判的に分析し、五〇年代を「統一政策の不在期」、六〇年代を「統一政策の準備期」、七〇年代を「方法論的競争の発生期」、八〇年代を「統一政策の収斂期」と特徴づけている。このなかで彼は、七〇年代に韓国政府が、北朝鮮を「事実上の国家」として認定しはじめ、八〇年代末により積極的に「民族共同体」および「一民族二体制」を主張することになった経緯を説明している。こうして韓国国家における北朝鮮認識の時代的な変化の特徴を明確に示しているという点で、彼の研究は注目に値するものである。[36] しかしながら、その北朝鮮認識の変化が、南北朝鮮関係をめぐる国際政治や国内政治に対して何を意味するのかを分析していないという点で、歴史研究としての限界を持つものである。

これに対して、ベ・ジェシックの「南北韓の統一方案に対する法的評価」(一九八二年)は、七〇年代における韓国の平和統一案の持つ法的な意味を具体的に考察した代表的な研究である。[37] この論考は、七二年の「七・四南北共同声明」と七三年の「平和統一政策に関する大統領の特別声明」に焦点を合わせて、これらの声明によって、南北朝鮮が法的にどのような関係となったのかを分析している。特に彼は、韓国にとって北朝鮮の法的地位が、対外的な関係においては「事実上の国家」となったのだが、対内的な関係においては「地方的な事実上の政府」となった、と解釈している。このように韓国における北朝鮮の法的な地位の両面性を浮き彫りにしたという点で、彼の研究は注目する必要があるのである。

さらに、南北朝鮮関係および北朝鮮の地位に関する法的研究は、ジェ・ジョンホの『南北韓特殊関係論――法的問題とその対策――』(一九九五年)において、より体系的に発展された。[38] 彼は、九一年に南北朝鮮の当局間に採択された「南北間の和解と不可侵および交流・協力に関する合意書」において南北朝鮮の関係を同じ民族間に「暫定的に形成された特殊関係」と規定したことに注目し、その特殊関係をめぐる法的な問題を様々な観点から考察している。このなかで、彼は特に、韓国政府の平和統一政策および特殊関係論における北朝鮮認識（「事実上の国家」）と、韓国憲法の領土条項および国家保安法におけるそれ（「反国家団体」）との矛盾を分析し、後者の法律を改廃する方法を模索している。この点で、彼の研究は、分断から九五年にいたるまで、韓国国家における北朝鮮認識の全体像とその法的な問題点を解明することに大きく寄与したといえよう。

しかしながら、もっと重要な問題は、韓国国家における北朝鮮認識の両面性が持つ問題点は、単に法的な領域に限られるものではない。もっと重要な問題は、韓国国家における北朝鮮認識の両面性が持つ問題点は、南北朝鮮の統一問題をめぐる韓国国内の政治、特に韓国民間の平和統一運動を大きく制限しているということである。つまり、国家が、自らは「事実上の国家」としての北朝鮮認識に基づいた平和統一政策を展開しながら、他方、「反国家団体」としてのそれに基づいた国家保安法によって、民間の平和統一運動を統制することを可能にするのである。

この点で、韓国の国家保安法の政治的機能に関するパク・ウォンスンの一連の批判的な研究は高く評価されねばならない[39]。彼は、『国家保安法研究1――国家保安法変遷史――』（一九八九年）での歴史的な考察に続いて、『国家保安法研究2――国家保安法適用史――』（一九九二年）において、この法律が韓国社会の民主化運動や平和統一運動の抑圧にどのように乱用されてきたのかを実証的に分析している。そして、『国家保安法研究3――国家保安法廃止論――』（一九九二年）においては、北朝鮮認識における平和統一政策と国家保安法との矛盾を考察しつつ、南北朝鮮関係の発展のために、この法律を廃止することを主張している。これらの研究は、以来、韓国における国家保安法改廃論の典拠となっている。

本書は、このような先行研究の成果に依拠しながら、特に第五共和国期における教会協議会の平和統一運動を国家の統一政策との内的な関連のなかで考察しようというものである。そして、本書は研究の資料として、韓国政府および教会協議会が公式に出版した白書や一次資料集を主に検討しているが、その他に、世界教会協議会の重要人物とのインタビューも行っている[40]。本書は、これらの資料に対して、客観的で実証的な分析を試みた。

4. 論文の構成

本書は、序論を除外して、二部五章で構成されている。第一部の第一章と第二章では、北朝鮮に対する認識と統一過程の主体の設定という二つの問題を中心にして、第五共和国政府と教会協議会がどのように理念的に対立したのかを検討する。

まず、第一章では、四五年の朝鮮半島の分断以来、北朝鮮に対する韓国国家と教会協議会の認識の変化過程を跡づけながら、第五共和国期に入ってからの両者間における北朝鮮認識の対立を分析する。国家の場合においては、特に統一政策の変化と韓国憲法の領土条項および国家保安法の規定とに注目しつつ、「事実上の国家」と「反国家団体」という二面的な認識の特徴を浮き彫りにすることになる。また、教会協議会の場合には、特に八〇年前後における北朝鮮に対する認識の質的な変化に注目しつつ、「民族共同体」という認識の特徴および意味を検討することになる。そして、このような北朝鮮認識における第五共和国政府と教会協議会との対立について、「反国家団体」対「民族共同体」、「事実上の国家」対「民族共同体」という二つの次元に分けて分析する。ここでは、教会協議会の民族共同体論が、南北朝鮮関係をめぐる権力政治の論理に対して信頼醸成の論理を、また、単なる平和共存の論理に対して積極的な平和統一の論理を強調していることが明らかにされる。

第二章では、統一過程の主体の設定における第五共和国政府と教会協議会との理念的な対立を分析する。この場合にも、第五共和国政府の統一主体論については、統一政策において南北朝鮮の両政府を統一過程の主体として設定しつつも、韓国憲法の領土条項および国家保安法においては排他的な韓国政府の独占論理を規定しているという両面的な内容を浮き彫りにする。ここでは、特に韓国国家保安法の諸規定が民間の統一運動や北朝鮮との交流をどのように禁止しているのかが検討される。また、教会協議会の統一主体論については、民衆神学という独自の聖書解釈や政治権力の悪魔性に対する批判的認識と関連して、南北朝鮮民衆主体論や世界民衆との連帯論、その政治的意味を検討する。そして、このような統一主体論における第五共和国政府と教会協議会との対立について、「韓国政府主体」対「民衆主体」、「南北朝鮮政府主体」対「民衆主体」という二つの次元に分けて分析する。ここでは、教会協議会の民衆主体論が、二つの政府独占論に対して、統一をめぐる民主的な議論や自律的な運動の法的な保障を要求し、また、統一過程における南北朝鮮民衆間の自由な交流と信頼醸成の重要性を強調していることが明らかにされる。

第二部の第三章と第四章では、教会協議会が民族共同体論と民衆主体論によって実際に展開した運動、すなわち北朝鮮に対する理解運動と南北朝鮮間の宗教交流運動を検討する。そして、これらの二つの統一運動が第五共和国政府の統一政策とそれぞれどのように対立し、当時の韓国社会および国家に対してどのような意味を持ったのかを分析する。

第三章では、北朝鮮に対する教会協議会の理解運動のなかでも、特に北朝鮮の主体思想に対する理解の特徴と意味を分析する。ここでは、特に主体思想における三つの「主体」の概念、すなわち民族自主の原則・民衆主体の原則・首領中心の指導原則に注目し、まず、この三つの主体思想の原則が北朝鮮の歴史で形成される過程と、その内容の特性が整理される。そして、この三つの主体概念に対して、教会協議会が独自の民衆神学の立場から、両思想の異質性とともに、同質性および相互補完の可能性を強調していることが考察される。さらに、このような教会協議会の主体思想に対する理解が、第五共和国政府の反国家団体としての北朝鮮認識および国家保安法の諸規定と対立しつつ、韓国社会の平和統一運動に知的・道徳的な根拠を提供し、さらに韓国国家の北朝鮮に対する認識の変化に影響を及ぼしたことが指摘される。

第四章では、分断以来の南北朝鮮における宗教交流の歴史を概観しながら、教会協議会が第五共和国期に行った南北宗教交流運動の具体的な過程と意味を考察する。宗教交流の歴史については、南北朝鮮のプロテスタントだけでなく、仏教とカトリックをも検討の対象とする。そして、第五共和国期における教会協議会の運動については、最初から世界教会協議会および各国の教会協議会との緊密な国際連帯のなかで展開されたことに注目し、その具体的な協力過程を検討する。また、二回にわたる南北朝鮮のプロテスタント間における直接交流の内容を分析し、両者の信頼醸成という面で、第二次会議が第一次会議に比べて、大きく進展したことを浮き彫りにする。さらに、このような教会協議会の南北宗教交流運動が、第五共和国政府の排他的な政府独占の統一論および国家保安法の規定と対立しつつ、韓国社会に民間交流の方法および実現可能性を先駆的に示し、さらに、韓国国家に自律的な南北民間交流の重要性を確認させたことを明らかにする。

第五章の結論では、本書の全体的な内容を要約する。そして、第六共和国初期における韓国国家の統一政策の変化を概観しながら、第五共和国期における教会協議会の平和統一論および統一運動の持つ意味を結論的に考察する。また最後に、盧泰愚政権から現在の盧武鉉政権が発足した二〇〇三年に至るまで、韓国国家の対北朝鮮政策と教会協議会の平和統一運動の展開について、概略を紹介する。

さらに、本書は二つの附論を付け加えている。附論Ⅰの「北朝鮮の宗教政策と宗教状況」は、本書の第四章が南北朝鮮の宗教交流を検討しているだけに、交流相手の実状を捉えるという意味を持っている。ここでは、八〇年代前後に北朝鮮の宗教政策が部分的に変化した事実と、それをもたらした理由および背景が分析される。また、九〇年代における宗教状況が概観される。

そして、附論Ⅱの「WCRP／ACRP日本委員会の南北朝鮮和解活動」は、内容的に本書と直接的な関係はないが、南北朝鮮関係を対象とした宗教の紛争調整者的な役割を検討しているが故に、附論として付け加えた。ここでは、まず世界宗教者平和会議／アジア宗教者平和会議（WCRP／ACRP）日本委員会の国際活動を支えた理念的な背景が考察され、その後、実際に国際連帯のなかで展開された活動の内容が検討される。そして、最後にその活動の成果が考察されている。

（1） Douglas Johnston and Cynthia Sampson, ed., *Religion, The Missing Dimension of Statecraft* (Oxford: Oxford University Press, 1994). 橋本光平・畠山圭一監訳『宗教と国家――国際政治の盲点――』（PHP研究所、一九九七年）、二五‐七九頁、日本国際政治学会編『国際政治』第一二一号「宗教と国際政治」（一九九九年五月）、一‐一一頁を参照。

（2） 韓国の場合、四八年八月の政府樹立以来、「大韓民国憲法」において政教分離の原則および信教の自由を一貫して規定している。八七年一〇月に行われた第九次憲法改正の後には、第二〇条において、「①すべての国民は、宗教の自由を有する。②国教は認められず、宗教および政治は、分離される」、と規定されている。『소법전』、서울：법전출판사（『小法典』、法典出版社、二〇〇四年）、九頁。

以下において、韓国および北朝鮮の文献を引用する際にはハングルおよび朝鮮語で表記し、括弧のなかで日本語訳や読み方、出版年度を提示する。

そして、南北朝鮮の正式の国名はそれぞれ「大韓民国」「朝鮮民主主義人民共和国」であるが、以下、「韓国」「北朝鮮」と略称する。ただ、韓国では、韓国が「南韓」、北朝鮮が「北韓」、南北朝鮮が「南北韓」、朝鮮半島が「韓半島」、朝鮮民族が「韓民族」と呼ばれているので、韓国の文献を引用する際には、そのまま表記した。

（3） 政教分離の原則および制度の意味については次の文献を参照されたい。丸山真男「超国家主義の論理と心理」『丸山真男集』第三巻（岩波書店、一九九五年）、同「ジョン・ロックと近代政治原理」『丸山真男集』第四巻（岩波書店、一九九五年）、飯坂良明『未来への軌跡――ある政治学者の思想と行動――』（四谷ラウンド、一九九五年）、飯島昇藏『スピノザの政治哲学――「エティカ」読解をとおして――』（早稲田大学出版部、一九九七年）。

また、丸山真男の政教分離論については、拙稿「政治権力と自由（下）――丸山真男の『信教の自由』論を中心に――」（『中央学術研究所紀要』第三〇号、二〇〇一年）、一三三‐一四三頁を参照されたい。

（4） 宗教の政治的責任の根拠について、丸山真男は、「宗教は政治や道徳と次元を異にするにもかかわらず、宗教行動は政治的秩序や倫理的秩序と交錯し、そこに宗教の立場からする政治や社会の批判が不可避となる」と指摘し、宗教の望ましい政治的役割の性格について「非政治的動機からの政治行動」として概念化している。『丸山真男講義録［第四冊］』（東京大学出版会、一九九八年）、三〇三頁。また、ロバート・N・ベラーは、宗教の政治的行動が社会の進歩をもたらす条件として、「超越的な理想が、経験的現実との緊張を保ちながら宗教的象徴体系において中心的な地位を占め、他方、経験的な現実が真正面から少なくとも潜在的に意味と価値を持ち、有効な宗教的行為の領域として受け止められているような状況」を強調している。R・N・ベラー著、河合秀和訳『社会変革と宗

郵　便　は　が　き

料金受取人払

本郷局承認

6344

差出有効期間
2009年3月19日
まで

有効期間をすぎた場合は、50円切手を貼って下さい。

113 - 8790

（受取人）

東京都文京区本郷2-3-10

社会評論社　行

ご氏名
（　　　　）歳

ご住所　　　　　　TEL.

◇購入申込書◇　■お近くの書店にご注文下さるか、弊社に送付下さい。本状が到着次第送本致します。（送料310円）

（書名）　¥　（　　）部

（書名）　¥　（　　）部

（書名）　¥　（　　）部

●今回の購入書籍名

●本著をどこで知りましたか

□(　　　　)書店　□(　　　　)新聞　□(　　　　)雑誌

□インターネット　□口コミ　□その他(　　　　)

●この本の感想をお聞かせ下さい

上記のご意見を小社ホームページに掲載してよろしいですか?

□はい　□いいえ　□匿名なら可

●弊社で他に購入された書籍を教えて下さい

●最近読んでおもしろかった本は何ですか

●どんな出版を希望ですか(著者・テーマ)

●ご職業または学校名

教倫理』（未来社、一九七三年）、二七〇頁。

両者は、宗教の政治的役割のあり方を、制度の外から、国家権力および政治権力との緊張関係（場合によっては対立関係）を保ちつつ、批判的で創造的な機能を果たすところに求めている。本書の研究視角は、両者の立場と軌を一にするものである。

（5）Cf. Brian H. Smith, "Religion and Social Change", *Latin American Research Review*, Vol.10, No.2, 1975, pp.3-4.

（6）竹内良知『マルクスの哲学と宗教』（第三文明社、一九七六年）、四四 - 五六頁、および藤原保信「近代化と宗教倫理」『政治と倫理のあいだ』（昭和堂、二〇〇一年）、二七五 - 二七七頁を参照。

（7）千葉真「宗教、倫理、政治」『政治と倫理のあいだ』、三一〇 - 三一一頁を参照。

（8）Samuel P. Huntington, "The Clash of Civilization?", *Foreign Affairs*, Vol.72, No.3, 1993, p.24. この論考および「文明の衝突」論争の日本語訳については、『中央公論』の一九九三年八月号、一一月号、一二月号を参照されたい。

（9）*Ibid.*, pp.26-27.

（10）現代宗教の紛争仲裁の役割に関する理論的・経験的な分析としては、橋本光平・畠山圭一監訳『宗教と国家――国際政治の盲点――』を参照されたい。

（11）本書では、「平和統一」の概念について、南北朝鮮間の平和的な共存と平和的な方法による統一という二つの意味を同時に含むものとして使用する。また、「統一」の概念についても、南北朝鮮の完璧な政治・制度上の統合というより、両側の民族同質性や共同利益が増加して行く「過程」を意味するものとして使用する。韓国社会の平和統一運動は、このように統一の概念を捉える時に有意義なものとなる。このような統一の概念の重要性については、강정구「통일과정으로서의 평화협정과 평화체제의 구축」『민족화해와 남남대화』、서울：한울아카데미（カン・ジョング「統一過程としての平和協定と平和体制の構築」『民族和解と南南対話』、ハンウルアカデミー、一九九九年）、一五九頁を参照されたい。

（12）朝鮮半島に最初にプロテスタントが伝来されたのは一八七六年である。この年に満州で、イ・ウンチャンなどの韓国の青年たちが洗礼を受け、正式に最初の信者が誕生したからである。以後、韓国プロテスタントの歴史を詳しく記述してものとして、한국기독교장로회역사편찬위원회편『한국기독교 100 년사』、서울：한국기독교장로회출판사（韓国キリスト教長老会歴史編纂委員会『韓国キリスト教一〇〇年史』、韓国キリスト教長老会出版社、一九九二年）、日本語文献としては、『韓国のキリスト教』（東京大学出版会、一九八七年）を参照されたい。
教会協議会は、二四年九月に「朝鮮イエス教連合公議会」として創立され、現在は「大韓イエス教長老会」「キ

リスト教大韓監理会」「韓国キリスト教長老会」「救世軍大韓本営」「大韓聖公会」「キリスト教大韓福音教会」「韓国正教会」「キリスト教大韓ハナニムの聖会」の八つのプロテスタント教団と連合している。教会協議会の組織および歴史については、한국기독교교회협의회70년역사편찬위원회『하나되는 교회 그리고 세계――한국기독교교회협의회70년연표――』、서울：한국기독교서회（韓国キリスト教教会協議会七〇年歴史編纂委員会『一つになる教会、そして世界――韓国キリスト教教会協議会七〇年年表――』、韓国キリスト教書会、一九九四年）を参照されたい。

（13）韓国において「共和国」の変更は、統治構造の変化を伴う憲法改正の時に行われる。政府樹立から現在まで九回の憲法改正があったが、八八年二月から現在まで第六共和国が続いている。第五共和国政府は八一年三月に公式に発足したが、実際には八〇年九月から八一年三月までの全斗煥大統領による過度政府の連続である。この点で、本書では、第五共和国期を八〇年九月から、第六共和国の始まる八八年二月までとする。

（14）이승환「민족통일운동의 현황과 과제」『민족화해와 남남대화』（イ・スンファン「民間統一運動の現況と課題」『民族和解と南南対話』）、三四五頁。

（15）八〇年代前後から九五年までの韓国民間の統一運動史については、노중선『연표：남북한 통일정책과 통일운동50년』、서울：사계절출판사（ノ・ジュンソン『年表：南北韓統一政策と統一運動五〇年』、サゲジョル出版社、一九九六年）を参照されたい。この年表は、教会協議会による平和統一運動の時期的な先駆性を明白に示している。

（16）八〇年代において、韓国の労働・言論・学術などの民間分野は、「民主統一民衆運動連合」などの社会運動連合体に参加していたが、まだ独自に組織的な平和統一運動を行うことはできなかった。この点に関しては、장명국「80년대민족운동의 전망과 과제」『해방40년의 재인식』、서울：돌베개（チャン・ミョングック「八〇年代民族運動の課題と展望」『解放四〇年の再認識』、ドルベゲ、一九八六年）、二六一-二八二頁を参照されたい。

（17）이승환（イ・スンファン）、同上論文、三四六-三四七頁、または、이종석『분단시대의 통일학』、서울：한울（イ・ジョンソック『分断時代の統一学』、ハンウル、一九九八年）、六八-六九頁を参照。

（18）조병활「불교통일운동의 현단계」『불교평론』、서울（チョ・ビョンファル「仏教統一運動の現段階」『仏教評論』、二〇〇〇年冬号）、二三七-二四三頁を参照。

（19）변진흥「한국교회의 민족화해운동」『한국천주교회사의 성찰』、서울：한국교회사연구소（ビョン・ジンフン「韓国教会の民族和解運動」『韓国天主教会史の省察』、韓国教会史研究所、一九九九年）、九七九-九九一頁を参照。

（20）韓国の天道教・円仏教などの民族宗教における北朝鮮側との交流状況については、류성민『남북한의 사회문

화교류에 관한 연구――종교교류를 중심으로――』、서울：현대사회연구소（リュ・ソンミン『南北韓の社会・文化交流に関する研究――宗教交流を中心に――』、現代社会研究所、一九九四年）、五四‐五六頁を参照されたい。

(21) 教会協議会が韓国社会の平和統一運動において先駆的だった根本的な理由としては、世界教会協議会などの進歩的な国際組織との連帯が可能であったこと、国内に膨大な大衆組織を保持していたこと、宗教団体として非政治的なアプローチが可能であったことなどを指摘することができよう。

(22) 民衆神学における民衆の概念、そして、西欧の正統神学や解放神学に対する特徴については、第二章第二節を参照されたい。

(23) 教会協議会の理論家らによる「統一神学」の代表的な論考は、한국기독교교회협의회통일위원회편『한국교회의 만남과 평화통일신학』、서울：한국기독교사회문제연구원（韓国キリスト教教会協議会統一委員会編『南北教会の出会いと平和統一神学』、韓国キリスト教社会問題研究院、一九九〇年）に掲載されている。この資料および論文集は九〇年に発行されたが、その内容は、主に八〇年から八八年まで発表された論文によって構成されている。本書は、主にこの資料および論文集に依拠して、教会協議会の理念的基礎を検討している。

(24) 韓国仏教界における体系的な統一思想の不在を批判しつつ、仏教の中道論から平和統一論を模索したものとしては、박희승「민족통일과 불교」『석림』제27호、서울（パク・ヒスン「民族統一と仏教」『釋林』第二七号、一九九三年）、九八‐一一八頁を参照されたい。また、カトリックの思想的な模索過程については、한국천주교회통일사목연구소편『카톨릭교회와 민족복음화』、서울：일선기획（韓国天主教会統一司牧研究所編『カトリック教会と民族福音化』、日善企画、一九九〇年）を参照されたい。

(25) Cf. Korea Ministry of Culture and Sports, Religious Culture in Korea (Seoul, Hollym Co., 1997), p.9. ここでは、六二年から九三年にいたるまで、韓国の「七大宗団」の宗教状況（施設・教職者・信者の数）の推移が統計で提示されている。

(26) 박성준「１９８０년대의 한국기독교통일운동에 관한 고찰」『희년신학과 통일희년운동』、천안：한국신학연구소（パク・ソンジュン「一九八〇年代の韓国キリスト教統一運動に関する考察」『禧年神学と統一禧年運動』、韓国神学研究所、一九九五年）、四六六‐四七七頁を参照。

(27)「민족자존과 통일번영을 위한 특별선언」（「民族自尊と統一繁栄のための特別宣言」）と「남북교류협력에 관한 법률」（「南北交流協力に関する法律」）の内容および意味については、第五章の結論で詳論する。

(28) 韓国の盧泰愚政権は、八八年二月の政府出帆から統一問題をめぐる議論の民主化方針を表明し、セミナーや世

論調査などの多様な方法で民間の意見を集約し、統一政策を決定した。その経過に関しては、통일원『통일백서』、서울（統一院『統一白書』、一九九二年）、七二‐七五頁が詳しく提示している。

(29) 김용복「민족분단과 기독교의 대응」『한국기독교의 사회운동――형성・전개・과제』、서울：로출판（キム・ヨンボック「民族分断とキリスト教の対応」『韓国キリスト教の社会運動――形成・展開・課題』、路出版、一九八六年）、一七七‐二一六頁。韓国において「キリスト教」とは一般的にプロテスタントを指す。カトリックの場合は、「カトリック」または「天主教」と呼ぶ。

(30) 김흥수「한국교회의 통일운동 역사에 관한 재검토」『희년신학과 통일희년운동』（キム・フンス「韓国教会の統一運動の歴史に関する再検討」『禧年神学と統一禧年運動』）、四二〇‐四五〇頁。

(31) 박성준「1980년대의 한국기독교통일운동에 관한 고찰」『희년신학과 통일희년운동』（パク・ソンジュン「一九八〇年代の韓国キリスト教統一運動に関する考察」『禧年神学と統一禧年運動』）、四五一‐四七六頁。

(32) 박종화「남북교류와 한국교회통일운동의 반성과 전망」『민족통일과 평화』、천안：한국신학연구소（パク・ジョンファ「南北交流と韓国教会統一運動の反省と未来展望」『民族統一と平和』、韓国神学研究所、一九九五年）、二六三‐三一〇頁。「88선언――의미、발전적 실천방향、한국교회의 실천의지――」『기독교사상』제474호、서울（「八八宣言――意味、発展的実践方向、韓国教会の実践意志――」『キリスト教思想』第四七四号、一九九八年六月）、三二‐四二頁。

(33) 筆者が本稿を作成した後に、정성한『한국기독교통일운동사』、서울：그리심（ジョン・ソンハン『韓国キリスト教統一運動史』、グリシム、二〇〇三年、二〇〇六年に改訂版）が出版された。この本は、一九四五年から二〇〇〇年まで、韓国プロテスタントの統一運動の歴史について、保守的な神学に基づいたそれを含めて、詳しく検討している。この点で、時期と対象の両面において、韓国プロテスタントの統一運動の全体像を提示した力作であるといえる。しかしながら、分析の焦点が、主に教団内部における保守と進歩との関係に当てられているが故に、国家権力と教団との関係については充分に考察していない。

(34) 教会協議会の統一運動に対する先行研究と関連して、次の論考は特に北朝鮮側との宗教交流の歴史を分析している。류은상『남북대화시대의 종교계통일운동의 방향』、서울：국토통일원（リュ・ウンサン『南北対話時代の宗教界統一運動の方向』、国土統一院、一九八九年）。류성민『남북한의 사회문화교류에 관한 연구――종교교류를 중심으로――』（リュ・ソンミン『南北韓の社会・文化交流に関する研究――宗教交流を中心に――』）。김흥수、류대영공저『북한종교의 새로운 이해』、서울：다산글방（キム・フンス、リュ・デヨン共著『北韓宗教の新しい

理解』、ダサングッルバン、二〇〇二年）。

また、韓国カトリックの統一運動史に関する代表的な研究として、강인철「종교와 통일운동――한국천주교의 사례――」『종교문화연구』、오산：한신대학교종교문화연구소（カン・インチョル「宗教と統一運動――韓国天主教の事例――」『宗教文化研究』、韓神大学校宗教文化研究所、一九九九年）、三五‐六一頁、변진흥「한국교회의 민족화해운동」（ビョン・ジンフン「韓国教会の民族和解運動」）を挙げることができる。そして、仏教の統一運動史に関する研究としては、조병활「불교통일운동의 현단계」（チョ・ビョンファル「仏教統一運動の現段階」）が四五年の分断から九〇年代までを検討している。本書は、これらの研究成果をも参考にしている。

(35) 임혁백「남북한통일정책의 비교분석」『남북한통합론――이론적및 경험적 연구――』、서울：인간사랑（イム・ヒョックベック「南北韓統一政策の比較分析」『南北韓統合論――理論的および経験的研究――』、インガンサラン、一九九二年）、四三‐八八頁。

(36) 韓国国家の北朝鮮認識の変化に関する日本学界の代表的な研究としては、倉田秀也「韓国外交における『ハルシュタイン・ドクトリン』の放棄の過程（上）――朴正熙大統領『平和統一外交宣言』への道程」（『外交時報一二五九号』、一九八九年六月）と、「韓国外交における『ハルシュタイン・ドクトリン』の放棄の過程（下）――朴正熙大統領『平和統一外交宣言』への道程」（『外交時報一二六〇号』（一九八九年七・八合併号）を挙げることができよう。

(37) 배재식「남북한통일방안에 관한 법적평가」『민족화합민주통일론Ⅰ』、서울：국토통일원（ベ・ジェシック「南北韓統一方案に関する法的評価」『民族和合民主統一論Ⅰ』、国土統一院、一九八二年）、一〇一‐一四九頁。

(38) 제성호『남북한특수관계론――법적 문제와 그 대책――』、서울：한울아카데미（ジェ・ソンホ『南北韓特殊関係論――法的問題とその対策――』、ハンウルアカデミー、一九九五年）。

(39) 박원순『국가보안법연구1――국가보안법변천사――』、서울：역사비평사（パク・ウォンスン『国家保安法研究1――国家保安法変遷史――』、歴史批評社、一九八九年）、『국가보안법연구2――국가보안법적용사――』、서울：역사비평사（『国家保安法研究2――国家保安法適用史――』、歴史批評社、一九九二年）、『국가보안법연구3――국가보안법폐지론――』、서울：역사비평사（『国家保安法研究3――国家保安法廃止論――』、歴史批評社、一九九二年）。

(40) インタビューは、韓国人として世界教会協議会のアジア担当局長を一八年間務めた박경서（パク・キョンソ）氏との間で、二〇〇〇年一一月一日にソウルで行われた。彼は、世界教会協議会の責任者として八八年から

二〇〇〇年まで、北朝鮮を二〇回以上訪問した。インタビューの主な内容は、世界教会協議会と韓国教会協議会および北朝鮮側との交流の過程、北朝鮮国内における国際機構の活動の状況、北朝鮮社会の変化などであった。

第一部　南北朝鮮統一論における国家とプロテスタントの対立

第一章　北朝鮮認識における国家とプロテスタントの対立

第一節　韓国国家の北朝鮮認識：「事実上の国家」と「反国家団体」

1．第五共和国以前の統一政策上の北朝鮮認識

八〇年代の第五共和国期において韓国国家の北朝鮮に対する認識は両面性を持っていた。一つは、四八年八月の政府樹立の前後に制定された「大韓民国憲法」（以下、「韓国憲法」と略称する）の領土条項および国家保安法において実際に不法な「反国家団体」として北朝鮮を規定することである。そして、もう一つは、七〇年代から始まった平和統一政策において「事実上の国家」として北朝鮮を認識することである。平和的な方法を通して統一を図るという構想が相手の存在を認めることから出発するが故に、韓国政府は七〇年代から北朝鮮を事実上の国家としてその政治的実体を認めることになる。この相矛盾する二つの北朝鮮認識のもとで、第五共和国政府の国内外の統一政策が展開されるのである。これに対して、五〇年代と六〇年代における韓国政府は、一律的に不法な反国家団体（いわば「傀儡集団」）として北朝鮮政権の性格を捉え、吸収統合や武力による統一を主張するか、

あるいは平和的統一に関するいかなる議論をも国家保安法によって禁止していた。
韓国の第一共和国政府は四八年八月の政府の樹立とともに、南北朝鮮統一の問題に対して次のような要旨の三つの基本立場を発表した。第一に、韓国政府は朝鮮半島の全域に対する主権を持つ唯一の合法政府である。第二に、選挙が保留された北朝鮮で速やかに民主的な選挙を実施して、韓国国会に空席として残しておいた一〇〇の議席を充たすべきである。第三に、北朝鮮で住民の自発的な意思が封殺される場合には、韓国は武力によってでも北朝鮮に対して主権を回復する権限がある。[1]
こうした第一共和国政府の三大統一原則は事実上北朝鮮政府に無条件的な完全降伏を要求するものであった。つまり、北朝鮮地域での自由総選挙論や武力統一論は北朝鮮政権に韓国政権への無条件的な吸収合併を強要するものであった。そして、その主張の正統性は、朝鮮半島において韓国政府だけが国際連合の認めた唯一の合法政府であり、従って北朝鮮政権は不法団体にすぎないという論理に基づいていた。[2]
第一共和国政府は反国家団体としての北朝鮮認識に基づいて、五〇年六月から五三年七月までの朝鮮戦争を反乱団体によるもの、すなわち「六・二五動乱」として規定する。そして、休戦後には北朝鮮政権とのすべての対話を拒否しながら、公式の統一政策として、従来の武力による「北進統一論」や、韓国憲法の手続きによって北朝鮮地域で国際連合監視下において自由な総選挙を実施することを主張しつづけた。[3]
韓国の第二共和国は、六〇年四月から八月までの過渡政府を経て、六一年五月まで約九ヶ月間持続した。第二共和国は、学生および市民の革命（通称「四・一九革命」と呼ばれる）によって誕生したので、政界だけでなく言論界や学界などにおいても、南北朝鮮統一の問題について自由で多様な提案が行われた。こうした世論のなかで、政府は武力統一論を公式に廃棄し、「国際連合監視下の南北自由総選挙」を統一政策として提示した。しかし、実際の南北朝鮮の対話については、「共産破壊工作が本当に停止するという保障がないのだから、これを拒否する」という立場を明らかにしている。[4] この点で、第二共和国政府も一律的に反国家団体としての北朝鮮認識を堅持していたといえよう。

韓国の第三共和国と第四共和国は六一年五月の朴正煕の軍事クーデターにより始まった。朴正煕政権は、六三年一二月までの軍事革命委員会の期間と、その後七二年一〇月にいわゆる「維新体制」が成立するまでの第三共和国の期間、そして、その後七九年一〇月に大統領が暗殺されるまでの第四共和国の期間を合わせて、およそ一八年間も存続しつづけた。

六〇年代における統一問題に対する第三共和国の立場は「先建設後統一」論として特徴づけられる。朴政権は、六一年五月に軍事クーデターの直後に発表した「革命公約」の第一項で、「反共を国是の第一義とし、これまでにおける形式的で掛け声で終わった反共体制を再整備・強化する」と闡明し、第五項では「民族的な宿願である国土統一のために共産主義と対決しうる実力の培養に全力を傾ける」と表明した。[5] さらに、六六年一月の大統領の年頭教書では、「我々の志向する祖国近代化こそ南北統一のための大前提であり、中間目標である。統一の夢が近代化にあり、近代化への道が経済自立にあるのであれば、自立は統一への最初の段階となる」と強調している。[6] このような、経済建設と近代化ののちに南北朝鮮の統一が可能になるという論理によって、六〇年代の韓国ではいかなる統一論議もタブー視され、北朝鮮との敵対関係が強化された。

ところで、第三共和国政府は七〇年代に入り、一連の独自の平和統一案を北朝鮮に対し提案する。これらの統一案は「先平和後統一」論として特徴づけることができる。つまり、まず南北朝鮮の間に平和を定着させ、その後に統一への過程を推進するということである。このように、第三共和国政府が北朝鮮に対する態度を転換した理由としては、東西陣営間の冷戦構造の雪解けという当時の国際情勢の変化が朝鮮半島の緊張緩和を要求したことと、朴政権が経済成長政策の成功や国力の優位に対して自信を持つようになったことなどが主に指摘されている。[7]

最初の平和統一提案は七〇年八月に「平和統一構想宣言」という形式で行われた。ここで朴正煕大統領は、国際連合での韓国問題討議に北朝鮮が参加することを公式に認め、さらに南北朝鮮の体制間における「開発と建設と創造の競争」を提議した[8]。この宣言については、南北朝鮮の分断の歴史においてはじめて、韓国政府が北朝鮮政権の存在を事実上（de facto）認めたものとして評価されている[9]。

さらに、七一年八月に韓国赤十字社が「一千万南北離散家族探し運動」を提議し、北朝鮮側がこれに同意し、分断後二六年ぶりに南北朝鮮の間に直接的な対話が行われた[10]。そして七二年七月には、南北朝鮮の当局者が非公開に接触し、「七・四南北共同声明」を発表した。その内容の核心は次のような統一の三原則である。

「第一、統一は、外勢に依存したり外勢の干渉を受けることなく、自主的に解決しなければならない。第二、統一は、互いに相手側に反対する武力行使によらず、平和的方法で実現しなければならない。第三、思想と理念、制度の相違を超越して、まず同一民族として民族的大団結を図らなければならない」[11]

これらの三原則に加えて、南北両側は「信頼の雰囲気を醸成するために互いに相手を中傷・誹謗しない」ことなどの七項目に合意した[12]。この南北共同声明は、南北朝鮮の分断以来、両側の政府が合意した最初の公式文書であるという点で、画期的なものである。そして、韓国と北朝鮮の政府が互いに相手側を公式に国家として承認するものではないとしても、相互の政治的実体を「事実上」認めたという点で、大きな政治的意味を持つものであった。この声明によって、北朝鮮は韓国にとって「事実上の政府」または「事実上の国家」となり、韓国と対等な当事者としての地位が認められたのである[13]（このことは北朝鮮にとっての韓国の地位においても同じであろう）。

また、共同声明における自主・平和・民族的大団結という統一の三原則は、発表以来、国家の統一政策だけでなく、韓国の民間統一運動に理念的な基礎を提供したという点においても、歴史的な意味を持つものである（次節で検討するが、韓国教会協議会の統一論もこの三原則に基づいている）。しかしながら、この歴史的な七・四南北共同声明は、その後南北朝鮮が三大原則の解釈をめぐって対立し[14]、さらに、双方の政府がそれぞれ相手との対立と競争を理由に独裁的な政治体制を樹立することによって[15]、実際には双方の関係の改善に影響を及ぼすことはできなかった。

韓国の第四共和国は七二年一〇月のいわゆる「維新体制」の成立とともに始まった。第四共和国は朴政権の持続であり、統一政策も「先平和後統一」論の延長のうえで行われた。朴正熙大統領は七三年六月に七項目の「六・二三平和統一外交政策宣言」(通称「六・二三宣言」と呼ばれる)を発表した。その主な内容は、南北朝鮮が互いに内政に干渉しないということ(第二項)、北朝鮮の国際機構への参加と南北朝鮮の国際連合への同時加入に反対しないということ(第五項)、互恵平等原則のもとですべての国家に門戸を開放するということ(第六項)である[16]。

これらの「六・二三宣言」の内容は、韓国が外交においていわゆる「ハルシュタイン・ドクトリン」を正式に放棄し、国際連合などの国際社会で北朝鮮の国家性を認めたことを意味する[17]。もちろん、この場合においても、韓国が北朝鮮を公式に国際法上の独立国家として承認したわけではない。国際社会における北朝鮮の政治的な実体(国際連合での単一代表性)を認定し、対外的に北朝鮮との「二体制二国家」関係を宣言したものである。

さらに、第四共和国政府は七四年一月に北朝鮮に対して「南北不可侵条約」の締結を提議し、同年八月には次のような「平和統一三大基本原則」を宣言した。

「第一に、韓半島に平和を定着させるべきである。このために南北は相互不可侵協定を締結すべきである。第二に、南北間に互いに門戸を開放し信頼を回復すべきである。このために南北対話を誠実に進行させるべきであり、多角的な交流と協力が行われるべきである。第三に、こうした土台のうえで、公正な選挙管理と監視のもとで土着人口比例による南北自由総選挙を実施し統一を成し遂げる[19]」

実際に「平和統一三大基本原則」を最後とする、七〇年代における韓国政府の「先平和後統一」の構想と一連の提案は、厳密な意味では平和の定着と維持のための方案であっても、統一のための政策であるとは言い難い。つまり、南北朝鮮の相互認定と交流を超えた、統一への具体的な方法を提示していないのである。こうした限界は、唯一の具体的な統一案である「土着人口比例による南北自由総選挙」案が、人口で劣勢である北朝鮮によって受け入れられる可能性がなかったという点から明らかである。

しかし他方、七〇年代の統一政策は以前の一律的な不法団体や敵という北朝鮮認識を超えて、対話と交流の相手として北朝鮮という国家の政治的実体を事実上認めたという点で、五〇年代と六〇年代に比して大きく前進したものであった[20]。言い換えれば、朝鮮半島のなかに二つの体制を持つ二つの国家が事実上存在するという現実を認めることにより、平和的な統一過程を推進することのできる基盤を作ったのである。このような事実上の国家としての北朝鮮認識が第五共和国の統一政策に継承されていくのである。

2. 第五共和国の統一政策上の北朝鮮認識

韓国の第五共和国は、七九年一〇月に第四共和国の朴大統領が暗殺されることによって生じた政治権力の「空白状態」で、民主的な手続きなしに成立した。大統領の急死とともに、第四共和国政府は全国に非常戒厳令を宣布し、当時の国務総理を憲法の手続きにより大統領に選出した。しかし、朴政権の時代に保守的な政治勢力と急成長した軍部の強硬派（全斗煥少将とその側近たち）は、七九年一二月の軍部内部のクーデターにより統帥権を掌握し、さらに八〇年五月には韓国南部の全羅道光州で起きた一般民衆の「民主化運動」を北朝鮮の煽動によるものと決めつけ、空挺部隊を動員し流血鎮圧した[21]。このような過程で実際に政権を掌握した軍部強硬派は、同年八月には過渡政府の大統領を辞任させ、九月に全斗煥将軍を新大統領に選出されるようにした。そして、全大統領のもとで同年一〇月に憲法が改正され、八一年二月には選挙人団の間接選挙で過渡政府の全斗煥大統領が新政府の大統領に選出された。これによって、八八年二月までの七年任期の第五共和国政府が公式に出帆することになるのである。[22]

第五共和国政府の特徴は何よりも政治的正統性の不在にあるといえる。それ故に、全大統領は七年間の在任期間中、七〇年代に維新体制に対する民主化闘争で組織化された様々な在野の運動勢力や野党によって、常に光州事件の真相解明や政権退陣の圧力を受けつづけた。[23]こうした反政府運動に対して、全政権は自らの政治的正統性、すなわち統治の正統性の根拠を経済成長の持続や北朝鮮の脅威からの国家安全保障の論理に求めた。民主化や政権退陣の要求は強権的な力で抑えられ、多くの場合、北朝鮮の煽動による「利敵行為」、または「左傾」および「容共」として断定され、国家保安法の処罰対象になった[24]（この点で、第五共和国期は「国家保安法の時代」として特徴づけられた。また、国家保安法は「政権保安法」と呼ばれた）。[25]

しかし他方、第五共和国政府は発足初期から北朝鮮に対して積極的に対話を働き掛けつつ、一連の体系的な南北朝鮮統一案を提起した。こうした積極的な平和統一政策の推進の背景にも、南北朝鮮関係を改善することによって、短期的には国内の政治的な危機を回避し、長期的には政権の政治的正統性を確保しようという意図があったと指摘されている。[26]

全斗煥大統領は八一年一月に北朝鮮に対して「南北韓当局の最高責任者」の無条件の相互訪問と会談を、そして、同年六月に再び「南北韓当局の最高責任者の直接会談」を提案した。この二つの首脳会談の提議は北朝鮮により真正面から拒否され、何の具体的な成果も出せなかった。しかし、全大統領はこれらの首脳会談を提議しつつ、韓国の歴史上はじめて、北朝鮮政府の最高責任者を「金日成主席」という公式名称で呼んでいる。[27]このことは、第五共和国政府がより積極的に北朝鮮政府の政治的実体を認めていることを示すものであるといえよう。

さらに、第五共和国政府は八二年一月に大統領の国政演説を通じて「民族和合民主統一方案」を発表した。その内容は、統一の原則、「民族和合」を実現するための七項目の「南北韓基本関係に関する暫定協定」の締結、そして「民主統一」を実現するための「民族統一協議会議」の構成と「統一憲法」の制定という三つの部分でなされている。[28]

まず、統一の原則については、南北朝鮮が「同じ民族であるという立場から」「どこまでも民族自決の原則に基づいて、民族全体の自由意志が反映される民主的手順と平和的方法によって成就すべきである」と簡単に言及している。[29] この場合、第五共和国の統一案は、七二年の「七・四南北共同声明」における自主・平和・民族的大団結という三大統一原則との関連については説明していない。[30]

そして、「民主統一」を実現するための「民族統一協議会議」の構成や「統一憲法」の制定の過程について、第五共和国政府の大統領は次のように提案している。

「平和統一を成し遂げるもっとも合理的な道は、南北韓のあいだで民族的和合を実現し、民族全体の統一意志を一本にしぼって統一憲法を採択し、その憲法に基づいて統一国家を完成することである、と私は確信しています。統一憲法を制定するにあたっては、双方の住民の意思を代弁する南北代表で仮称〝民族統一協議会議〟を構成し、同機構が民族・民主・福祉の理想を追求する統一民主共和国を実現するための統一憲法を起草するのが、もっともよい方法であると考えています。統一憲法の草案が起草されたら、双方は南北韓全域にわたって民主的方式による自由な国民投票を行って統一憲法を確定公布し、その憲法の定めるところによって総選挙を行って統一国会と統一政府を構成、待望の統一国家を完成することができるはずです」[31]

また、こうした「統一憲法」の制定を順調に進めるためには、まず南北朝鮮の間に信頼醸成が必要であるという趣旨で、「民族和合」のための過渡的措置として「南北韓基本関係に関する暫定協定」を締結することを提案している。この暫定協定で優先的に合意すべき事項として、第一に、互恵平等の原則に基づいた相互関係の維持、第二に、紛争問題の平和的な解決、第三に、相手の政治秩序と社会制度の認定と内政に対する相互不干渉、第四に、休戦体制の維持と軍備競争の止揚、第五に、多角的な交流協力を通じた社会開放の促進、第六に、既存の国際条約と協定の尊重、第七に、ソウルと平壌における常駐連絡代表部の設置という七つの項目を提示している。そして最後に、上記の問題について総括的に協議するために「南北韓当局最高責任者間の会談」を開くことを提案している。[32]

「民族和合民主統一方案」は北朝鮮政府によって第五共和国政府の正統性の不在を理由に再び拒否され、実際の南北朝鮮関係の改善に何の影響も及ぼし得なかった。そして、韓国の国内においても、統一案の内容自体に対して様々な批判がなされた。特に、南北朝鮮の住民の意思を代弁する「民族統一協議会議」をどう構成するのかという、提案の実現可能性に対する疑問が出された。[33]また、軍事部門の提案における消極的な態度の問題、特に、平和協定を目指さずに休戦協定を維持しつつ軍備競争を止揚するという発想が論理的に矛盾しているという点などが批判を受けた。[34]

しかし、これらの問題にもかかわらず、「民族和合民主統一方案」は、韓国の歴史上、初めての総合的で体系的な統一案であるという意味を持つ。また、単に南北朝鮮の平和的な共存の維持だけでなく、平和的な統一にいたる具体的な過程を提示しているという点で、そして実現不可能な「人口比例による南北自由総選挙案」を事実上廃棄したという点で、七〇年代の統一政策に比して大きく進展したものであったと評価することができる。[35]

そして最後に、北朝鮮認識において、「民族和合民主統一方案」は北朝鮮の法的な地位の問題について具体的に言及していない。しかしながら、「南北韓基本関係に関する暫定協定」の内容において、特に、互恵平等の原則に基づいた相互関係の維持や相手の政治秩序と社会制度の認定、内政に対する相互不干渉や既存の国際条約と協定の尊重、ソウルと平壌における常駐連絡代表部の設置といった暫定協定の要求事項は、第五共和国政府がより積極的に現存する北朝鮮という国家の政治的な実体を認めていることを示すものである(36)。第五共和国政府の統一政策における北朝鮮認識の特徴は、七〇年代から形成された事実上の国家としての北朝鮮認識をより強調するところにあったといえよう。

3. 第五共和国憲法の領土条項と国家保安法上の北朝鮮認識

第五共和国期における韓国国家の北朝鮮認識のもう一つの軸は、韓国憲法の領土条項と国家保安法によって形成されていた。韓国憲法の領土条項と国家保安法は四八年八月の「大韓民国政府」(以下、「韓国政府」とする)の樹立を前後にして制定された。韓国憲法は、四八年七月に制定された初代憲法(韓国では「制憲憲法」と呼ぶ。以下、制憲憲法とする)の第四条において、「大韓民国の領土は韓半島及びその付属島嶼とする」と規定している(37)。国家の領土とは「国家が国際法上の制限がない限り、原則的に排他的な支配をすることのできる一定の範囲の陸地」を指す。そして、その領土に対する国家権力を「領土高権」であると言う(38)。

ところで、四八年の時点において、現実的に韓国の国家権力の法的な効力は三八度分断線の北方の地域、すなわち、北朝鮮地域には及んでいなかった。言い換えれば、北朝鮮地域では「朝鮮民主主義人民共和国」という国家が領土高権を行使していたのである。それにもかかわらず、韓国の制憲憲法が上記の領土条項を規定したことには、何よりも、朝鮮半島全域で韓国政府だけが「唯一の合法政府」であることを明白に宣言するという法的・政治的な意味があることと解釈されている(39)。つまり、朝鮮半島において韓国が旧大韓帝国と上海臨時政府の政治的正統性を継承した唯一の国家であるということを明らかにしようとしたのである。

韓国の初代政府、すなわち第一共和国政府が自らを朝鮮半島で「唯一の合法政府」として主張する論理は国際連合との関係のなかで根拠づけられた。つまり、韓国の初代政府を成立させた、三八度線南方地域での制憲国会選挙が国際連合の監視下で四八年五月に自由に行われ、さらに同年一二月に国際連合の総会の決議で唯一の合法政府として宣言されたということである。[40] 制憲憲法の領土条項がこうした「大韓民国唯一合法政府論」を論拠にして制定されたということは、領土条項が北朝鮮地域については失地または「未修復地区」として、そして北朝鮮政府については、韓国政府の領土高権を侵害している反国家的な不法団体として宣言していることを意味する。

韓国の憲法は四八年七月の制定以来、八〇年一〇月にいたるまで八次にわたり部分的に改正された。この過程で、憲法の領土条項は六二年一二月の第五次改正の際に以前の第四条から第三条に変更されたが、条項の内容は修正されなかった。[41] 従って、八〇年代の韓国憲法は第三条で「大韓民国の領土は韓半島及びその付属島嶼とする」と規定している。[42] このことについては、第五共和国においても韓国政府が、憲法上、北朝鮮政府を反国家的な不法団体として規定しているものとして解釈することができる。

一方、韓国の国家保安法は制憲憲法制定の三ヶ月後である四八年一二月に初めて制定された。国家保安法が制定された直接的な契機としては四八年一〇月に起こった「麗順反乱事件」が指摘されている。当時、韓国の軍隊には数多くの左翼勢力が存在していたのだが、彼らが韓国南部の麗水市と順川市を武力で占領した。この軍部の反乱事件を鎮圧した韓国政府が、国内の左翼勢力を除去するために特別法として制定したのが国家保安法である。[43] この法律はその後、韓国の政治的状況の変化に合わせて、八〇年一二月にいたるまで六次にわたり部分的に改正される[44]（さらに九一年五月に第七次に改正されるが、本書では八〇年の国家保安法を検討の対象にする）。

国家保安法は、第一章の総則、第二章の罪と刑、第三章の特別刑事訴訟規定、第四章の報償と援護という四つの章と二五の条文で構成されている。第一章は法の目的と「反国家団体」という用語を定義し、第二章は犯罪の構成要件を規定している。第三章と第四章は刑事訴訟上の手続きと報償および援護に関する特別規則を定めている。

国家保安法の第一章第一条は法の目的を次のように規定している。「この法律は、国家の安全を危うくする反国家活動を規制することにより国家の安全と国民の生存および自由を確保することを目的とする」。そして、第二条の「反国家団体」の定義においては、第一項で「この法律において『反国家団体』とは、政府を僭称し、または国家を変乱することを目的にする国内外の結社または集団をいう」と、第二項では「第一項の目的で共産系列の路線に従い活動する国内外の結社または集団も反国家団体と見做す」とそれぞれ規定している。[45]

これらの規定に従えば、国家保安法は直接に北朝鮮を反国家団体として規定していない。しかしながら、韓国政府は国家保安法の制定以来、実際に北朝鮮政府を反国家団体の最も典型的な例として解釈し、国家保安法を適用してきた。[46] また、韓国の裁判所も一貫して北朝鮮政府を国家保安法のいう反国家団体として規定してきた。そして、その憲法上の根拠を憲法の領土条項から求めてきた。つまり、領土条項の規定によると、北朝鮮地域は韓国の領土であり、北朝鮮政府は韓国の領土を不法に占領している反国家団体となるが故に、北朝鮮政府および関連団体を支持する行為は国家保安法の対象になるのである。[47] この解釈によると、犯罪の構成要件と刑罰の内容を規定している国家保安法の第二章は実際には北朝鮮と関わる行為を主な処罰の対象としているのである。憲法の領土条項と国家保安法との関係については、韓国の大法院（日本の最高裁判所に当たる）により次のように解釈されている。

「憲法第三条は〝大韓民国の領土は韓半島およびその付属島嶼とする〟と規定しており、法理上この地域では大韓民国の主権と衝突するいかなる国家団体も認めることができないが故に、例え北韓が国際社会で一つの主権国家として存続しており、我が政府が北韓当局者の名称を使用しつつ首脳会談を提議したといっても、北韓が大韓民国の領土高権を侵害する反国家団体でないと断定することはできない」[48]

以上、見てきたように、第五共和国政府は北朝鮮政権に対して、平和統一政策においては事実上の国家と認めつつ、憲法の領土条項および国家保安法においては不法な反国家団体として捉えている。言い換えれば、韓国国家は北朝鮮との関係について、事実上の「二体制二国家」という立場と法律上の「一国家二地域」という立場を共に持っていた[49]。この二つの立場は互いに矛盾するものではあるが、確かに第五共和国の北朝鮮認識に共存していた。

第二節　韓国プロテスタントの北朝鮮認識：「民族共同体」

1．第五共和国期以前の北朝鮮認識

八〇年代の第五共和国期において、韓国国家が、北朝鮮を「事実上の国家」および「反国家団体」という相互に矛盾する二重の認識を持っていたのに対して、韓国プロテスタント、特に教会協議会は何よりも北朝鮮の「民族共同体」としての性格を強調することになる。こうした北朝鮮認識は、八〇年代に入り、教会協議会が新たに平和統一の重要性を認識し、平和統一の原則および方向を理論的に模索するなかで形成されたものである。五〇年代から七〇年代末にいたるまで、教会協議会を含んだ韓国の新旧キリスト者は、徹底して反共的な政治的態度を堅持し、そのなかで北朝鮮を「サタンの集団」または「悪魔」として認識していた[50]。このことは、韓国固有のキリスト教思想に由来する本質的なものであるというより、主に次のような解放直後の二つの政治的・社会的条件のなかで形成されたものである。

まず、南北朝鮮が分断され、四八年九月に北朝鮮に共産主義政権が樹立される過程で、数多くのキリスト者が階級的・宗教的理由で迫害を受け、南側（韓国）に避難せざるを得なくなるのだが、こうした越南キリスト者の

被害の経験が韓国キリスト教全体に影響を及ぼし、共産主義および北朝鮮政権に対する敵対的な感情が形成されるのである。[51]

さらに、一九五〇年六月に勃発し、およそ三年間も続いた朝鮮戦争は、韓国キリスト教の反共的態度をより深化させる契機として働いた。すなわち、戦争の期間中、北朝鮮はアメリカとキリスト教を同一視し、集団虐殺・拉致・教会破壊などの極端な方法でキリスト教を弾圧するが、こうした戦争中（特に北朝鮮の軍隊が韓国地域を占領した期間）の経験が韓国キリスト教の反共的な態度を一層強めさせることになる。[52] 休戦協定が結ばれた五三年七月、当時の韓国の代表的なキリスト教機関誌である『基督公報』の社説は、北朝鮮の共産主義者を「無神的唯物論者」として「宗教とは永遠に融和することのできないサタンの集団」と規定し、彼らとの「聖戦」を訴えている。[53] こうした戦闘的な反共主義が、休戦以来五〇年も経った今日にいたるまで、韓国の多くのキリスト者の政治的態度を特徴づける一つの要因になっているのである。

教会協議会の南北朝鮮統一論および北朝鮮認識は、このような韓国キリスト者の極端な反共主義的世論のなかで展開される。八〇年代にいたるまでの教会協議会の北朝鮮認識の変遷過程は、韓国の政治状況の変動と関連して、次の三つの時期に区分することができよう。

まず、五〇年代と六〇年代における教会協議会の立場は「滅共統一論」、または「北進統一論」として特徴づけることができる。教会協議会は休戦協定が結ばれる直前である五三年六月に、韓国の釜山で約一万人の信者が参加した休戦反対集会を開き、世界教会に送る声明文を発表した。このなかで、教会協議会は北朝鮮政権を「説伏できない魔鬼」・「永遠に悔い改めのできない魔鬼」として規定し、「韓国統一は共産主義との宥和からでなく共産主義を屈服させることにより成し遂げられる」と主張している。[54] さらに、五八年に世界教会協議会（World Council of Churches :WCC）およびアメリカ教会協議会が中国を始めとした共産主義国家との相互理解と共存の方針を表明した時にも、韓国の教会協議会は「共産主義者たちは神様を否認し、すべてのキリスト教信者を潰滅しようとしている」という理由で、平和共存への反対の立場を明らかにしている。[55]

このような教会協議会の立場は徹底的に絶対善と絶対悪という二分法的な冷戦論理に基づいていたといえよう。特に「悪魔」としての北朝鮮認識は、この時期における韓国国家の一律的な反国家団体としての北朝鮮認識を宗教的に解釈し、強調したものであった。この意味で、五〇年代と六〇年代における韓国国家の北朝鮮認識と教会協議会のそれは完全に一致していた。

これに対して、七〇年代における教会協議会の立場は「先民主化後統一論」、または「勝共統一論」として規定することができよう。つまり、戦争などの物理的な方法によるのではなく、平和的な体制競争での勝利を通じて韓国主導の統一を成し遂げるということである。そして、その勝利の方法とは、まず韓国社会に政治的な民主主義と社会経済的な正義を実現することであるとされた。

七〇年代に入り、韓国国家は北朝鮮に対して積極的な平和共存および平和統一案を提案した。しかし一方、六九年九月に四年任期の大統領職の二選制限を三選に延長するという憲法改正を行った。そして、七二年一〇月には当時の朴正熙大統領の永久執権を保障するという内容のいわゆる「維新憲法」を制定し、「維新体制」という個人独裁体制を樹立した。こうした政治的な状況のなかで、教会協議会は主に韓国政治の民主化と社会的弱者の人権擁護のための運動に専念することになる。[56] 言い換えれば、南北朝鮮統一の問題はこの時期において実際に主な関心の対象にならなかった。例えば、教会協議会は、七二年七月に「七・四南北共同声明」が発表された時、「北韓は南北対話を彼らの共産主義理念を実現する戦略とみなし、もっと共産主義教育を強化すると思うが故に、我々は民主主義的で反共的な秩序と教育を疎かにすることができないし、対話の基礎になるべき我々の民主的な力量を強化すべきである。……性急な南北対話のために反共的な世論が抑圧される場合には極めて憂慮される事態が訪れるだろう」[57]という批判的で留保する見解を明らかにしている。

七〇年代において、南北朝鮮の統一論における韓国国家の立場が「先平和後統一」であったならば、教会協議会は「先民主化後統一」の立場を持っていた。そして、韓国国家が北朝鮮政権の存在について、憲法の領土条項および国家保安法において実際に反国家団体と規定しつつ、一方、統一政策においては事実上の国家として認めるようになったのに対して、教会協議会は五〇年代と六〇年代の北朝鮮に対する敵対や反共的な態度をそのまま維持していた。この意味で、七〇年代における韓国国家の南北朝鮮統一論および北朝鮮認識と教会協議会のそれらとは互いに異なるものであったといえるだろう。しかしながら、このような両者の立場の違いは、この時期において教会協議会の政治的な関心が主に韓国政治の民主化にあったので、実際に政治的な対立の焦点にはならなかった。

2. 第五共和国期における北朝鮮認識の変化

八〇年代の第五共和国期に入り、教会協議会は南北朝鮮統一の問題に対する立場において質的な転換を経験することになる。この新しい認識は、「民主化統一並行論」および「平和統一論」と呼ぶことができるものである。まず、「民主化統一並行論」とは、韓国政治の民主化と南北朝鮮の統一とが前後の関係にある別個のものではなく、コインの両面のように相互不可分の関係にあり、さらに、南北朝鮮間の統一が韓国の民主化においても必須不可欠であるという認識である。また、「平和統一論」とは、統一への方法を軍事的な対決や体制の競争からでなく、南北朝鮮の信頼醸成と対話から求める立場である。

このように、教会協議会が八〇年代に入り南北朝鮮の統一問題の重要性を新たに認識し、さらに平和的な方法による統一を積極的に志向することになった背景には、主に次のような三つの契機が働いたと指摘することができる。

まず、第一に、八〇年五月の「光州事件」の政治的経験である。前節で見たように、七九年一〇月に朴大統領の暗殺とともに形成された韓国政治の民主化の機会は、八〇年五月に韓国の光州における新軍部勢力の北朝鮮の煽動を口実にした武力行使により霧散され、新軍部政権が樹立する。この悲劇的な経験が、七〇年代に民主化運動を宣教の課題として実践してきた教会協議会に、南北朝鮮の分断体制の問題点や平和統一の重要性を新たに浮き彫りにする結果となった。この過程について教会協議会のイ・サムヨルは次のように後述している。

「七〇年代に民主化と社会正義を最優先課題にして闘ってきた韓国教会は、維新独裁体制が崩壊しつつも民主化が実現するどころか、新たな軍事独裁体制が樹立することを見つつ、韓国に民主化が実現できない原因が、安全保障の脅威を口実にした非民主的な政治体制と権力構造にあり、さらにその根は南北朝鮮の分断と相互敵対関係にあるが故に、民族分断を克服し統一を成し遂げることが真の民主化のためにも必須的に要請されるという事実を切実に悟るようになりました」[58]

また、第二の契機としては、七〇年代において教会協議会が行っていた「産業宣教」や「貧民宣教」（労働者や都市貧民の権利擁護運動）が「容共的行為」（北朝鮮や共産主義者を利する行為）として持続的に弾圧を受けてきた経験を指摘することができる。教会協議会は、こうした国家安保の脅威を口実にした弾圧の体験を通じて、「南北の分断がキリスト教の信仰と宣教まで歪曲させ、ときには麻痺させる矛盾構造であることを分かるようになり、分断の克服と統一が完全な宣教のためにも必要である」[59]ということを新たに認識することになる。

そして、第三の契機としては、八〇年代に入りヨーロッパを中心に高揚した反戦反核の平和運動や、世界教会協議会が新たに強調した「平和宣教（Peace-Making Mission）」の影響を挙げることができる。世界教会協議会は、八三年にカナダのバンクーバーで開かれた第六次総会において、「正義、平和、創造秩序の保存（Justice, Peace and Integrity of Creation）」を実現されるべき世界の姿、つまり「シャーローム」として宣布した。そして、真のシャーロームの具現を阻害する様々な要因に注目しつつ、そのなかでも特に冷戦イデオロギーや敵対意識に基づいた国家安保の論理を批判し、それとの戦いを主な宣教の課題として決議した[60]。こうした世界教会協議会の動向が、南北朝鮮関係および統一論に対する韓国教会協議会の新しい認識をより強化することになったのである。教会協議会のイ・サムヨルは、以上のような三つの契機について総合的に次のように述べている。

「結局、キリスト教が宣教的行為として実践してきた人権運動、社会正義運動、民主化運動が分断体制での安保やイデオロギー問題にぶつかり進展することができなくなり、このことを突破するためにも分断の克服や統一が要求されることを認識し、これを宣教的課題にすることになった。その後、八〇年代に平和宣教が強調され、平和を作る宣教的行為が具体的に南北の和解や信頼、平和的統一の課題と連結されるや、統一問題が信仰と宣教の問題と密接に関連するという意識がより強くなった」[61]

こうして、八〇年代に入り南北朝鮮の平和統一の重要性を新たに認識した教会協議会は、八二年九月に組織内部に「統一問題研究院運営委員会」を組織し[62]、最初の「統一問題協議会」を八三年三月に開くことを決定する。しかし、この統一問題協議会は第五共和国政府の執拗な妨害工作によって八三年と八四年には開くことができなかった[63]。このような韓国内の封鎖された状況を打開するために、韓国教会協議会は、世界教会協議会との国際連帯を通して[64]、八四年一〇月に日本の東京近郊の東山荘国際センターで「東北アジアの平和と正義のための協議会」（通称、東山荘協議会）を開き、南北朝鮮の平和統一のために世界教会が共同で努力することを決議する。そして、この東山荘協議会の決議に基づいて、韓国教会協議会は八五年三月に「韓国教会平和統一宣言」（以下、「八五宣言」と略称する）を採択・発表し、さらに同年五月には最初の統一問題協議会を開くことになる。この第一次会議以来、第五共和国期間中に統一問題協議会は八六年八月、八七年八月と一一月、八八年一月に、総計五回にわたり開かれた。そして、こうした一連の研究会議の結果として、八八年二月に「民族の統一と平和に対する韓国キリスト教宣言」（以下、「八八宣言」と略称する）が発表されることになるのである。[65]

教会協議会の統一問題協議会は、主に南北朝鮮分断の問題点や統一の当為性、北朝鮮に対する認識、統一の原則や方向、統一における宗教者の責任や課題、南北朝鮮の政府に対する要求などを議論し[66]、その結論を八八宣言に集約している。[67]この過程で、特に教会協議会は北朝鮮という存在を政治イデオロギーや宗教的価値観による善悪判断の対象ではなく、一つの「民族共同体」の一部として認識することを主張する。そして、その理由および目的を、主に南北朝鮮統一の当為性や統一の原則と関連して強調している。

まず、教会協議会の主張によると、北朝鮮を何よりも民族共同体として捉えねばならない理由は、南北朝鮮統一の当為性と関わっている。つまり、南北朝鮮がそもそも一つの民族共同体であったが故に、正常な民族共同体の生の営みが分断された状況では不可能になるのであり、それ故に、南北朝鮮の統一は必ず成し遂げられねばならないという意味が含まれている。教会協議会はこうした立場から、南北朝鮮の分断がどれだけ民族共同体の生を破壊してきたのかを強調する。南北朝鮮間の不信と敵対意識の強化、核兵器などの軍備競争の激化、国家安保イデオロギーによる政治的抑圧や人権蹂躙の正当化、南北離散家族の放置など、ありとあらゆる「民族の共同体的生の喪失」[68]の根源として南北朝鮮の分断状況が指摘される。このように分断の問題点や統一の絶対的な必要性を浮き彫りにするところに、教会協議会が民族共同体としての北朝鮮認識を主張する第一の目的があるのである。

また、教会協議会が北朝鮮を一つの民族共同体として強調する理由および目的は、教会協議会の主張する南北朝鮮統一の原則や方向と関連している。教会協議会は八八宣言において五つの統一の基本原則を設定している。つまり、七二年七月に南北朝鮮の政府が合意した「自主」「平和」「思想・理念・制度を超越した民族的大団結」という三つの原則に加えて、「人道主義的な配慮と措置は最優先に考慮されるべきである」という人道主義の原則、そして、「民衆の参与は優先的に保障されるべきである」という民衆主体の原則を独自に設定している。[69]このなかで、特に教会協議会が北朝鮮認識と関連して強調するのは、自主・平和・民族的大団結の三つの原則である。

まず、自主や民族的大団結の統一原則と関連して、教会協議会の民族共同体としての北朝鮮認識には、南北朝鮮の統一が両側の協力によって自主的な方法で行われるべきであるという主張が含まれている。つまり、北朝鮮が敵ではなく民族共同体の一部分であるが故に、民族共同体を復元する南北朝鮮の統一は、あくまでも双方の自主的な努力によって行われねばならないのである。この点について、八八宣言は次のように言及している。

「民族自主性を実現することができるためには、南北韓の国民が各々の思想・理念・制度の違いを超越して、南北韓の国民自らが同じ運命共同体として一つの民族であるという事実を互いに明確に確認しなければならない。こうした相互確認のためには南北韓が互いに固く信頼しあわなければならない。従って、相互を信頼できるようにすることは、南北統一を実現するためのありとあらゆる努力の最も基本的な出発点になるべきである。相互信頼を醸成するためには、不信と敵対の感情を生むすべての要素が除去されるべきであり、同時に相互交流を拡大し相互理解の基盤を広め、民族の同質性を至急に回復すべきである」(70)

また、平和の統一原則と関連して、民族共同体としての北朝鮮認識には、南北朝鮮の統一があくまでも平和的な方法および手段で行われねばならないという意味が含まれている。韓国の国家保安法のように、北朝鮮を不法な反国家団体や敵として捉える認識からは、軍事力の優位による国家安全保障のイデオロギーや統一の論理は出てくるが、平和的な方法による統一の論理は成り立たない。これに対して、北朝鮮を民族共同体として把握する時、南北朝鮮の統一は自然に民族同質性の回復を通じた信頼形成という平和的な方法に求められるようになる。要するに、八〇年代に入り、教会協議会が民族共同体として北朝鮮の性格を強調することになったのは、南北朝鮮両側が民族同質性を回復し、自主・平和・民族的大団結の原則に従って統一過程を進めようとする要求からである。

3.「民族共同体」の概念

八〇年代において、教会協議会が北朝鮮認識において「民族共同体」を強調する際、その概念については、ある共通した定義を明確に提示していない。しかしながら、教会協議会の統一委員会に属する多数の理論家は、それぞれ民族共同体の概念について様々に規定している。例えば、キム・ビョンソは「民族共同体は南と北が一つになり、一つの領土のなかで同じく一般化した生活価値または一般化した信念を持ち、同じ文化圏のなかで階層の壁を越えて、人間的な道徳性を持ち、民族がみんな幸せに生を営為する場」[71]と定義している。また、ホン・グンスは「民族とは歴史的な運命共同体として、血縁的・文化的（言語を含む）・地理的・経済的・社会的な共同紐帯を持っている人間の集団的な生の単位」[72]として規定している。

ところで、教会協議会がこのように民族および民族共同体の概念を捉え、その民族共同体の一部分として北朝鮮を認識することを強調する際、その主張は特定の民族を最高の価値として絶対化する危険性を持っているといえよう。つまり、他の民族や他の価値（例えば自由や正義など）に対して、排他的で攻撃的な民族主義を正当化するという論理的可能性が含まれているのである。こうした閉鎖的な民族主義への転化の危険性に対して、教会協議会の理論家たちは主に次のような三つの次元で、自らの民族共同体論の正当性を主張している。

一つは、民族主義の区別性を強調することである。つまり、アメリカや西欧などの強大国の民族主義と第三世界などの弱小国の民族主義を質的に区別することである。教会協議会のある理論家の主張によると、前者の民族主義は「強大国の世界支配を合理化するという隠蔽された世界覇権のイデオロギー」であり、従って、それは「文明の進歩に最も重大な脅威になる」ものである。しかし、後者の弱小国の民族主義は「民族の自由・自主・独立を得るために帝国主義的な外国勢力から民族解放と自主を戦い取るためのイデオロギー」であり、従って、この民族主義は「個人の人権が正当性と自明の真理性を持っているという事実と少しも異ならない」といえるほど正当なものである。[73] 教会協議会の民族共同体論はこうした弱小国の民族主義に対する正当化の論理に支えられている。

そして、もう一つの民族共同体論の正当性は、聖書に対する政治神学的な解釈から根拠づけられる。言い換えれば、キリスト教神学における民族および民族主義の問題を原理的に考察し、民族共同体に限定的な意味を付与するのである。教会協議会の代表的な神学者であるアン・ビョンムは聖書における民族論を次のような六つのテーゼで要約している。

「第一に、キリスト教は民族という共同体的単位を重視する。しかしそれは血縁や地縁などの共同体としての意味があるのでなく、拘束史の側面においてのみ尊重される。第二に、民族は神の意を実現する場になりうるのだが、同時に審判の対象にもなる。第三に、民族はそれ自体が目的ではなく、ただ神の歴史を実現する単位である。第四に、民族は政治体制化された国家の国民と厳格に区別される。第五に、民族は究極的な単位でなく、すべての民族が神の新しい歴史において一つの共同体になるまでの過渡期的な単位である。第六に、従ってキリスト教では〝民族〟はあっても、〝民族主義〟は受け入れられない」[74]

こうした聖書の民族論に対する政治神学的な解釈によると、教会協議会が民族共同体の生を強調するのは、それ自体が最終的な目的ではなく、ありとあらゆる民族の共同体、すなわち人類共同体の生が実現するまでの過渡的な過程の意味においてであるといえるだろう。より積極的な表現を使うならば、世界の救援と民族の救援とを一体化したものとして捉え、世界救援に必須的な一つの局面として民族救援を強調しているのである。この点について、教会協議会のパク・ジョンファは「世界救援という普遍的な地平のない民族救援は結果的に民族主義的な閉鎖性を生み、特定民族の他民族に対する一方的な支配構築になってしまう」[75]と強調している。この側面からみると、教会協議会は南北朝鮮の民族共同体的な性格を浮き彫りにしてはいるのだが、朝鮮民族を最高の価値として絶対化するという排他的な民族主義に対しては原理的に拒否している。

最後に、教会協議会は自らの民族共同体論の正当性を民衆神学的な次元から根拠づける。つまり、民族共同体の主体的な構成員を民衆として規定することによって、民族共同体論を閉鎖的な民族主義と区別するのである。教会協議会の理論家たちは聖書に現れるイスラエル民族共同体の特性について、「民衆中心の体制、民衆を基礎とする体制、民衆の自主性に基づいた体制」[76]として解釈する。そしてさらに、聖書において民族が神の審判の対象になる場合、それは「反民衆的民族」であったことを強調する。

このような民衆神学的な聖書解釈によると、南北朝鮮の民族共同体もあくまで民衆が主体になる時にのみ、平和共同体としての意味を持ちうるのである。言い換えれば、「民衆が共同主体になり得ない民族は実際に既得権層の閉鎖的な民族にすぎない」[77]のである。こうして、教会協議会は望ましい民族の意味を「民衆的民族」に限定することによって、自らの民族共同体論を自閉的な民族主義の論理と質的に区分している（教会協議会の民衆神学の言う民衆の概念や、南北朝鮮と世界の民衆間の連帯に関する主張は第二章第二節で検討する）。

以上、見てきた通りに、教会協議会は八〇年代に入り平和的で自主的な南北朝鮮の統一への要求から、北朝鮮を何より一つの民族共同体として認識する。その民族共同体論に含まれている民族主義的な要素に対しては、弱小国においては正当なものであると主張する。そして、民族共同体の意味については、人類共同体の生が実現するまでの一つの過程として、さらにあくまでも民衆が主体になるべきものとして規定する。このように限定された意味においてのみ、民族共同体としての北朝鮮認識は正当なものとされるのである。

第三節　北朝鮮認識における政教間対立の特徴

韓国の第五共和国期において、南北朝鮮統一問題にめぐる国家とプロテスタントとの対立は根本的に北朝鮮認識の違いに起因するものである。全斗煥大統領下の第五共和国政府は平和統一政策においては「事実上の国家」として北朝鮮政権の政治的実体を認めつつも、憲法の領土条項および国家保安法においては不法な「反国家団体」として実際に北朝鮮政権の存在を否定していた。一方、韓国プロテスタントの進歩的な陣営を構成している教会協議会は、北朝鮮を何よりも一つの「民族共同体」として認識することを主張した。

このような北朝鮮認識における政教間の違いは次のような二つの次元で互いに対立するものであるといえよう。一つは、事実上の国家と民族共同体という認識の対立であり、もう一つは、反国家団体と民族共同体という認識の対立である。

まず、第五共和国政府と教会協議会がもっとも鋭く対立するのは、後者の場合である。この場合、第五共和国政府の反国家団体としての北朝鮮認識は、韓国政府の「唯一」の法的・政治的な正統性に対する主張に基づいたものである。そして、現に存在する北朝鮮政府との敵対関係を強調し、南北朝鮮関係を捉えることにおいて現実的なパワー・ポリティックスの論理を重視することになる。従って、この立場によると、教会協議会の民族共同体論は、北朝鮮政府の（韓国政府に対する）反国家的な性格や現実的な権力政治の論理を無視するものとなるのである。

一方、教会協議会の民族共同体としての北朝鮮認識は、自主的で平和的な統一政策および統一運動を積極的に推進しようという要求に基づいたものである。もちろんこの場合、教会協議会も北朝鮮政権が自国中心的な統一の意図を持っていることを否定しない。[78]しかしながら、北朝鮮を本質的に反国家団体と捉える認識に対しては、相互敵対や警戒の心理を拡大再生産し、結局、限りのない軍備競争や政治的な対立を招くというのが、教会協議会の主張である。言い換えるならば、自主的で平和的な方法による統一を成し遂げるためには、反国家団体としての北朝鮮認識は止揚すべきものとなるのである。

このような教会協議会の主張については、南北朝鮮の対立をめぐる現実政治の論理を軽視していると指摘することもできるだろう。しかしながら、第五共和国政府が北朝鮮政権を反国家団体や敵として規定しながら、一方、平和統一政策を推進して行くということは、敵と協議して統一するという論理的な矛盾を含んでいる。この側面からみると、韓国政府の平和統一政策は憲法違反であり、さらに国家保安法に対する犯罪行為にあたるものになるのである。[79] また、北朝鮮に対する反国家団体としての規定が南北朝鮮の相互不信を深め、双方の関係を改善しようという真の意志の実現を妨げる大きな要因として働くことも事実である。この意味で、教会協議会の民族共同体論は、反国家団体としての北朝鮮認識の持つ論理的・現実的な問題点を浮き彫りにしているといえよう。

また、北朝鮮認識をめぐって、第五共和国政府と教会協議会は事実上の国家と民族共同体という次元で対立している。この場合、事実上の国家として北朝鮮を認識することと、民族共同体として捉えることとは相矛盾するものではないといえよう。つまり、南北朝鮮の関係を実際に「二体制二国家」として位置づけ、両者の共存や平和的な統一を図ることと、「一民族」を強調する立場とは両立しうるものである。「一民族一国家」を平和的に実現するためには、「二体制二国家」の政治的現実を過渡期として認めざるを得なくなるのである。

しかしながら、北朝鮮認識において単に国家的実体を認めることと、一つの民族共同体という意識のなかで国家的実体を強調することとは、平和統一への意志や方法論において、大きな違いがある。まず、前者のように、北朝鮮の国家性を認め、両者の関係を「二体制二国家」として認識する立場からは、平和共存への道は開かれるかもしれないが、平和統一への積極的な意志は出て来ない。この点で、第五共和国政府の提案した「南北韓基本関係に関する暫定協定」の内容における単なる互恵平等や相互不干渉の原則などは、敵としての北朝鮮認識に比べて進展したものであるとしても、また、国際法上、公式に北朝鮮を国家として承認したものではないとしても、南北朝鮮の分断を克服しようという積極的な意志に欠けているものと指摘することができる。つまり、現存する二つの国家を政治的に互いに認め、分断を永久化するという結果を招くおそれがあるのである[80]。

これに対して、後者のように、「一民族」という南北朝鮮の特殊な関係を強調しつつ、そのなかで「二体制二国家」の政治現実を認めようという立場は、単なる現実認定を超えて、統一という未来を積極的に志向するものであるといえよう。言い換えれば、南北朝鮮関係を固定的で不変的なものではなく、統一に向けた動的で可変的なものとして捉え、それに相応しい積極的な統一政策や関連法律の制定を韓国国家に要求するものである。さらに、南北朝鮮の統一問題を何よりも同じ民族内部の問題として位置づけ、民族自決権の積極的な行使を韓国国家に対して求めるものでもある[81]。要するに、八〇年代の第五共和国期において、韓国国家の反国家団体および事実上の国家としての北朝鮮認識に対して教会協議会の強調した民族共同体論は、現実的な権力政治や単なる平和共存の論理を超えて、自主的で平和的な統一を積極的に志向する南北朝鮮の共存関係の樹立を働き掛けるものである。

（1） 통일원『통일백서』（統一院『統一白書』、一九九二年）、三〇頁、통일교육원『통일문제이해』、서울（統一教育院『統一問題理解』、二〇〇〇年）、七七-七八頁を参照。

（2） 韓国政府の「大韓民国唯一合法政府論」の正統性は、四八年五月の制憲国会選挙が国際連合の監視下で自由に行われたことと、同年一二月に宣言された国連決議第一九五（Ⅲ）に基づいている。この点に関しては、倉田秀也「韓国外交における『ハルシュタイン・ドクトリン』の放棄の過程（上）——朴正熙大統領『平和統一外交宣言』への道程」、四八-四九頁を参照されたい。

（3） 통일원『통일백서』（統一院『統一白書』、一九九二年）、三二一-三二四頁。人口比例による自由総選挙案は、当

時の北朝鮮人口が韓国人口の半分にすぎなかったという状況を考えると、現実的に北朝鮮が受け入れられない提案であった。임혁백「남북한통일정책의 비교분석」（イム・ヒョックベック「南北韓統一政策の比較分析」）、五一頁を参照。

（4）통일원（統一院）、同上書、三四－三六頁、통일교육원『통일문제이해』（統一教育院『統一問題理解』）、七九－八一頁を参照。

（5）통일원（統一院）、同上書、三六－三七頁、통일교육원（統一教育院）、同上書、八一－八二頁。

（6）통일원（統一院）、同上書、三七頁、통일교육원（統一教育院）、同上書、八三頁。

（7）韓国と北朝鮮の経済力は七〇年代から逆転した。例えば、一人当たりのGNPの場合、六五年には韓国が一〇五ドルで北朝鮮が一六二ドルであったが、七〇年には韓国が二五二ドルで北朝鮮が二三〇ドルとなる。한국통계청『남북한경제사회상비교』、서울（韓国統計庁『南北韓経済社会像比較』、一九九五年）、一八三頁。통일교육원『통일문제이해』（統一教育院『統一問題理解』）、八五頁を参照。

（8）「平和統一構想宣言」の内容については、통일원『통일백서』（統一院『統一白書』、一九九二年）、三八頁を参照。

（9）통일교육원『통일문제이해』（統一教育院『統一問題理解』）、八六頁、임혁백「남북한통일정책의 비교분석」（イム・ヒョックベック「南北韓統一政策の比較分析」）、六〇頁を参照。

　この場合、北朝鮮政権の存在を事実上（de facto）認めたということは、北朝鮮を国際法上の一つの独立国家として、法律上（de jure）承認するという意味ではない。北朝鮮地域を事実上支配している政権の政治的実体を認めるという意味である。韓国と北朝鮮は、分断から現在まで、法律上、相手を国際法上の主権国家として承認していない。つまり、互いに一貫して「絶対的不容主義（不承認政策）」を取っている。このことは、根本的には両政府の正統性をめぐる争いに起因するものであるが、他方、両側の統一への意志を反映するものであるともいえよう。南北朝鮮関係をめぐる法的な問題に関する詳しい分析については、배재식「남북한 통일방안에 관한 법적평가（ベ・ジェシック「南北韓統一方案に関する法的評価」）、一〇一－一四九頁、または、제성호『남북한특수관계론——법적 문제와 그 대책——』（ジェ・ソンホ『南北韓特殊関係論——法的問題とその対策——』）、一七－四三頁を参照されたい。

（10）七〇年代における南北朝鮮の対話の経過および具体的な内容については、韓国の国土統一院が日本語で発行した、国土統一院『南北対話白書』（現代文芸社、一九八八年）を参照されたい。本書での引用は和訳本を使用した。

（11）南北共同声明の全文については、同上書、六二－六四頁を参照されたい。

（12） 南北共同声明は、その他に、南北朝鮮間の諸般交流の実施、南北赤十字社会談の実行、ソウルと平壌間の常設直通電話の設置、南北調節委員会の構成および運営、上記事項の誠実な実行に合意した。

（13）「七・四南北共同声明」の合意後における韓国にとっての北朝鮮の法的な地位については、「地方的事実上の政府」と規定されている。배재식「남북한 통일방안에 관한 법적평가」（ベ・ジェシック「南北韓統一方案に関する法的評価」）、一二三頁を参照。また、共同声明の発表後、韓国は北朝鮮に対して、従来の「北韓傀儡集団（北傀）」の代わりに「北韓」という呼称を公式に使用することになる。

（14） 例えば、北朝鮮は、自主の原則については在韓アメリカ軍の撤退として、平和の原則については韓国とアメリカの合同軍事練習の中止として、そして民族大団結の原則については韓国の国家保安法の廃止や共産党の合法化などとして解釈した。このような北朝鮮側の見解を韓国は無視した。この点に関しては、통일교육원『통일문제이해』（統一教育院『統一問題理解』）、八七頁を参照。

（15） 七二年一二月に韓国はいわゆる「維新憲法」を、北朝鮮は「朝鮮民主主義人民共和国社会主義憲法」をそれぞれ公布し、個人独裁体制を樹立した。

（16）「六・二三平和統一外交政策宣言」の全文については、통일원『통일백서』（統一院『統一白書』、一九九二年）、四二頁を参照されたい。

（17）「ハルシュタイン・ドクトリン」とは、旧ソ連を除外して、東ドイツを承認する国家とは外交関係を結ばないという原則として、五五年九月に西ドイツの外務次官であったW・ハルシュタインによって公式に表明された。韓国における「ハルシュタイン・ドクトリン」の成立および放棄過程を国際連合との関係で詳しく分析したものとしては、倉田秀也「韓国外交における『ハルシュタイン・ドクトリン』の放棄の過程――朴正熙大統領『平和統一外交宣言』への道程」を参照されたい。

（18） 배재식「남북한 통일방안에 관한 법적평가」（ベ・ジェシック「南北韓統一方案に関する法的評価」）、一二八頁、임혁백「남북한 통일정책의 비교분석」（イム・ヒョックベック「南北韓統一政策の比較分析」）、六〇頁を参照。

（19） 통일교육원『통일문제이해』（統一教育院『統一問題理解』）、八九頁。

（20） 임혁백（イム・ヒョックベック）、同上論文、六〇頁、または、서진영「남북관계와 한국정치」『21세기의 남북한 정치』、서울：한울아카데미（ソ・ジンヨン「南北関係と韓国政治」『二一世紀の南北韓政治』、ハンウルアカデミー、二〇〇〇年）、一二一頁を参照。

（21） 八〇年五月の光州事件の政治的な性格については、九三年五月に金泳三政権により「民主化運動」として公式

に規定された。この問題を含めて、光州事件の過程や歴史的な意義などに関する詳しい分析としては、손호철『해방50년의 한국정치』、서울：새길（ソン・ホチョル『解放五〇年の韓国政治』、セギル、一九九五年）、一五六－二一六頁を参照されたい。

(22) 第五共和国の成立過程や権威主義的政治体制および権力構造の特性については、한배호『한국정치변동론』、서울：법문사（ハン・ベホ『韓国政治変動論』、法文社、一九九四年）、三九九－四二六頁を参照されたい。

(23) 第五共和国期における韓国社会の民主化運動と民主化過程については、木宮正史「韓国の民主化運動――民主化への移行過程との関連を中心にして――」『世界政治の構造変動　第四巻　市民運動』（岩波書店、一九九五年）、一八三－二二五頁、池明観『韓国民主化への道』（岩波新書、一九九五年）、李分一「韓国の第五共和国制と新旧教会の民主化運動――政治変動と教会の役割――」（『国際政治』一二一巻「宗教と国際政治」、一九九九年五月）、一二二－一三七頁を参照されたい。

(24) 李分一、同上論文、一二三頁、一二七頁を参照。

(25) 第五共和国時代に国家保安法が多量に適用された主な理由としては、政権の法的・政治的な正統性がなかったことや、七〇年代に比べて民主化運動勢力が組織化・意識化されていたことなどが指摘されている。この点を含めて、第五共和国期における国家保安法適用の特徴については、박원순『국가보안법연구2――국가보안법적용사――』（パク・ウォンスン『国家保安法研究2――国家保安法適用史――』）、三四－四二頁を参照されたい。

(26) 양영식『통일정책론――이승만정부에서 김영삼정부까지――』、서울：박영사（ヤン・ヨンシック『統一政策論――李承晩政府から金泳三政府まで――』、博英社、一九九七年）、二一四－二一五頁。

(27) 国土統一院『南北対話白書』、一九七－一九九頁を参照。

(28) 「民族和合民主統一方案」に関する全大統領の国政演説の内容については、国土統一院『南北対話白書』、二〇九－二一二頁を参照。

(29) 第五共和国政府も北朝鮮を同一民族として認めている。しかし、積極的な平和統一政策や関連法律の制定を伴うものではなかったという点で、教会協議会や第六共和国の民族共同体論とは異なるものである。

(30) 第四共和国と第五共和国の統一案が「七・四南北共同声明」の三大原則との関係を言及していない点に対する批判としては、양영식『통일정책론――이승만정부에서 김영삼정부까지――』（ヤン・ヨンシック『統一政策論――李承晩政府から金泳三政府まで――』）、一八五頁、一九四頁を参照。

(31) 国土統一院、同上書、二一〇頁。

(32) 国土統一院、『南北対話白書』、二一一‐二一二頁。

(33) 양영식『통일정책론——이승만정부에서 김영삼정부까지——』(ヤン・ヨンシック『統一政策論——李承晩政府から金泳三政府まで——』)、一九五‐一九六頁を参照。

(34) 同上書、一九六頁、または、임혁백「남북한통일정책의 비교분석」(イム・ヒョックベック「南北韓統一政策の比較分析」)、六九頁を参照。

(35) 곽태환「한반도 정치통합의 문제점」『남북한 정치통합과 국제관계』、서울：경남대극동문제연구소(クァク・テファン「韓半島政治統合の問題点」『南北韓政治統合と国際関係』、慶南大極東問題研究所、一九八六年)、三三頁、または、양영식(ヤン・ヨンシック)、同上書、一九八頁を参照。

(36) 第五共和国の場合においても、北朝鮮政権を事実上(de facto)認定するということは、法律上(de jure)完全な主権国家として承認するという意味ではない。このことは、特に「暫定協定」の内容において、大使の交換や大使館の設置でなく、常駐連絡代表府の設置を提案しているところによく現れている。

(37) 송우 편저『한국헌법개정사』、서울：집문당(ソン・ウ編著『韓国憲法改正史』、集文堂、一九八〇年)、六七頁。この本は、四八年の初代憲法の制定から七二年の第七次改正にいたるまで、韓国憲法の改正過程や改正憲法の内容について分析している。

(38) 김철수『헌법학개론』、서울：박영사(キム・チョルス『憲法学概論』、博英社、二〇〇三年)、一一二頁を参照。

(39) 韓国憲法の領土条項の持つ政治的意味については、その他に、領土の範囲を明白にすることにより他国の領土に野心がないことや、韓国の領土が旧大韓帝国のそれに基づいていることを宣言したという点が指摘されている。권영성『헌법학원론』、서울：법문사(クォン・ヨンソン『憲法学原論』、法文社、二〇〇三年)、一二四頁、계희열『헌법학』、서울：박영사(ケ・ヒヨル『憲法学』、博英社、二〇〇二年)、一七一頁を参照。

(40) 倉田秀也「韓国外交における『ハルシュタイン・ドクトリン』の放棄の過程(上)——朴正熙大統領『平和統一外交宣言』への道程」、四八‐四九頁を参照。

(41) 송우편저『한국헌법개정사』(ソン・ウ編著『韓国憲法改正史』)、二二五頁を参照。

(42)『대법전』、서울：법전출판사(『大法典』、法典出版社、一九八五年)、一頁。

(43) 国家保安法制定の背景に関する分析としては、박원순『국가보안법연구1——국가보안법변천사——』(パク・ウォンスン『国家保安法研究1——国家保安法変遷史——』)、七二‐八〇頁、조국「한국근현대사에서의 사상통제법」『역사비평』、서울(ゾ・グック「韓国近現代史での思想統制法」『歴史批評』、一九八八年夏号)を参照され

たい。

(44) 四八年から九一年まで、国家保安法の改正過程や改正法律の内容については、박원순（パク・ウォンスン）、同上書、一〇二‐二七四頁を参照。

(45) 『대법전』（『大法典』）、一九一九頁。

(46) 四八年の国家保安法の制定から九一年まで、韓国政府が国家保安法をどう適用したかについては、박원순『국가보안법연구2――국가보안법적용사――』（パク・ウォンスン『国家保安法研究2――国家保安法適用史――』）が政権と主題ごとに詳しく分析している。

(47) 권영성『헌법학원론』（クォン・ヨンソン『憲法学原論』）、一二四‐一二五頁、계희열『헌법학』（ケ・ヒヨル『憲法学』）、一六八頁、성락인『헌법실습――사례와 판례――』、서울：법문사（ソン・ラックイン『憲法実習――事例と判例――』、法文社、二〇〇〇年）、八四‐八六頁を参照。

(48) 大法院判決一九九〇・九・二五、九〇ド一四五一。韓国国家保安法の憲法上の根拠については、憲法学説において、二〇〇三年現在の韓国憲法第三七条第二項（八〇年改正の旧憲法の第三五条第二項）における「国民のすべての自由及び権利は、国の安全保障、秩序維持又は公共福利のために必要な場合に限り、法律により制限することができ、制限する場合においても、自由及び権利の本質的内容を侵害することはできない」という国民の基本権制限に関する条項を指摘する見解もある。

この意見の代表的な例としては、최대권「한국헌법의 좌표――『영토조항』과『평화적통일조항』――」『법제연구』제2권제1호、서울（チェ・デクォン「韓国憲法の座標――『領土条項』と『平和的統一条項』――」『法制研究』第二巻第一号、一九九二年六月）、五‐二四頁を参照されたい。しかしながら、韓国の大法院や憲法裁判所は、一貫して韓国憲法第三条の領土条項を国家保安法の憲法上の根拠として解釈している。

(49) 第五共和国政府の二面的な北朝鮮認識からみると、韓国との関係における北朝鮮政権の法的な地位は「交戦団体に準じる地方的な事実上の政権」として規定される。제성호『남북한특수관계론――법적 문제와그 대책――』（ジェ・ソンホ『南北韓特殊関係論――法的問題とその対策――』）、三一‐三二頁を参照。

(50) 戦後における日本キリスト教の政治的な態度の特徴が反国家主義にあるとすれば、八〇年代にいたるまで、韓国キリスト教の政治的態度の特徴は何より反共産主義にあるといえよう。こうした観点から韓国キリスト教の反共的な態度の形成を歴史的に分析した先駆的な研究としては、澤正彦『南北朝鮮キリスト教史』（日本キリスト教団出版局、一九八二年）を参照されたい。

（51）四五年八月の解放から五〇年六月の朝鮮戦争にいたるまで、北朝鮮における社会主義政権の樹立や宗教政策の展開、そして国家とキリスト教との対立に関しては、한국기독교역사연구소북한교회사집필위원회『북한교회사』、서울：한국기독교역사연구소（韓国キリスト教歴史研究所北韓教会史執筆委員会『北韓教会史』、韓国キリスト教歴史研究所、一九九六年）、三四三－四一八頁が詳しく分析している。または、강인철「현대북한종교사의 재인식」『해방후북한교회사』、서울：다산글방（カン・インチョル「現代北韓宗教史の再認識」『解放後北韓教会史』、タサングッルバン、一九九二年）、一四五－一六七頁を参照されたい。

（52）朝鮮戦争中の韓国キリスト教の被害状況と、戦争の及ぼした韓国キリスト教の反共主義への影響に関する分析としては、서정민「한국전쟁과 기독교」『희년신학과 통일희년운동』（ソ・ジョンミン「韓国戦争とキリスト教」『禧年神学と統一禧年運動』）、三九六－四一九頁を参照されたい。

（53）『기독공보』（『基督公報』）、一九五三年七月二〇日。朝鮮戦争中に『基督公報』に現れた韓国キリスト教の反共的な態度に関しては、노치준「한국전쟁이 한국교회의 성격결정에 미친 영향」『기독교사상』438호（ノ・チジュン「韓国戦争が韓国教会の性格決定に及ぼした影響」『キリスト教思想』四三八号、一九九五年六月）、一四頁を参照。

（54）김흥수「한국교회의 통일운동의 역사에 관한 재검토」（キム・フンス「韓国教会の統一運動の歴史に関する再検討」）、四三一頁を参照。

（55）同上論文、四三四－四三五頁を参照。

（56）教会協議会を中心にした韓国キリスト者の民主化運動の経過および内容に関する日本語の資料としては、韓国問題キリスト者緊急会議編『韓国民主化闘争資料集一九七三—一九七六』（新教出版社、一九七六年）、また、中嶋正昭「韓国のキリスト教徒の戦い」（『世界政経』、一九七五年六月号）、六三－七一頁を参照されたい。

（57）한국기독교교회협의회「七・四남북공동성명에 관한 성명서」『하나되는 교회 그리고 세계——한국기독교교회협의회70년연표——』（韓国キリスト教教会協議会「七・四南北共同声明に対する声明書」『一つになる教会、そして世界——韓国キリスト教教会協議会七〇年年表——』）、一二一九－一二二〇頁。

（58）이삼열「한반도의 평화와 정의——한국의 입장——」『한국교회통일문제주요자료집』、서울：한국기독교교회협의회통일문제연구원（イ・サムヨル「韓半島の平和と正義——韓国の立場——」『韓国教会統一問題主要資料集（一九八四・一〇—一九八七・五）』、韓国キリスト教教会協議会統一問題研究院、一九八七年）、五四頁。この論考は、八六年九月にアメリカで開かれた「第四次韓・北米教会協議会」で発表されたものである。

(59) 이삼열「한국기독교와 통일운동――교회협의회선언의 입장과 배경――」『남북교회의 만남과 평화통일신학』(イ・サムヨル「韓国キリスト教と統一運動――教会協議会宣言の立場と背景――」『南北教会の出会いと平和統一神学』)、三七五―三七六頁。

(60) バンクーバー総会の決議の内容や、韓国教会協議会の平和統一運動に関わる意義については、윤응진「평화통일 희년맞이를 위한 기독교의 교육적 과제」『민족통일과 평화』、서울 : 한국신학연구소(ユン・ウンジン「平和統一の禧年を迎えるためのキリスト教の教育的課題」『民族統一と平和』、韓国神学研究所、一九九五年)、二三〇―二四四頁が思想的な側面から分析している。

(61) 이삼열「한국기독교와 통일운동――교회협의회선언의 입장과 배경――」(イ・サムヨル「韓国キリスト教と統一運動――教会協議会宣言の立場と背景――」)、三七六頁。

(62) 統一問題研究院運営委員会は各会員教団の代表二人と専門委員四人の総二〇人で組織された。박종화「해설 : 한반도통일을 위한 남북교회의 실천」『남북교회의 만남과 평화통일신학』(パク・ジョンファ「解説・韓半島統一のための南北教会の実践」『南北教会の出会いと平和統一神学』)、二頁。

(63) 韓国教会協議会は八三年六月に「統一問題協議会開催妨害に対する声明書」を出した。これによると、政府当局は「非公開にすること、外国人を招かないこと、声明を発表しないこと」を要求し、教会協議会はその要求を受け入れた。それにもかかわらず、政府は警察や情報機関を通して、講師への脅迫、集会場所の取り消しなどの露骨的な妨害工作を続けたという。声明書の全文は、한국기독교교회협의회통일위원회편『한국교회평화통일운동자료집』、서울(韓国キリスト教教会協議会統一委員会編『韓国教会平和統一運動資料集一九八〇―二〇〇〇』、二〇〇〇年)、三〇頁を参照。

(64) 韓国教会協議会と世界教会協議会および世界各国の教会協議会との国際連帯の具体的な過程については、第四章第三節を参照されたい。

(65) 教会協議会の統一運動史の年表については、八〇年代の場合は『南北教会の出会いと平和統一神学』、八一―一二頁を、八〇年代から九〇年代までの場合は、『韓国教会平和統一運動資料集一九八〇―二〇〇〇』、四八二―五四四頁を参照されたい。

(66) 統一問題協議会で発表された論考は、教会協議会の統一委員会が編纂した『南北教会の出会いと平和統一神学』に載せられている。この点で、この資料および論文集は、八八宣言にいたるまで、教会協議会の理論的・神学的な模索過程を示すものであるといえる。

(67) 八八宣言の全文については、『韓国教会平和統一運動資料集一九八〇―二〇〇〇』、一〇二‐一一〇頁を参照されたい。また、八八宣言の日本語訳については、韓国問題キリスト者緊急会議・NCCアジア資料センター編『朝鮮半島の平和と統一をもとめて』（新教出版社、一九八九年）、九二‐一〇〇頁を参照されたい。

(68) 박종화「민족통일의 성취와 통일신학의 성립」『남북교회의 만남과 평화통일신학』（パク・ジョンファ「民族統一の成就と統一神学の成立」『南北教会の出会いと平和統一神学』）、一一九頁。教会協議会は、八〇年代に入り、南北朝鮮の社会・政治などのすべての分野における「構造悪」の原因として、南北分断の状況を指摘している。こうした教会協議会の観点は、八〇年代以前に北朝鮮の存在を「悪」として捉えていたことと対比される。

(69) 八八宣言が設定している五つの統一原則の内容については、『韓国教会平和統一運動資料集一九八〇―二〇〇〇』、一〇五‐一〇六頁を参照されたい。

(70) 八八宣言は、民族同質性を回復するための方法として具体的に次の四つのことを提案している。第一に、相手に対する誹謗を中止し、相手の異質的な理念や体制に対する感情的な非難を相互建設的な批判に転換する。第二に、相手を偏見なしに知るために、相互訪問や通信を開放する。第三に、南北朝鮮の言語・歴史・地理・生物・自然資源などを共同研究し、文化・芸術・宗教・スポーツ分野で交流する。第四に、南北間の経済交流を最大に開放する。同上書、一〇七頁を参照。

(71) 김병서「민중사회와 민족공동체」『통일과 민족교회의 신학』、서울：한울（キム・ビョンソ「民衆社会と民族共同体」『統一と民族教会の神学』、ハンウル、一九九〇年）、一七一頁。

(72) 홍근수「기독교의 사회윤리적 입장에서 본 통일」『남북교회의 만남과 평화통일신학』（ホン・グンス「キリスト教の社会倫理学的立場から見た統一」『南北教会の出会いと平和統一神学』）、二〇七頁。

(73) 同上論文、二〇九頁。

(74) 안병무『역사앞에 민중과 더불어』、서울：한길（アン・ビョンム『歴史前に民衆と共に』、ハンギル、一九八六年）、二四二頁。

(75) 박종화「민족통일의 성취와 통일신학의 성립」（パク・ジョンファ「民族統一の成就と統一神学の成立」）、一二九頁。

(76) 송기득「민족통일에 대한 신학적 과제」『기독교와 주체사상』、서울：신앙과 지성사（ソン・ギドック「民族統一に対する神学的課題」『キリスト教と主体思想』、信仰と知性社、一九九三年）、四三頁。この論文は八九年六月にアメリカで開かれた第二三次「北米州キリスト学者大会」で発表されたものである。

(77) 박종화（パク・ジョンファ）、同上論文、一三〇－一三一頁。
(78) 教会協議会の民族共同体論および民衆主体論の主張は、単に韓国政府だけでなく、北朝鮮政府に対しても要求するものである。
(79) 韓国政府の平和統一政策が韓国憲法の領土条項および国家保安法に違反するものではないかという違憲論争は、韓国の多くの学者を巻き込んで行われている。この点に関して、違憲という解釈については、윤기원「국가보안법 개폐논의에 대하여」『민족화해와 남남대화』（ユン・ギウォン「国家保安法の改廃議論に対して」『民族和解と南南対話』）、이장희「민족화해를 위한 남북기본합의서의 법적・제도적 실천방향」『민족화해와 남남대화』（イ・ジャンヒ「民族和解のための南北基本合意書の法的・制度的実践方案」『民族和解と南南対話』）を参照。また、合憲の解釈については、최대권「한국헌법의 좌표――『영토조항』과『평화적통일조항』――」（チェ・デクォン「韓国憲法の座標――『領土条項』と『平和的統一条項』――」）を参照されたい。
(80) 임혁백「남북한통일정책의 비교분석」（イム・ヒョックベック「南北韓統一政策の比較分析」）、六九頁を参照。
(81) 제성호『남북한특수관계론――법적 문제와 그 대책――』（ジェ・ソンホ『南北韓特殊関係論――法的問題とその対策――』）、三四－三六頁を参照。

第二章　統一主体論における国家とプロテスタントの対立

第一節　韓国国家の統一主体論：南北朝鮮政府と韓国政府

1. 第五共和国の統一政策上の統一主体論

七〇年代から始まった平和統一政策において、韓国国家が北朝鮮を事実上の国家として認めるということは、北朝鮮の政府とともに平和的な統一過程を推進するという共同主体の論理を含んでいる。しかし一方、憲法の領土条項に基づいた国家保安法において北朝鮮を反国家団体として実際に規定するということは、あくまでも韓国政府の主導で統一国家を形成しようという単独主体の論理が含まれている。このように統一過程の主体を二重的に南北朝鮮両政府と韓国政府として設定したところに、第五共和国政府の南北朝鮮統一論のもう一つの特徴がある。

第一章の第一節で見たように、第五共和国政府は八二年一月に「民族和合民主統一方案」（以下、「統一案」と略称する）を北朝鮮政府に対して提案した。その統一案の主な内容は二つの部分でなされていた。一つは、南北朝鮮の「住民の意思を代弁する南北代表」により「民族統一協議会議」を結成し、ここで憲法草案を作り、国民投票による統一憲法の承認の過程を経て、統一憲法による自由総選挙を実施し統一政府を樹立することである。そして、もう一つの部分は、南北朝鮮の最高責任者の会談を通じて、七項目の「南北韓基本関係に関する暫定協定」を締結することである。[1]

さらに、第五共和国政府は八二年二月に南北朝鮮の相互不信を解消し民族和合を図るという趣旨で、具体的に「二〇大示範実践事業」を提案した。その事業の内容は次のように三つの部分で構成されている。第一に、八項目の社会開放事業として、ソウルと平壌との間の道路連結、離散家族の間の郵便交流および再会、自由観光のための共同地域の設定、板門店を通した海外同胞の南北朝鮮訪問、自由交易港の開放、南北朝鮮間の正規放送の聴取、板門店を通したソウル・オリンピックへの参加、板門店を通した外国人の自由往来という内容である。第二に、八項目の交流協力事業として、共同漁労区域の設定、南北朝鮮の各界人士の相互親善訪問、記者の自由取材の保障、民族史の共同研究、体育界の交流および単一チームの構成、日用生産品の交易、資源の共同開発および利用、技術者の交流および生産品の展示会開催という内容である。第三に、四項目の緊張緩和事業として、非武装地域での学術調査、非武装地域での軍事施設撤去、非武装地域での体育施設建設、軍事責任者の間の直通電話開設という内容である。[2]

このような第五共和国政府の統一案および実践事業の提案には、南北朝鮮統一の主体の問題と関連して、次の二つの主張が包含されていると解釈することができる。

一つは、南北朝鮮の統一過程における主体は、あくまでも韓国と北朝鮮という二つの当事国でなければならないということである。もちろんこの場合、朝鮮半島の統一の問題は南北朝鮮という当事者の問題であると同時に、アメリカや日本、中国や旧ソ連などの諸国家の様々な利害が深く関わっている国際問題でもある。従って、こうした諸国家の理解と協調なしに南北朝鮮だけで統一を推進することは非現実的であるといえよう。第五共和国政府の統一案もこうした統一問題の国際性を考慮している。特に、「南北韓基本関係に関する暫定協定」の六番目の項目において、南北朝鮮両側の既存の国際条約と協定を尊重するという内容は、朝鮮半島をめぐる諸国家との関係を重視するという意味を持つものである。しかしながら、国際関係を重視しつつも、他の暫定協定の内容が示しているように、南北朝鮮の交流や統一過程はあくまでも韓国と北朝鮮が主導的に推進して行くべきだということが、第五共和国政府の統一案を支える基本認識である。

そして、もう一つの主張は、南北朝鮮の統一過程における主体は韓国と北朝鮮という当事者のなかでも、特に政府でなければならないということである。この場合において、第五共和国政府は、統一案では南北朝鮮の住民を統一の根本的な主体として設定している。つまり、「民族和合民主統一方案」は、実際の統一過程を協議する「民族統一協議会議」を「住民の意思を代弁する南北代表」で構成するという内容となっている。このことは、南北朝鮮の統一の主体を単に政府当局に求めるだけでなく、諸政党や社会団体にまで広めたものである[3]。そして、最後に総選挙により統一国会と政府を樹立するという構想においても、民主的な手続きにより南北朝鮮の住民の自由な意思が実現されることを強調している。また、「二〇大実践事業」のなかで、特に八項目の民間交流事業は、南北朝鮮の統一の過程が様々な民間の交流に支えられるべきだという構想を示すものであるといえよう。

しかしながら、こうした統一案および実践事業の内容とは裏腹に、実際には第五共和国政府は統一問題に対して排他的な政府主体の考え方を堅持していた。このことは、何よりもまず、統一案自体が韓国国会や市民社会での民主的な議論過程を経ずにまとめられ、推進されたことにもっともよく現れている。また、統一案が民間交流を強調しつつも、それを保障する法律を実際に制定しようとしなかったことも独占的な政府主体の統一論理をあらわすものである[4]。そして、第五共和国政府が政権の初期から最後まで、「南北韓当局最高責任者会談」を通じた南北朝鮮関係の政治的妥結に執着しつづけたことも、第五共和国政府が誰よりも南北朝鮮の政府、特に双方の最高権力者を統一の主体として考えたことの現れであると解釈できよう[5]。

実際に、第五共和国政府は政府主導の（あるいは政府の独占する）統一の論理に基づいて、八四年と八五年に、体育・人道・経済・政治の分野における南北朝鮮の政府当局者間の対話を行った[6]。まず、八四年四月と五月には、八八年にソウルで開かれることになった第二四回世界オリンピックへの共同参加問題を協議するために、南北体育会談が開かれた。しかし、何の結果も出せずに三回目の会談で決裂した。また、八四年九月には、北朝鮮の赤十字社が韓国の洪水被害者に救援物資を送るという提案をし、同年一〇月に韓国側が受諾した[7]。このことをきっかけにして、八五年五月から一二月まで、三回の南北赤十字社会談が行われ、この過程で「南北離散家族故郷訪問団および芸術公演団の相互交換」が合意され、同年九月にソウルと平壌で実施された[8]。しかし、南北赤十字会談が中止されることになり、この行事は一回で終わってしまった。

一方、救援物資の提供と受け入れが契機となり、八四年一一月からは南北経済会談が次官級を代表にして板門店で開かれた[9]。しかし、これも八五年一一月の五回目の会談まで、何の合意にも達しえず中断された。また、八五年七月と九月には、南北国会会談を開催するための予備接触が二回行われたが、これも北朝鮮側が八六年一月に韓国軍と米軍の「チーム・スピリット」軍事演習を理由に中断して、何の合意事項も見出すことなく終わってしまった。その後、南北朝鮮の政府は互いに様々な提案を出しつづけたが、実際に八八年二月まで公式に何の対話も行われなかった。

以上のような南北対話の経緯については、統一主体の問題と関連して、次の二つの点を指摘することができよう。まず、約一年半にわたり、南北朝鮮の当局者の間にいくつかの対話や交流が成立したのは、双方の政府が共同主体となり、統一過程を推進しようとした努力の結果であるといえよう。特に、八四年の北朝鮮の救援物資を受け入れ、それを南北関係の改善のための突破口として積極的に利用したのは、第五共和国政府の南北朝鮮共同主体論の成果であると評価することができる。しかし一方、それが軍事的・政治的な理由で大きな成果なしに脆くも中断したのは、排他的な政府独占による統一の論理の限界を示すものであったと指摘することができる。

2. 第五共和国憲法の領土条項と国家保安法上の統一主体論

韓国の第五共和国政府が、統一政策において統一の主体を南北朝鮮の政府として設定していたとすれば、韓国憲法の領土条項と国家保安法はあくまでも韓国の政府が統一の主体になるべきであるという意味を含んでいたといえる。

第一章第一節で述べたように、韓国憲法は四八年七月に制定されてから、一貫して「大韓民国の領土は韓半島およびその付属島嶼とする」と規定している。そして、この領土条項の規定には、朝鮮半島で韓国が唯一の合法政府であり、従って北朝鮮政府は韓国政府の領土高権を侵害している反国家的な非合法団体であるということを宣言する法的・政治的な意味があった。こうした憲法の領土条項の意味からみると、領土条項には、統一主体の問題に関連して、次のような二つの韓国国家の立場が含まれていると解釈することができる。

一つは、南北朝鮮の統一はあくまでも韓国の主導で行われるべきだということである。つまり、統一は究極的に韓国の自由民主主義の政治秩序および資本主義の経済秩序を根幹とする国家体制への統一でなければならないのである。言い換えれば、北朝鮮の社会主義および共産主義に基づいた国家体制への統一を拒否するということである[10]。

このような韓国主導の統一論の立場により、第五共和国政府は八七年一〇月に第九次改正された韓国憲法の第四条に、「大韓民国は、統一を志向し、自由民主的基本秩序に立脚した平和的統一政策を樹立し、これを推進する」という規定を新たに設けた。この場合、「自由民主的基本秩序」の性格について、韓国の憲法裁判所は判例のなかで、「すべての暴力的支配と恣意的支配、すなわち反国家団体の個人独裁ないし一党独裁を排除し、多数の意思による、国民の自治・自由・平等の基本原則に基づいた法治国家的な統治秩序」であり、「より具体的に言えば、基本的人権の尊重、権力分立、議会制度、複数政党制度、選挙制度、私有財産と市場経済を根幹とする経済秩序および司法権の独立」[11]と規定している。

そして、韓国憲法の領土条項に含まれているもう一つの統一主体論は、南北朝鮮の平和的統一があくまでも政府主体で行われるべきだということである。この政府主体の論理は、北朝鮮政府を反国家的な非合法団体として捉える立場から当然に由来するものである。つまり、北朝鮮政府が非合法団体であるが故に、韓国政府の許可なしに、北朝鮮と関わる団体や人物と交流しようとする民間の努力は当然に犯罪行為となるのである。この点で、韓国憲法の領土条項には、単に韓国主導の統一論理だけでなく、政府主導の統一論理も含まれているのである。そして、韓国の国家保安法の規定は、そうした政府主導の統一論理を法律として具体化したものであるといえる。

国家保安法は、第一章第一節で指摘した通り、第二章で犯罪の構成要件と刑罰の内容について規定している。この第二章のなかでも、特に韓国国家の政府主導の統一論理が明白に現れているのが、第六条から第九条までの規定である。以下、それぞれの条項の内容を見つつ、事実上それぞれの規定がどのように南北朝鮮の自由な民間交流や韓国社会の北朝鮮理解を制限、または禁止しているのかについて検討することにする。

国家保安法第六条は「潜入・脱出」の罪と刑について次のように規定している。「①反国家団体の支配下にある地域から潜入し、又はその地域に脱出した者は、一〇年以下の懲役に処する。②反国家団体又はその構成員の指令を受け、又は受けるために又はその目的遂行を協議し、又は協議するために潜入し、又は脱出した者は、死刑・無期又は五年以上の懲役に処する。③反国家団体又はその構成員の利益になるという事情を知って国外の共産系列の指令を受け、又は受けるために又はその目的遂行を協議し、又は協議するために潜入し、又は脱出した者も、第二項の刑と同じである。④第一項及び第三項の未遂犯は、処罰する。⑤第一項の罪を犯す目的で予備又は陰謀した者は、七年以下の懲役に処する。⑥第二項及び第三項の罪を犯す目的で予備又は陰謀した者は、二年以上の有期懲役に処する」[12]。

この国家保安法第六条の目的は、反国家団体のスパイなどが韓国内に潜入し、テロなどの明白な犯罪行為をせずに、長期的に潜伏する場合に対処するところにあると説明される[13]。しかしながら、国家保安法第六条については、第一項の「反国家団体の支配下にある地域」や第二項の「反国家団体又はその構成員の指令」がきわめて不明確な概念であり、従って、無制限に拡大解釈できるという点が批判的に指摘されてきた。例えば、北朝鮮地域だけでなく、海外にある北朝鮮の外交公館や北朝鮮関連団体の建物も「反国家団体の支配下にある地域」に含まれるのであり、また、北朝鮮関連団体からのいかなる連絡や書信も「反国家団体又はその構成員の指令」として解釈できるのである。そして、行為の動機や目的に対する制限なしに単純に潜入と脱出を規定していることも、いかなる北朝鮮訪問や北朝鮮の人々との交流をも犯罪行為として解釈できる余地を提供している[14]。

国家保安法第七条は「賞揚・鼓舞など」の罪と刑について次のように規定している。「①反国家団体又はその構成員又はその指令を受けた者の活動を賞揚・鼓舞又はこれに同調し、又はその他の方法で反国家団体に利した者は、七年以下の懲役に処する。②国外共産系列の活動を賞揚・鼓舞又はこれに同調し、又はその他の方法で反国家団体に利した者も、第一項の刑と同じである。③第一項及び第二項の行為を目的とする団体を構成し、又はこれに加入した者は、一年以上の有期懲役に処する。④第三項に規定された団体の構成員として社会秩序の混乱を助長するおそれがある事項に関して虚偽事実を捏造・流布又は事実を歪曲し伝播した者は、二年以上の有期懲役に処する。⑤第一項又は第四項の行為をする目的で文書・図画その他の表現物を製作・輸入・複写・所持・運搬・頒布・販売又は取得した者は、その各項に定めた刑に処する。⑥第一項又は第五項の未遂犯は、処罰する。⑦第一項又は第五項の罪を犯す目的で予備又は陰謀した者は、五年以下の懲役に処する」[15]。

国家保安法第七条の目的は、反国家団体による、直接に暴力を同伴しない体制転覆のための宣伝・煽動を処罰するところにあると説明される。国家保安法第七条はこの法による拘束および起訴の九〇%以上を占めるほど、最も多く適用されてきた条項であり、それだけに、「国家保安法の象徴」といわれている[16]。しかも、その規定の概念がきわめて多義的であり、それ故に法規範に関する恣意的な解釈と法の適用における乱用の余地が多いという点が指摘されてきた。

まず、国家保安法第七条の第一項と第二項の賞揚・鼓舞・同調の罪は表現行為によって成り立つ犯罪である。この場合、その表現行為の不法性は、憲法における表現の自由の制限原理である「明白で現存する危険」の原則が適用されなければならない。言い換えれば、国家保安法第一条における法律の目的である「国家の安全と国民の生存及び自由を確保すること」に対して、具体的で客観的な危険性がある場合にのみ、ある特定の表現行為は犯罪になるのである。しかしながら、ある特定の意見や主張が「国家の安全と国民の生存及び自由」に対して「明白で現存する危険」であるか否かについては、法律執行者の恣意的な解釈と判断が可能である[17]。つまり、ある表現行為の危険性の範囲を無制限に拡大解釈することができるのである。

こうした側面から見ると、国家保安法第七条の第一項と第二項は、事実上韓国の国民に、北朝鮮の主張であるならば、すべてを否定し、非難することを強要するものであるといえよう。例えば、北朝鮮特有の主張である連邦制統一案、在韓アメリカ軍の撤退、韓国の国家保安法の廃止や、北朝鮮の指導理念である主体思想などに対して部分的にでも肯定する意見を発表すると、その表現行為は国家保安法の処罰対象になるのである[18]。

そして、国家保安法第七条の第三項は「利敵団体」を構成する罪と刑を規定している。しかし、利敵団体の概念について「第一項及び第二項の行為を目的とする団体」と規定することにより、第一項と第二項の持つ犯罪構成要件の不明確性をそのまま包含している。また、国家保安法第七条第四項における「混乱を助長するおそれ」という規定も明確性の原則に反する典型的な表現として指摘されている[19]。

さらに、国家保安法第七条第五項は利敵表現物に対する罪の構成要件として、「第一項及び第四項の行為をする目的」を規定している。しかし、ある特定の表現物の「製作・輸入・複写・所持・運搬・頒布・販売又は取得」が明白に利敵の「目的」で行われたか否かを判断することも、法執行者の恣意的な解釈による余地はきわめて大きい[20]。例えば、学問的な研究や営利の目的、あるいは単純な知的好奇心で北朝鮮の書物を所持する場合もあるのである。この意味で、特に国家保安法第七条第五項は韓国の一般国民に対して、北朝鮮を客観的に理解するためのさまざまな表現物への接近を封殺する役割を果たしてきたといえよう。全体的に国家保安法第七条に対しては、憲法上の表現の自由、学問・芸術の自由、良心と思想の自由、国民の知る権利などを大きく制限するものとして、規定に対する違憲論が法律の制定時から常に提起されてきている[21]。

国家保安法第八条は「会合・通信など」の罪と刑について次のように規定している。「①反国家団体の利益になるという事情を知って反国家団体の構成員又はその指令を受けた者と会合・通信その他の方法で連絡をした者は、一〇年以下の懲役に処する。②反国家団体の利益になるという事情を知って国外共産系列の構成員又はその指令を受けた者と会合・通信その他の方法で連絡をした者も、第一項の刑と同じである。③第一項と第二項の未遂犯は、処罰する。④第一項及び第二項の罪を犯す目的で予備又は陰謀した者は、七年以下の懲役に処する」[22]。

国家保安法第八条の規定についても、犯罪の構成要件の不明確性を指摘することができる。つまり、「反国家団体の利益」という概念と「反国家団体の利益になるという事情を知って」という犯罪の主観的な構成要件の概念が曖昧であり、法律の適用が執行者の恣意的な判断によっていくらでも可能になるのである。また、「反国家団体の利益になる」ことに対して処罰するという論理は、北朝鮮の利益はすべてが韓国の不利益になるというゼロサム的な思考方式によるものである[23]。この点で、国家保安法第八条は実際に南北朝鮮の自由な民間交流と協力を禁止する規定として解釈される。

国家保安法第九条は「便宜提供」の罪と刑について次のように規定している。「①この法の罪を犯し、又は犯そうとする者であるという事情を知って銃砲・弾薬・火薬その他武器を提供した者は、五年以上の有期懲役に処する。②この法の罪を犯し、又は犯そうとする者であるという事情を知って金品その他の財産上の利益を提供し、又は潜伏・会合・通信・連絡のための場所を提供し、又はその他の方法で便宜を提供した者は、一〇年以下の懲役に処する。ただし、本犯と親族関係にあるときは、その刑を軽減又は免除できる。③第一項及び第二項の未遂犯は、処罰する。④第一項の罪を犯す目的で予備又は陰謀した者は、一年以上の有期懲役に処する。⑤第二項の罪を犯す目的で予備又は陰謀した者は、七年以下の懲役に処する」[24]。

国家保安法第九条についても、犯罪の構成要件に対する規定の不明確性を指摘することができる。つまり、第一項と第二項において罪を「犯そうとする者」という規定は、犯罪実行の意思を持ってはいるが、まだ犯罪を具体的に準備していない対象を指すのだが、その犯罪の意思を客観的に判断することはきわめて難しい。また、第二項の「その他の財産上の利益」や「その他の方法で便宜を提供した者」という規定も曖昧な概念として、該当犯罪の構成要件を明確に提示していない[25]。この点で、国家保安法第九条第二項も法律の恣意的な適用が可能であり、実際に民間レベルでの南北交流を制限する機能を果たすものとして指摘されている[26]。

以上、見てきたように、韓国の領土条項には反国家団体としての北朝鮮認識に基づいた、韓国主導と政府主導の統一論理が含まれている。そして、国家保安法はそうした排他的な韓国政府主体の統一論理に基づいて、韓国国民の北朝鮮に対する理解や南北の自由な民間交流を法的に制限、または禁止している[27]。このように、韓国の政府があくまでも統一の主体になるべきであるという立場は、第五共和国政府が平和統一政策において南北朝鮮の政府を統一の主体と設定したこととは相反するものである。しかしながら、この相矛盾する二つの統一主体論が並存するところに、第五共和国政府の南北朝鮮統一論および統一政策の特徴があるのである。

第二節　韓国プロテスタントの統一主体論：南北朝鮮と世界の民衆

1. 民衆主体の統一論理

第五共和国期において韓国国家が南北朝鮮の政府、または韓国政府を統一の主体として設定していたのに対して、教会協議会は南北朝鮮および世界の民衆があくまで統一過程の主体となるべきであると主張することになる。第一章の第二節で見たように、教会協議会は八〇年代に入って、一連の統一問題協議会の研究過程を経て八八宣言を採択した。この宣言は五つの統一原則を設定しているのだが、そのなかで、民衆主体の統一原則については次のように強調している。

「統一のための方案を作るすべての論議の過程では、民族構成員全体の民主的な参与が保障されねばならない。特に、分断体制のもとで最も苦しみを受けているだけでなく、民族構成員の大多数でありながら、意思決定の過程から常に疎外されてきた民衆の参与は優先的に保障されねばならない」(28)

さらに、教会協議会は八〇年代の初期から世界の民衆（特に世界の教会）との国際連帯を強調し、実際に世界教会協議会や世界各国の教会協議会と協力して南北朝鮮平和統一運動を展開した。(29) このことは、民族共同体の生の実現を人類共同体の生が実現するまでの過渡的な過程として捉えるという神学的な立場、言い換えれば、民族救援と世界救援を一体化したものとして捉えるという聖書の理解に基づいたものである。(30) こうした世界の教会との連帯の重要性について、八八宣言は次のように強調している。

「韓半島の平和と統一は、東北アジアの平和だけでなく、世界平和においても一つの重要な鍵であるために、韓国教会は韓半島周辺の米国、ソ連、日本、中国等四ヵ国のキリスト教共同体をはじめとする世界教会とも緊密に協議し、連帯運動を展開して行くことにしたい」[31]

ところで、このように教会協議会が民衆主体の統一論を強調する時、その主張の論理的な正当性は主に次の二つの次元から根拠づけられる。一つは、聖書に関する民衆神学的な理解、すなわち民衆神学の立場からであり、もう一つは、南北朝鮮関係をめぐる現実政治においての政治権力の悪魔性に対する批判的な理解からである。

まず、民衆神学の立場から民衆主体の統一論理をみることにする。韓国キリスト教特有の民衆神学は、主に七〇年代に人権や民主化運動に積極的に参加していたキリスト教聖職者や知識人たちが、自らの実践を神学的に根拠づけるために理論化したものである。[32] 従って、民衆神学は単なる神学理論の体系ではなく、社会的な実践や運動を伴った神学的省察という性格を持ち、[33] また、この点で、西欧のキリスト教思想を韓国的な状況のなかで主体的に受容した「韓国的キリスト教思想」として評価されている。[34] そして、ある一人の神学者によって作られたものではなく、複数のキリスト者によって展開された一連の神学的運動という特徴を持つものである。[35]

民衆神学における「民衆」の概念については、多数の神学者によって様々に規定されている。しかしながら、「歴史上は多数者でありながら、少数の特権層に抑圧され、収奪され、疎外された人々」で、自分だけでなく抑圧者までも含んだ「人間解放の主体」として民衆を捉えるという点で、民衆神学者は共通している。[36] 神学的に言い換えれば、民衆を「神の国の宣布者であり、その国の主人」として規定し、「民衆が自身の救援（解放）を自ら成し遂げていくだけでなく、すべての人類の救援が、苦難を受け闘争する民衆の生を通じて来る」ということを理論化するところに民衆神学の共通した特徴があるのである。[37]

もちろん、このような民衆神学の民衆主体論および民衆救援論は聖書の解釈に基づいたものである。民衆神学によると、聖書の内容の根幹をなしているものは、「民衆を神と直結させ、神の前に立った民衆の主権を確立する」ことである。すなわち、『旧約聖書』における出エジプト記は、「民衆の主権、聖書的に表現すると、エホバの主権を回復しようという事件」である。そして、『新約聖書』におけるイエスの行いは、「本来民衆の主権を担保していた神の国の概念が、王権によって歪曲され支配者のイデオロギーになったことを拒否しつつ、民衆の主権が貫徹される神の国を回復しようとした運動」となるのである。教会協議会はこうした聖書の民衆神学的解釈により、南北朝鮮の統一運動を「神の国運動の韓半島的表現形態」として意味づけ、その運動の主体を南北朝鮮の政府でなく、民衆に求めるのである[38]。

また、教会協議会の民衆主体の統一論は、現実政治における政治権力の悪魔性に対する認識と深く関わっている。この場合、政治権力の悪魔性とは主に権力の「自己目的化」の傾向を指す。つまり、本来何らかの政治的な目的のための手段であるべき権力が、それ自体が目的に、しかも最高の目的になり、「権力のために権力を追求するという政治に顕著に見られる傾向」を言うのである[39]。こうした政治権力の自己維持または自己増殖の傾向は、特に対外的な関係が緊張した時に、もっとも容易に現れる。従って、政治権力は本質的に「対外的緊張を人為的に煽り、あるいは集団のメンバーの重大な価値を不断に危険状態におくことによって自己の権力を保持し拡大する」という傾向を持つのである[40]。教会協議会が南北朝鮮の平和統一の主体を民衆に求めるもう一つの理由は、こうした政治権力の自己目的性に対する批判的な理解にあるといえる。

教会協議会は、実際の南北朝鮮の統一政策史および南北朝鮮関係史の展開を政治権力の自己目的性という観点から批判している。まず、四八年の政府樹立とともに発表された南北朝鮮の統一政策、つまり韓国政府の「国際連合監視下の人口比例による総選挙」や北朝鮮政府の「南北朝鮮の政党・社会団体代表による選挙管理機構監視下の選挙」の提案に対しては、互いに「実現可能性を信じて推進したものではなかった」と批判しつつ、「北は社会主義政権の確立、南は自由主義政権の確立が最優先課題」であったと指摘する[41]。また、朝鮮戦争後の五〇年代と六〇年代における南北朝鮮政府の一連の平和統一案も、「常に対内的な統合や対外的な宣伝を優先的に考慮した政策」であり、この側面からみると、「分断の克服ではなく、分断の延長を前提にした統一政策」であったと批判する。(42)

さらに、教会協議会がもっとも痛烈に批判するのは「七・四南北共同声明」の結末である。第一章第一節で述べた通り、南北朝鮮政府は七二年七月に、自主・平和・民族大団結という統一の三大原則や南北交流などの七項目に合意した。しかし、この合意事項は実行されず、その直後である同年一二月に、韓国は当時の朴大統領の終身執権を保障するという内容の「維新憲法」を、北朝鮮は絶対権力が付与された主席制の新設を明示した「朝鮮民主主義人民共和国社会主義憲法」をそれぞれ公布し、個人独裁体制を確立した。このような政治過程に対して、教会協議会は南北朝鮮の両政府がともに南北関係を「政治権力の強化の手段として悪用したもの」であり、「七・四共同声明の大原則の実現は両側の政権によって事実上阻止されてきた」と批判している。(43)

以上、見てきたように、教会協議会は南北朝鮮の民衆を統一過程の主体と設定しつつ、世界の民衆との連帯を強調している。そして、その主張の正当性を、聖書に現れる(と解釈される)民衆の自発的な主体性や力量、そして実際の南北朝鮮関係史に現れる政治権力の悪魔性ないし自己目的性から根拠づけている。この他に、教会協議会のキム・ソンジェは、民衆が統一運動の主体とならねばならない理由として、統一国家形成への過程が南北朝鮮双方の「民主化とともに実践されねばならない」という点や、未来の統一国家が「民衆主体の新しい社会体制でなければならない」という点などを指摘している。(44)

2. 民衆主体論の政治的要求

八〇年代の韓国社会において教会協議会が民衆主体の統一論を主張する際、さらにそれには現実的に次のような二つの政治的意味が含まれていた。一つは、南北両側の政府に対して統一議論の民主化や統一運動の自由化を要求することであり、もう一つは、統一にいたる方法を政治制度的な統合以上に、南北の民衆間の和解や信頼醸成に求めることである。

まず、民主的な統一議論とは、南北朝鮮の現状や統一問題に関わる情報をあるがままに公開すること、そして統一問題をめぐる議論や政策の決定過程において民族構成員全体が参加することを意味する。また、自由な統一運動とは、平和統一運動のための集会・結社・言論などの諸権利や、南北の民族構成員全体の直接的な交流が保障されることを意味する。これらのことが実現するように、南北双方の法的な制限を改廃し、さらに法律上の保障を要求するところに、教会協議会の民衆主体論の現実政治的な意味があるのである。この点は、八八宣言において二つの項目で主張されている。

「(1) 政府当局が南北韓双方に関する情報や統一論議を独占してはならない。南北韓国民が統一論議と統一政策の樹立過程に主体的に自由に参加するように言論の自由を保障し、統一問題の研究および論議のための民間機構の活動を制度的で現実的に保障しなければならない。

(2) 南北韓双方は体制や理念の反対者たちが自己の良心と信仰によって自由に批判することができるように最大限に許容すべきであり、世界人権宣言と国際連合の人権規約を遵守しなければならない」[45]

また、教会協議会が統一の主体を民衆に求めることは、統一過程において南北朝鮮民衆間の心の和解および信頼醸成をもっとも重視するということを意味する。この場合、教会協議会の使う「和解」の概念は、もちろんキリスト教の神学に基づいているものである。聖書における和解という言葉はギリシア語の katallage の訳語である。これには「(別のものと) 交換する」という意味と、「贖罪する」という二つの意味が含まれている。つまり、神への贖罪を通じて「敵意・怒り・不和を友好・愛情・平和と交換する」という意味である[46]。そして、和解の対象においては、神と人間との関係だけでなく、人間と人間、人間と自然との関係をすべて包含している。教会協議会が南北朝鮮の統一の問題において和解という言葉を使う際、それは主に人間と人間との政治社会的な領域における和解をあらわす。つまり、和解という言葉は信頼醸成（または信頼形成）という言葉と同じ意味で使われているのである。

教会協議会が民衆主体の和解・信頼醸成の重要性を強調する背景には、歴史的に南北双方に根強い不信感や敵対意識が形成されているという現実がある。朝鮮戦争をはじめとする様々な紛争の経験やその過去への記憶、政治イデオロギーの対立、そして自国中心的な教育などにより、南北朝鮮は互いに世界で「もっとも恐ろしい仇」[47]として認識していた。そして、こうした敵対意識は、本節の第一項で見たように、南北双方の政治権力の自己目的性により維持され、さらに、拡大再生産されていた。この現状を、南北分断の克服の過程においてもっとも根本的な障碍として認識するところに、民衆主体の信頼醸成論の出発点があるのである。

さらに、教会協議会が民衆主体の信頼形成を強調する理由としては、（教会協議会の考える）南北朝鮮統一の目的を指摘することができよう。教会協議会の共通した見解によると、南北朝鮮の統一はそれ自体が目的でもなければ、いわんや政権の統合が目的でもない。南北統一の真の目的はキリスト教の平和、すなわち「シャーローム」（shalom, salom）を朝鮮半島に実現するところにある。この場合、シャーロームとは愛と正義に基づいた「共同体の生」を意味するのだが、これは南北朝鮮民衆間における真の心の和解なしには不可能である。教会協議会が政治制度的な統合の以前に、民衆主体の信頼形成を強調する理由は、このように南北統一の目的を真の平和の実現に求める立場からである（この点と関連して、教会協議会のある神学者は「統一」の概念について、政治制度の統合という側面からではなく、「分断民族相互間の敵対的な生を清算した民族和解」[48]と規定している）。

それでは、南北朝鮮間の和解および相互信頼はどのようにして実現できるのであろうか。この信頼醸成の方法論の問題について、教会協議会は次の三つの原則を一貫して強調している。まず、第一に、愛の精神である。つまり、北朝鮮に対する「好戦的な態度を福音の核心である〝隣人愛〟に代えることによって韓国社会における敵対的な分断文化を払拭する」ことである[49]。そして、第二に、北朝鮮に関する「理解」である[50]。この場合、教会協議会が特に強調するのは、北朝鮮の指導理念である「主体《チュチェ》思想」に対する研究である。これらの研究と理解を通じて、「相手の異質な理念と体制に対する極端に感情的な非難を相互建設的な批判に転換させる」ことである[51]。そして第三に、民間交流優先の原則である。経済・社会・文化などの様々な分野における民間交流は、南北朝鮮の民衆の相互理解を深めるとともに、相互の共同利益の領域を広めるという点で、南北朝鮮の和解と信頼醸成にもっとも重要なものであると指摘される。これらの原則について、八八宣言は次のように強調している。

「お互いを信頼できるようにすることは南北統一のためのあらゆる努力の最も基本的な出発点になるべきである。相互信頼を助成するためには、不信と敵対感を生む全ての要素が除去されるとともに、相互交流を拡大し相互理解の基盤を広め民族の同質性を早急に回復させるべきである。信頼醸成のためのあらゆる措置は分断克服においてもっとも本質的なものであるが故に、例え南北政府間の会談が進まない時にも民間次元では推進されるべきである」[52]

以上のように、教会協議会の民衆主体論は現実的に統一論議の民主化と統一運動の自由化を南北双方の政府に要求するものである。また、統一過程において政治制度上の統合以前に南北民衆の心の和解や信頼醸成を重視し、そのための両側政府の政策決定を要求するという政治的な意味を持つものである。そして、信頼形成のための具体的な方法として、過去の経験や政治イデオロギーを越えた愛の精神、相手に対する理解、直接的な交流と対話を強調している（このような民衆主体の信頼形成論に基づき、教会協議会は実際に八〇年代以来、「北韓を正しく知る運動」と南北朝鮮の宗教交流運動を展開する。この点については、第二部の第三章と第四章で検討する）。

第三節　統一主体論における政教間対立の特徴

韓国の第五共和国期における南北朝鮮統一問題をめぐる国家とプロテスタントとのもう一つの対立軸は、統一を主導する勢力、すなわち統一主体に関する考え方の差異から形成された。政府は平和統一政策においては南北朝鮮の両政府を主体として設定していたが、第五共和国憲法の領土条項および国家保安法は実際に韓国の政府を統一の主体にするという論理を含んでいた。これに対して、韓国プロテスタントの教会協議会は、あくまで南北の民衆が統一過程の主体となるべきであると主張しつつ、世界の民衆との連帯を強調した。

このような統一の主体に対する政教間の立場の違いは、互いに二つのレベルで対立するものであるといえよう。一つは、南北朝鮮政府主体論と民衆主体論との対立であり、もう一つは、韓国政府主体論と民衆主体論との対立である。

まず、統一主体論においても、第五共和国政府と教会協議会の立場がもっとも激しく対立するのは後者の場合である。この場合、韓国政府主体論の立場は、朝鮮半島で韓国政府だけが唯一の政治的・法的正統性を持つという「大韓民国唯一合法政府論」と反国家団体としての北朝鮮認識、そして、自由民主主義と資本主義の理念的優越性に対する確信に基づいている。従って、この立場は、統一政策の決定過程においては民衆が主体的に参加し、また、韓国政府による統制を超えて、南北の民衆が独自に自由な統一運動を展開することを禁止する。特に、韓国政府主体論の立場からみると、南北民衆間の独自な直接交流は犯罪行為に他ならないのである。

他方、民衆主体論は民衆の自発的主体性や力量に対する信頼と、政治権力の自己目的性に対する批判的認識とに基づいたものである。もちろん、この立場は、韓国政府主体の論理に対して、北朝鮮の社会主義や共産主義の理念的優越性を主張するものではない。南北朝鮮両側の政治理念や政治体制に対して、ある一方を絶対化せず、相対化して捉えようとするものである。そして、そのうえに、南北民衆の主体的な参加を通して統一過程を推進しようとするものである。こうした民衆主体論の立場からすると、排他的な韓国政府主体の論理に基づいた国家保安法の規定は、政府が北朝鮮に関するすべての情報を独占し、民主的な議論なしに一方的に統一政策を決定し、市民社会の自由な統一運動や南北の民間交流を禁止する諸措置を法的に保障しているという点で、分断の克服ではなく、分断の延長のためのものに他ならないのである。

また、統一主体論において、第五共和国政府と教会協議会は南北朝鮮政府主体論と南北朝鮮民衆主体論というレベルで対立している。この場合、両方の立場は韓国と北朝鮮を対等なパートナーとして認め、統一過程における南北朝鮮の共同主体を強調するという点で一致している。しかし、第五共和国政府が政府間の共同主体を主張するのに反して、教会協議会は民衆間の共同主体を主張するという点で、両者の立場は対立することになる。

まず、南北朝鮮政府主体論は、南北の統一の過程において政府の役割、つまり、専門官僚の役割や政治・行政エリートのリーダーシップがもっとも重要であるという考え方に基づいている[53]。そして、この立場は、南北朝鮮の統一の過程において法的・制度的な統合の手続きをめぐる双方の政治的な合意を重視している。第五共和国政府の提案した「民族和合民主統一方案」が、統一国家を形成するための憲法制定の手続きを強調しているのは、法的・制度的な統合を優先視するという認識の現れであるといえよう。また、この立場の特徴は、政府の最高責任者の政治的な交渉による問題の解決を重視するという点にある。第五共和国政府が、実現はできなかったものの、政権の初期から最後まで南北の首脳会談を提案しつづけたことは、政府首脳の政治的な交渉をもっとも優先するという考え方に起因するものであったと指摘できる。

もちろん、南北朝鮮政府主体の立場も、両側の「住民」の意思が将来の統一国家の樹立においてもっとも重要であること、言い換えれば、主権が究極的に両側の住民にあることを認めている。そして、双方の民間交流の必要性をも認めている。第五共和国政府が提案した「二〇大実践事業」のなかには八項目の民間交流事業が含まれており、また、実際に南北離散家族および芸術公演団の南北相互訪問が実施された。しかしながら、こうした民間交流もあくまで双方の政府の統制のもとで、選別的に行われるべきであるというのが、政府主体論の主張である。この立場によると、統一問題に対する南北の民衆の自由な議論、統一政策の決定過程への民主的な参加、そして、政府の統制を受けない自由な統一運動や民間交流は禁止されるべきものとなるのである。

これに対して、南北朝鮮民衆主体論は、上述したように、民衆に対する信頼と政治権力の本質に対する批判的認識に基づいている。もちろん、この立場も、統一の過程における政府の役割を無視するものではない[54]。そして、実際に法的・制度的統合のために両政府の政治的交渉が重要であり、特に政治エリートや専門官僚の役割は欠かせないということを認めている。しかし、それ以上に、南北の民衆間の民族同質性の回復による信頼醸成が必要であり、またそのためには、南北朝鮮両側において統一のための議論の民主化と統一運動の自由化が法的に保障されねばならないというのが、民衆主体論の立場である。

特に民衆主体論は、第五共和国期の南北関係のように、法的・政治的正統性や過去の歴史の解釈をめぐる両政府のイデオロギー的な対立が激しい状況において、また、非政治的な分野における交流の蓄積が存在しない状況において、独占的な政府主体の統一の論理は大きな意味を持たない、と主張する。実際に第五共和国期における政府間の交渉は南北の政治的な目的によって左右され、結局、何の結果も出さずに政治的・軍事的な理由で中断されてしまった。このような政府主体統一論の現実的な限界に対して、統一政策の民主的な決定過程や南北朝鮮民間の自律的な交流の重要性を強調し、さらにそれの法律上の保障を南北の政府に要求するところに、教会協議会の民衆主体論の特徴があるのである。

(1) 国土統一院『南北対話白書』、二一三-二一五頁を参照。
(2) 同上書、二〇二-二〇五頁。
(3) 韓国政府の統一案のなかで、統一過程を協議する主体を政党や社会団体にまで広めたのは、第五共和国案がはじめてである。この点で、「民族和合民主統一方案」は、その実現可能性は別として、統一の主体問題における韓国政府の「発想の大転換」を反映したものとして評価されている。양영식『통일정책론——이승만정부에서 김영삼정부까지——』(ヤン・ヨンシック『統一政策論——李承晩政府から金泳三政府まで——』)、二一〇-二一一頁を参照。
(4) 「南北交流協力に関する法律」が始めて制定されるのは、第六共和国に入ってからの九〇年八月である。
(5) 第五共和国の全斗煥大統領は南北朝鮮の首脳会談に非常に執着したことと知られている。八八年の退任直前にも首脳会談のために北朝鮮との秘密接触を進めていたといわれている。양영식(ヤン・ヨンシック)、同上書、一九〇-一九一頁を参照。
このように、全政権が何よりも首脳会談を優先視していたことに対しては、第五共和国政治体制の権威主義的な性格が統一政策にそのまま反映されたものと指摘されている。임혁백「남북한 통일정책의 비교분석」(イム・ヒョックベック「南北韓統一政策の比較分析」)、六九頁。
(6) 第五共和国期における南北朝鮮政府間の対話の具体的な内容や中断過程については、国土統一院『南北対話白書』、二二〇-四四三頁、または、통일교육원『통일문제이해』(統一教育院『統一問題理解』)、一五一-一六四頁を参照されたい。
(7) 八四年に北朝鮮の救援物資が韓国に来たことは、南北の分断史における初めての公式的な物資交流という意味を持つ。また、韓国が救援物資を受け入れた背景には、南北関係を改善しようという意図があった。国土統一院、同上書、二二二頁、양영식『통일정책론——이승만정부에서 김영삼정부까지——』(ヤン・ヨンシック『統一政策論——李承晩政府から金泳三政府まで——』)、二一〇頁を参照。
(8) 八五年の「南北離散家族故郷訪問団および芸術公演団」の相互訪問は、政府の主導で行われたものであるとしても、また一回で終わったとしても、南北間の初めての民間交流であるという歴史的な意味を持っている。国土統一院、同上書、二二三頁、양영식(ヤン・ヨンシック)、同上書、二一〇頁を参照。
(9) 八四年の南北経済会談も結果を出せずに終わったが、歴史上最初の南北朝鮮の経済当局者間会談という意味を持つ。통일교육원(統一教育院)、同上書、一六二頁。

(10) 김철수『헌법학개론』（キム・チョルス『憲法学概論』）、八九頁、권영성『헌법학원론』（クォン・ヨンソン『憲法学原論』）、一八三頁。

(11) 憲法裁判所判決一九九〇・四・二、八九憲ガ一一三。권영성（クォン・ヨンソン）、同上書、一三八頁を参照。

(12)『대법전』（『大法典』）、一九一九頁。

(13) 박원순『국가보안법연구3――국가보안법폐지론――』（パク・ウォンス『国家保安法研究3――国家保安法廃止論――』）、七九頁。

(14) 同上書、七九‐八二頁を参照。

(15)『대법전』（『大法典』）、一九一九頁。

(16) 박원순『국가보안법연구3――국가보안법폐지론――』（パク・ウォンス『国家保安法研究3――国家保安法廃止論――』）、八三頁。

(17) 윤기원「국가보안법 개폐논의에 대하여」（ユン・ギウォン）、同上論文、二〇九‐二一〇頁を参照。

(18) 오준근「남북 교류협력 활성화를 위한 법제정비방안」『21세기 민족화해와 번영의길』、서울：크리스챤서적（オ・ジュングン「南北交流協力の活性化のための法制整備法案」『21世紀民族和解と繁栄の道』、クリスチャン書籍、二〇〇〇年）、二五二‐二五三頁を参照。

(19) 윤기원（ユン・ギウォン）、同上論文、二一二頁。

(20) 윤기원（ユン・ギウォン）、同上論文、二一一頁。박원순『국가보안법연구3――국가보안법폐지론――』（パク・ウォンスン『国家保安法研究3――国家保安法廃止論――』）、八三‐八四頁。

(21) 韓国の憲法裁判所は国家保安法第七条に対する違憲審判において次のように「限定合憲」判決を下した。「国家保安法第七条第一項及び第五項の規定は、その所定の行為が国家の存立・安全を危うくし、又は自由民主的基本秩序に危害を与える明白な危険がある場合のみに縮小適用されることと解釈するならば、憲法に違反しない」。憲法裁判所判決一九九〇・六・二五、九〇憲ガ一一。九〇年代における憲法裁判所の一連の「限定合憲」判決の内容については、윤기원（ユン・ギウォン）、同上論文、二〇八‐二〇九頁を参照されたい。

(22)『대법전』（『大法典』）、一九二〇頁。

(23) 박원순（パク・ウォンスン）、同上書、八九‐九〇頁。

(24)『대법전』（『大法典』）、一九二〇頁。

(25) 박원순『국가보안법연구3――국가보안법폐지론――』（パク・ウォンス『国家保安法研究3――国家保安法

廃止論——』）、九一頁。

(26) 윤기원「국가보안법 개폐논의에 대하여」（ユン・ギウォン「国家保安法の改廃議論について」）、二一五頁を参照。

(27) 韓国国家保安法については、制定以来今日にいたるまで、改廃をめぐる議論が続けられている。国家保安法存続論の立場は、主に国家安全保障上の必要性と、韓国だけが廃止することはできないという北朝鮮の法律との相互性を強調している。これに対し、改廃論の立場は、主に平和統一政策との矛盾や、法律上の犯罪構成条件の不明確性、刑法との重複、そして法律の乱用による人権蹂躙などを主な理由として指摘している。この点に関する詳しい分析としては、박원순（パク・ウォンスン）、同上書、一九一-二五三頁を参照されたい。

また、国家保安法の改廃の問題と関連して、北朝鮮への「太陽政策」を一貫して推進した韓国の金大中元大統領も、法律の乱用に対しては反対しつつも、「国家保安法の廃止は時期尚早」という立場を堅持した。오준근「남북교류협력 활성화를 위한 법제정비방안」（オ・ジュングン「南北交流協力の活性化のための法制整備方案」）、二五四頁を参照。しかし、いずれにしても、第五共和国期において国家保安法が実際に韓国国民の北朝鮮理解や南北朝鮮の自由な民間交流を厳しく制限、または禁止するという機能を果たしていたことは事実である。

(28) 『韓国教会平和統一運動資料集一九八〇—二〇〇〇』、一〇六頁。民衆主体の統一原則については、八五宣言においては次のように主張されている。「平和への道である分断の克服、すなわち統一の問題は執権勢力の専有物であってはならない。平和への念願は弱いもの、貧しいもの、抑圧されたもの、すなわち民衆の最も渇望する現実であるが故に、民衆主体の平和的統一が分断克服と統一運動の主流になるべきである。従って、これ以上、統一問題に関する議論が政府によって独占されてはならないのであり、さらに統一を模索するための教会のいかなる作業も妨げられ、抑圧されてはならないのである」。同上書、五〇頁。

(29) 世界教会協議会および各国の教会協議会との連帯過程については、本書の第四章第二節で具体的に検討する。

(30) 民族救援と世界救援との関係に関する神学的な解釈については、박종화「민족통일의 성취와 통일신학의 성립」（パク・ジョンファ「民族統一の成就と統一神学の成立」）、一二九頁、または、本書の第一章第二節を参照されたい。

(31) 『韓国教会平和統一運動資料集一九八〇—二〇〇〇』、一一〇頁。

(32) 韓国の民衆神学に関する日本語の文献としては、徐南同著、金中一訳『民衆神学の探求』（新教出版社、一九八九年）を参照されたい。

(33) 柳東植『韓国のキリスト教』、一六五－一七三頁を参照。

(34) 韓国の民衆神学と西欧の正統神学との違いについては、正統神学が「主観と客観、すなわち信じる主体である人間と信じられる対象である神を厳格に分離する傾向を持っている」のに対して、民衆神学は「キリストと民衆との連続性ないし同一性を強調することによって、神と人間との相互同属性と共同主体性を浮き彫りにする」と指摘されている。박재순「주체사상과 민중신학」『남북교회의 만남과 평화통일신학』（パク・ジェスン「主体思想と民衆神学」『南北教会の出会いと平和統一神学』）、一八七頁。

また、ラテン・アメリカの解放神学との違いについては、主に解放神学がマルクス主義の階級論や従属理論を媒介として聖書を解釈し、現実を認識しているのに対して、民衆神学は「韓国民衆の生と文化」に対する神学的理解を中心に成立したという点などが強調される。서광선『한국 기독교 정치신학의 전개』、서울：이화여자대학교출판부（ソ・クァンソン『韓国キリスト教の政治神学の展開』、梨花女子大学校出版部、一九九六年）、九五－一〇〇頁を参照。

(35) 七〇年代の代表的な民衆神学者としては、서남동（ソ・ナムドン）、안병무（アン・ビョンム）、현영학（ヒョン・ヨンハック）を挙げることができる。

(36) 김성재「민중교육방법론의 연구」『민중과 한국신학』、천안：한국신학연구소（キム・ソンジェ「民衆教育方法論の研究」『民衆と韓国神学』、韓国神学研究所、一九八二年）、四一〇－四一一頁を参照されたい。本書は、教会協議会の神学研究委員会が民衆神学の代表的な論考を編纂したものである。

(37) 박재순（パク・ジェスン）、同上論文、一九六頁。

(38) 홍성현「분단상황의 극복을 위한 신학의 몇가지 모티브」『남북교회의 만남과 평화통일신학』（ホン・ソンヒョン「分断状況の克服のための神学の幾つかのモティーフ」『南北教会の出会いと平和統一神学』）、一五二－一五三頁を参照。

(39) 丸山真男「政治の世界」『丸山真男集』第五巻（岩波書店、一九九五年）、一四〇頁。政治権力の悪魔性に関する丸山の政治学理論の特徴については、拙稿「政治権力と自由（上）――丸山真男の「信教の自由」論を中心に――」（『中央学術研究所紀要』第二九号、二〇〇〇年）、一〇〇－一〇五頁を参照されたい。

(40) 丸山真男「政治権力の諸問題」『丸山真男集』第六巻（岩波書店、一九九五年）、三四九頁。

(41) 이삼열「분단의 극복과 기독교」『남북교회의 만남과 평화통일신학』（イ・サムヨル「分断の克服とキリスト教」『南北教会の出会いと平和統一神学』）、三四四頁を参照。

(42) 이삼열(イ・サムヨル)、同上論文、三四四頁、박종화「분단극복과 교회의 역할」『남북교회의 만남과 평화통일신학』(パク・ジョンファ「分断克服と教会の役割」『南北教会の出会いと平和統一神学』)、二三七頁を参照。
(43) 박종화「분단극복과 교회의 역할」(パク・ジョンファ「分断克服と教会の役割」)、二三七頁、노정선「통일신학을 향하여」『남북교회의 만남과 평화통일신학』(ノ・ジョンソン「統一神学を向けて」『南北教会の出会いと平和統一神学』)、一四六頁。
(44) 김성재「평화와 민족통일을 이루는 기독교교육」『남북교회의 만남과 평화통일신학』(キム・ソンジェ「平和と民族統一を成し遂げるキリスト教教育」『南北教会の出会いと平和統一神学』)、三〇五頁。
(45)『韓国教会平和統一運動資料集一九八〇―二〇〇〇』、一〇六頁。
(46)『ギリシア語新約聖書釈義辞典』(教文館、一九九四年)、三一四‐三一五頁を参照。
(47)「민족의 통일과 평화에 대한 한국기독교회 선언」(「民族の統一と平和に対する韓国キリスト教会宣言」)、『韓国教会平和統一運動資料集一九八〇―二〇〇〇』、一〇四頁。
(48) 박종화「민족통일의 성취와 통일신학의 성립」(パク・ジョンファ「民族統一の成就と統一神学の成立」)、一三一頁。
(49) 한국기독교교회협의회인천협의회「세계기독교한반도평화협의회 메시지1988」(韓国キリスト教教会協議会仁川協議会「世界キリスト教韓半島平和協議会メッセージ1988」)、『韓国教会平和統一運動資料集一九八〇―二〇〇〇』、一一三頁。
教会協議会は「八八宣言」において、「隣人を自分のように愛しなさい」という愛の戒めを破った「分断と憎悪に対する罪責告白」を行っている。その主な内容は次のようである。「特に南韓のキリスト者は、反共イデオロギーを宗教的な信念のように偶像化し、北韓共産政権を敵対視する余り、北韓同胞および私たちとイデオロギーを異にする同胞を呪うことまでした罪を犯したことを告白する。これは主の戒めに背く罪であり、分断によって苦しみ、また現在も苦しんでいる隣人に対する無関心の罪であり、彼らの痛みをキリストの愛によって治療できなかった罪である」。同上書、一〇四‐一〇五頁。
(50) 宗教者の国際活動において相手に対する「理解」を強調する場合、理解の概念には「知る」という意味とともに「真の理解」という意味が含まれる。この点に関する詳しい説明は、本書の附論Ⅱの注12を参照されたい。
(51)『韓国教会平和統一運動資料集一九八〇―二〇〇〇』、一〇七頁。
(52) 同上書、一〇六‐一〇七頁。

（53）第五共和国の「民族和合民主統一方案」は国際統合理論における新機能主義的要素を積極的に受け入れたものである。新機能主義理論は、非政治的な分野での交流の拡大が自動的に政治的な分野の統合に波及（spill-over）するという機能主義的統合理論の仮説を否定し、波及効果の政治化、つまり専門官僚や政治エリートの役割を重視する。この点に関しては、임혁백「남북한통일정책의 비교분석」（イム・ヒョックベック「南北韓統一政策の比較分析」）、六五－六八頁を参照されたい。

（54）教会協議会が民衆主体の統一論を強調する際、それは、政府を排除した民衆だけの役割を意味するものではなく、政府との「共同主体」を要求するものである。この点については、박종화「민족통일의 성취와 통일신학의 성립」（パク・ジョンファ「民族統一の成就と統一神学の成立」）、一三〇頁を参照。また、この側面からみると、教会協議会の主張する民衆主体論は、アナーキズムとは一線を画しているといえる。

第二部　韓国プロテスタントの統一運動の展開と国家

第三章　韓国プロテスタントの北朝鮮理解運動と政教間対立

第一節　北朝鮮理解運動としての主体思想理解

第二章の第二節で見たように、教会協議会が南北朝鮮民衆主体の統一論を主張する際、そこには、政治制度的な統合以上に、南北の民衆間の信頼醸成を重視するという意味が含まれていた。そして、南北の信頼醸成のために何より強調されたものが、隣人愛の精神と北朝鮮に対する理解、南北朝鮮間の民間交流であった。教会協議会はこの民衆主体の信頼醸成論に基づき、八〇年代に「北韓を正しく知る運動」と南北朝鮮宗教者交流運動を展開することになる。

「北韓を正しく知る運動」とは、冷戦の論理に基づいた北朝鮮認識を克服し、可能な限り客観的に北朝鮮を理解しようという知的努力を意味する。[1] 確かに、八〇年代にいたるまで、韓国社会における北朝鮮認識は冷戦の論理によって一律的に支配されていた。つまり、個人主義的価値観や政治的自由主義、そして経済的資本主義体制の絶対的な優越性の立場から、集団主義的価値観に基づいた北朝鮮の政治的・経済的体制はすべてが非正常な悪いものであり、従って、全的に否定されるべきものとして認識されてきた。また、極端な冷戦文化のなかで、八〇年代にいたるまで、韓国における北朝鮮研究は政府によって統制、または禁止されてきた[2]。そして、限られた北朝鮮に関する専門研究も、北朝鮮体制の異質的な側面だけを否定的に強調し、韓国との同質的な側面については意識的に無視、または歪曲してきた。こうした絶対善と絶対悪という二分法的な北朝鮮認識が、韓国社会に北朝鮮への不信と敵対意識をもたらし、それが同時に北朝鮮の韓国に対する警戒や敵対意識を激化させてきたことは言うまでもない。

この冷戦的視角による北朝鮮認識に対して、「北韓を正しく知る運動」は南北朝鮮の異質性と同質性を客観的に確認しつつも、体制の異質性よりは、民族の同質性をより重要視しようとするものである。こうした知的努力のなかで、南北間の敵対意識を払拭し、一つの民族共同体としての相互信頼を醸成しようとするところに運動の目的があるのである。この点について、教会協議会のイ・サムヨルは次のように強調している。

「(南北朝鮮が)一つの民族共同体であることを確認して行かなければならない。そして、ここで留意すべきことは、理念と体制と価値観の異質性よりは、民族の同質性をもっと重要に考えねばならないことである。これが教会の統一宣言が主張する信頼と交流優先の原則である。しかしながら、これも南韓の人々が北韓に関する客観的な情報を持ち、放送を聴き、新聞や書籍も読むことのできる自由が与えられる時に可能であり、このことは北韓の人々の場合にも同じである。この理由で、われわれは〝北韓を正しく知る運動〟を積極的に展開しなければならないのである」[3]

教会協議会が北朝鮮理解運動のなかでも特に強調するのは、北朝鮮の指導理念である「主体思想」に関する研究や理解である(この他に北朝鮮の宗教政策や宗教状況に関する理解も強調しているが、この点については本書の附論Iで検討する)。この主張には、大きく二つの理由が挙げられる。

まず、北朝鮮における主体思想の影響力の大きさである。つまり、主体思想が北朝鮮の国家や政治のすべての領域において活動の基準ないし原則として働いているだけでなく、さらに北朝鮮人民の思考様式や行動を現実的に規定しているからである(4)。このことはもちろん、主体思想の掲げる理念通りに、北朝鮮の政治が行われ、その社会が動いているということを意味するものではない。主体思想の理想とする国家や社会と北朝鮮の現実とは大きなギャップがありうる。しかし、それにもかかわらず、主体思想は七〇年代から北朝鮮の党と国家が認める唯一の「指導的指針」であり、それ故に、北朝鮮の政治や人民の考え方に対して深い影響を及ぼしていることは事実である(5)。

また、教会協議会が主体思想理解を強調する主な理由としては、南北朝鮮の敵対関係が何より双方の理念的対立に起因しており、そのなかでも、北朝鮮の共産主義と韓国のキリスト教との対立がもっとも激しかったという現状認識を指摘することができる。言い換えれば、共産主義とキリスト教が南北朝鮮の敵対意識を強化することにおいて核心的な役割を担ってきたが故に、双方の信頼を作り出すことにおいても両思想の対話や相互理解がもっとも重要であるという認識からである。この重要性については、特に韓国においてキリスト教の勢力が大きいという宗教状況からも強調される(6)。

さらに、教会協議会の主体思想研究や理解の目的が両者の対話と信頼醸成にある分、その分析および解釈（評価）においても、特に次の二つの視角が強調されることになる。

まず、一つは、思想内在的な視角である。つまり、主体思想という研究対象に接近する際、事前に研究者の価値観や判断基準に規定された分析および解釈をすることなく、可能な限り、主体思想の理念や論理、その歴史的背景などをそれ自体として、まず理解することである。この内在的な研究方法は、主体思想に含まれている北朝鮮独自の価値観や実践的な要求などを具体的に理解するために強調される。そして、もう一つは、複眼的な視角である。つまり、主体思想を一律的に絶対悪として、または逆に絶対善として捉えるのではなく、主体思想の持

つ多面性に注目することである。(7)

教会協議会はこれらの二つの研究視角により主体思想を分析し、さらに民衆神学と主体思想との同質的な側面や異質的な側面、そして両者の相互補完の可能性を模索することになる。以下においては、まず、主体思想の形成と特徴を三つの「主体」概念を中心にして整理し、その後、教会協議会の民衆神学がそうした主体思想の核心的な内容をどのように理解しているのかを検討する。そして最後に、教会協議会の主体思想理解が、韓国の第五共和国政府の北朝鮮認識および統一主体論とどのように対立し、また、その政教間対立が当時の韓国国家や社会に対してどのような意味を持つのかを見ることにする。

第二節　北朝鮮主体思想の形成と特性

1．三つの「主体」概念の形成

北朝鮮の主体思想は最初から完結した理論体系を持っていたわけではない。四八年九月の政府樹立後、独自の社会主義体制を建設する過程において、北朝鮮が直面した国内外の問題に対処するなかで形成されたものである。従って、主体思想は時代によってその内容および強調点を異にしてきている。主体思想は、「主体」の概念と関連して、大きく三つの段階を経て形成されてきたと指摘される。(8)

まず、第一の段階は五〇年代中盤から六〇年代後半までである。この時期において、北朝鮮は「主体」という言葉を主に「自主」(self-reliance)という概念で使用する。(9) つまり、強大国に対する事大主義的な思考やマルクス・レーニン主義に対する教条主義的な解釈を批判し、対外的な自主性を強調するという意味で主体性を主張している。そして、この時期における主体の強調は、体系的な論理に基づいた政治思想の次元ではなく、当時の政治指導者である金日成によって、主に政治的宣言の形で提起されている。例えば、金日成は五五年一二月に行った朝鮮労働党内部のある報告で、次のように思考方式における主体の確立を強調している（この演説は、北朝鮮で歴史上初めて「主体」という言葉が使われ、「主体思想の起源になる報告」[10]として評価されている）。

「わが党の思想事業で主体とは何ですか。我々は何をやっていますか。我々はあるよその国の革命でなく、まさに朝鮮の革命をやっているのです。この朝鮮革命こそわが党の思想事業の主体であります。従って、すべての思想事業を必ず朝鮮革命の利益に服従させなければなりません。我々がソ連共産党の歴史を研究することや、中国革命の歴史を研究することや、マルクス・レーニン主義の一般的原理を研究することは、すべてが我々の革命を正しく遂行するためです。……しかし思想事業で主体が確立されていないが故に、教条主義と形式主義の過ちを犯すことになり、わが革命事業に多くの害を及ぼすことになります」[11]

この時期において金日成が特に思想面の主体性を強調することになった政治的な理由については、互いに密接に関連した二つの政治的状況を指摘することができる[12]。一つは、五三年三月のスターリン死後、旧ソ連で起きたスターリン批判の動きであり、もう一つは、そうしたソ連の変化に支えられた北朝鮮国内の政治勢力（いわゆるソ連派）の権力への挑戦である。こうした政治的な状況のなかで、金日成は自分の政治的な正統性と指導権を確保するために、イデオロギー闘争という形で、「教条主義」に対する批判とともに思想的自主性を強調することになったのである。しかしながら、その政治的な契機はどのようなものであれ、この時期における対外的自主という主体の概念は、今日にいたるまで一貫して、主体思想の核心的な内容の一つを形成することになる。

五〇年代中盤に政治宣言の形で行われた自主としての主体性の強調は、五〇年代後半と六〇年代の中ソ間の理念論争（特に六二年におけるソ連の北朝鮮への援助中断）という政治的状況のなかで、さらに体系性を備えた思想の水準に発展していった[13]。五五年の思想面での主体に続き、五六年には経済面の自立、五七年には政治面の自主、六二年には国防面の自衛が主体性確立の実質的な内容として付け加えられるようになる。こうした主体思想の内容は、六五年四月に金日成がインドネシアのアリ・アルハム社会科学院で行った演説で、「思想面での主体、政治面での自主、経済面での自立、国防面での自衛、これがわが党が一貫して堅持している立場である」[14]と、はじめて公式に表明された。

初期の主体思想がその内容において質的な変化をあらわすのは、六〇年代の後半から七〇年代の初期にかけて、当時の金日成大学の総長であった黄長燁が人本主義（ヒューマニズム）に基づいた哲学的体系を作ってからである[15]。この時期が主体思想形成の第二段階であるといえる。黄長燁は、階級闘争を前提にした哲学体系によっては、「人間が人間らしく生きる社会」を実現しえないという認識のもとに、主体思想を「人間中心の思想」に体系化しようとした。黄長燁は、人間の本質的な属性を自主性・創造性・意識性と規定し、「人間の運命の主人は自分である」という命題を設定する。そして、こうした人間中心の世界観のうえに、歴史発展の主体は人民大衆であるという社会歴史観を定式化した。この場合、「人民大衆」の概念については、階級的区分を超えて、「正常な社会的人間の集団」[16]として規定している。この側面からみると、人間中心の主体思想は、マルクス・レーニン主義とは区別される新しいパラダイムの思想を目指したものであるともいえよう。

金日成は黄長燁が主導した人間中心の哲学体系を受け入れ、七〇年一一月に開かれた第五次党大会で、「朝鮮労働党はマルクス・レーニン主義と、マルクス・レーニン主義を創造的に継承した主体思想を指導の指針とする」と規定する。また、七二年一二月に改正された憲法の第四条においては、「朝鮮民主主義人民共和国はマルクス・レーニン主義をわが国の現実に創造的に適用した朝鮮労働党の主体思想を活動の指導的指針とする」とし、主体思想を党と国家の唯一の指導思想として公式に規定する[17]。

人間中心の主体思想の内容は、金日成が七二年九月に日本の毎日新聞のインタビューに書面で答えるなかで初めて外部に発表された。ここで主体思想は次のように定義されている。

「主体思想とは、一言でいえば、革命と建設の主人は人民大衆であり、革命と建設を推進する力も人民大衆にあるという思想です。言い換えれば、自分の運命の主人は自分自身であり、自分の運命を開拓する力も自分にあるという思想です」[18]

金日成はこうした定義をしたうえで、さらに思想面の主体、政治面の自主、経済面の自立、国防面の自衛の内容について具体的に説明している。このように北朝鮮の主体思想は、七〇年を前後にした思想形成の第二段階で、人間中心の世界観と人民大衆中心の社会歴史観の哲学的基礎を持つ、対外的自主を重視する体系的な思想に発展して行くのである。この第二段階で、主体思想の「主体」の概念には、「自主」(self-reliance) という意味とともに、新たに「主人」ないし「主導者」(subjecthood, lord, initiator) の意味が付け加えられるようになる[19]。

さらに主体思想は、七〇年代の初めから金正日の主導のもとで、「首領」中心の思想体系として形成され、もう一度質的な変化を経ることになる。この時期が主体思想形成の第三段階であるといえる。金正日は、大学を卒業した六四年から政治活動を始め、七四年二月に三二歳の年で党中央委員会の政治局委員に選出され、金日成の後継者として正式に決定される。そして、この時期を境にして、権力継承を正当化し、政治的指導権を強化するために、イデオロギー解釈権を完全に独占し、主体思想を理論的に再構築していく(黄長燁は七三年以降「弁証法的唯物論の基本立場を完全に廃棄した人本主義の我流」として批判され、主体思想の体系化作業から除外される[20])。

金正日による主体思想の再構築(北朝鮮の表現では「全一的体系化」)作業は、主に二つの方向から行われた。一つは、主体思想を「金日成主義」化し、マルクス・レーニン主義に代わる唯一の指導思想として新たに位置付けることである。[21] その結果、七四年四月に「党の唯一思想体系確立の十大原則」[22]が提起され、さらに八〇年一〇月の第六次党大会では「朝鮮労働党はただ偉大な首領金日成同志の主体思想、革命思想により指導される」と党の規約が変更される。

そして、もう一つの理論的再構築の試みは、既存の人間中心の世界観および人民大衆中心の社会歴史観、そして対外的な自主の諸原理を受け入れつつ、一方、その思想のなかで「首領」の政治的指導、すなわち「領導」を絶対化することである。その結果、この時期における主体思想の「主体」の概念には、自主という意味や歴史の主人としての人民大衆という意味の他に、歴史の主人・主導者としての首領という意味が強く含まれるようになる。[23] こうした主体の概念の多面性が、今日にいたるまで、主体思想の核心的な内容を形成しているのである。

ところで、金正日は八二年に「主体思想について」という論文と八六年に「主体思想の教養で提起されるいくつかの問題について」という談話を発表する。これらの論文および談話は七〇年代に入ってから金正日の行ってきた主体思想再構築作業の代表的な成果である。以下においては、これらの論文および談話を中心にして、北朝鮮の主体思想の核心的な内容を見ることにする。

2. 人間中心の世界観

金正日の八二年の論文「主体思想について」は、主体思想を総合的で体系的に解説したものである。この論文は北朝鮮では「古典的な文献」として評価され、発表以来、主体思想をめぐる北朝鮮国内の議論の典拠となっている。[24] 論文は、1. 主体思想の創始、2. 主体思想の哲学的原理、3. 主体思想の社会歴史原理、4. 主体思想の指導的原則、5. 主体思想の歴史的意義という順に構成されている。ここで見られるように、主体思想の内容は、哲学的原理、社会歴史原理、指導的原理という三つの部分でなされている。このなかで哲学的原理は、社会歴史原理と指導的原理を基礎付ける哲学的世界観になる。

主体思想の「哲学的原理」とは、「人間がすべての主人であり、すべてを決定する」という命題に要約される。言い換えれば、「人間を中心にして、世界および世界の変化発展と向かい合う世界観」である。[25]

主体思想は、このように「人間」と「世界」という二つの哲学的範疇で世界観を展開する理由について、マルクス主義との関係のなかで説明する。[26] 主体思想によると、マルクス主義においては、物質と意識、または存在と思惟との関係が「哲学の根本問題」として提起された。つまり、世界の存在論的根源が物質であるか、それとも意識であるかという問題と、意識が物質世界を反映することができるか、言い換えれば、世界をどう認識することができるかという問題である。そして、こうした問いに対して答えとして出されたのが、唯物論と弁証法という「哲学の根本問題」である。つまり、前者、すなわち世界の根源問題については物質・存在の一次性を主張し、後者、すなわち世界に対する認識可能性の問題については物質世界の運動と意識との間における相応性を強調したのである。金正日は、こうした唯物弁証法の哲学的原理が、「観念論と形而上学を打破し、労働階級の科学的な世界観を明らかにした」と歴史的に位置づけている。

しかしながら、主体思想は、マルクス主義が世界の本質の問題を明らかにすることに寄与したが、現実的な人間自体を哲学的な考察の中心に置けなかったという点で時代的な限界を持つ、と主張する。そして、こうしたマルクス主義に対する理解を前提にしつつ、新たに「哲学の根本問題」を提起するのである。まず主体思想は、唯物論的世界観における「物質」という哲学的範疇を、全体としての「世界」とその世界に存在する「人間」とに区分する。そして、そのうえ、「人間」が「世界」のなかでどのような意味を持つのか、という問題を提起する。こうした「人間と世界との関係」が主体思想の根本問題であり、この問題に対する解明が主体思想の根本原理、すなわち哲学的原理となるのである。

それでは、主体思想は人間と世界との関係をどのように捉えているのであろうか。前述したように、主体思想は両者の関係を「人間がすべての主人であり、すべてを決定する」と把握する。つまり、「人間が世界と自分の運命の主人」であり、「人間が世界を改造し自分の運命を開拓することに決定的な役割をする」ということである。

それでは、同じ物質でありながら、人間が世界に対して絶対的な地位を持ち、決定的な役割をすることのできる根拠はどこにあるのであろうか。この問題について、主体思想は、人間も同じ物質的存在ではあるが、世界の中でただ人間だけが社会生活を営む「社会的存在」であり、それ故に、人間だけが「自主性と創造性、意識性」を持つようになるからである、と説明する。

そして、自主性については、「世界と自分の運命の主人として自主的に生き、発展しようとする社会的人間の属性」と定義し、創造性については、「目的意識的に世界を改造し自分の運命を開拓していく社会的人間の属性」と定義している。さらに意識性については、「世界と自分自身を捉え変化させるためにすべての活動を規制する社会的人間の属性」としつつ、特に「意識性により社会的存在である人間の自主性、創造性が担保され、その合目的的な認識活動、実践活動が保障される」と強調している。人間が世界において、そして世界に対して主人でありうるのは、人間だけがこのような自主性、創造性、意識性を社会的関係の中で「本質的特性」として持っているからだ[27]、と説明される。

以上が主体思想の哲学的原理の核心的内容である。要するに、主体思想は人間の能動的役割を中心にして世界を捉えようとするものであるといえる。それ故に、マルクス主義の唯物論的世界観を前提にしつつも、一方、自主性・創造性・意識性という精神的要素を人間の本質的特性として規定し、その上に「人間がすべての主人であり、すべてを決定する」という根本原理を設定するのである。この意味で、主体思想の哲学的原理（世界観および人間観）は運動論的な性格を強く帯びるものとして指摘されている[28]。

3. 人民大衆中心の社会歴史観

主体思想の社会歴史原理（北朝鮮の表現では「主体史観」）は、哲学的原理を論理的基礎として、歴史の主体、歴史の性格、そして歴史の推進力の問題を論じている。その内容の核心は、「歴史の主体は人民大衆であり、社会歴史運動は人民大衆の自主的、創造的運動であり、革命闘争で人民大衆の自主的な思想意識が決定的な役割をする」という命題で提示される。そして、こうした主張もマルクス主義の史的唯物論（唯物史観）との関係のなかで行われる。

主体思想によると、前項で見たように、マルクス主義は世界の根源問題について物質の意識に対する一次性を主張した。そして、こうした世界に対する見解から、「社会的意識」（social consciousness：事物に対する社会的見解・観念・イデオロギー・心理を含む精神的生活の総体）は「社会的存在」（social being：社会生活で形成される物質・経済的関係の総体）を反映するという史的唯物論の基本命題を設定した。さらに、社会構成体論における経済的土台（物質的生産と経済的関係）と上部構造（法的・政治的・イデオロギー的秩序）との関係については、土台の上部構造に対する決定論を主張した。マルクス主義はこの立場から経済的土台を中心にした社会歴史の発展法則を定式化したのである。主体思想は、こうした唯物論的歴史観について、「社会も、自然のように物質世界に属し、物質世界の発展の一般的な合目的性により変化発展するということを明らかにすることにより、社会歴史に対する観念論的見解を打破した」[29]と評価している。

しかし一方、主体思想はマルクス主義の唯物史観の歴史的意義を是認しつつも、それが自然史と社会歴史の質的な差異、つまり自然史とは区別される社会歴史の本質的な特性を過小評価した、と批判する。その本質的特性とは、「自然の運動には主体がないが社会的運動には主体がある」という点である。つまり、「自然の運動は客観的に存在する物質の相互作用により自然発生的に行われるが、社会的運動は主体の能動的な作用と役割により発生し発展する」[30]ということである。従って、主体思想によると、社会の本質や歴史の変化は人間を中心に置いて捉えなければならないのである。

こうした人間中心の観点から、さらに主体思想は四つの社会歴史原理を主張する。その原理については、(1)人民大衆は社会の歴史の主体である、(2)人類の歴史は人民大衆の自主性のための闘争の歴史である、(3)社会の歴史の運動は人民大衆の創造的な運動である、(4)革命闘争で決定的な役割を果たすのは人民大衆の自主的な思想意識である、という命題で提示する。これらの命題の中で、(1)の原理は、人間社会のなかで人民大衆を歴史の主体として設定したものであり、(2)と(3)の原理は、人民大衆の自主的で創造的な運動により、人間の本質的な特徴とされる自主性と創造性が実現する過程を歴史の発展として規定したものである。そして、(4)の原理は歴史発展における最も重要な推進力を人民大衆の自主的な思想意識に置くものである。このような主体思想の社会の歴史原理は、歴史における思想意識の役割を強調するものであり、この点で、主意主義的な性格を強く帯びていると指摘することができよう[31]。

4. 首領中心の指導原則

ところで、主体思想の理解において特に注目すべき点は、(1)の歴史の主体の問題と、(4)の歴史の推進力の問題である。まず、歴史の主体の問題において、主体思想は社会運動および歴史発展を担当する主体を人民大衆に置き、「世界を認識し改造する人民大衆の知恵と力には限界がない」という点を指摘している。しかし一方、人民大衆の主体的力量の発揮は、必ず労働階級と党、そして首領の「正しい指導によってのみ」[32]可能であるという点を強調する。このような人民大衆―労働階級―党―首領へと繋がれる「指導と大衆との結合」の重要性について次のように述べている。

「労働階級の党は革命の参謀であり、労働階級の首領は革命の最高指導者です。人民大衆がどのように革命的に意識化され組織化されるのか、どのように自分の革命任務と歴史的使命を遂行するのかは、党と首領の正しい指導を受けるかどうかに掛かっています」(33)

このような指導と大衆の結合の論理は、正しい政治指導者があってこそ人民が社会と歴史の主体でありうるということであり、この論理は事実上歴史の主体を人民大衆から政治指導者に移行させるものである、と指摘することができよう(34)。

また、歴史発展の推進力の問題においても、主体思想は人民大衆の自主的な思想意識を力説しつつ、一方、首領と党による「思想改造事業」を他のいかなる事業よりも先行させるべきであると主張する。その思想改造事業とは、人民大衆を「真の共産主義的人間」、つまり「自主的で創造的な人間」へと変えることであるが、そのためには「主体の革命観を立てること」が重要であり、さらに主体の革命観で最も重要なことが「党と首領に対する忠実性」であると強調する。このことは次のように述べられている。

「主体の革命観で核をなすものは党と首領に対する忠実性である。社会主義、共産主義の偉業は首領により開拓され、党と首領の領導のもとで遂行されます。革命運動はただ党と首領の領導を奉る時にのみ勝利することができます。従って、革命観を正しく立てるためには、常に党と首領に対する忠実性を高めることを基本にしなければなりません」(35)

こうした論理も、党と首領に対する無条件の忠誠心があってこそ人民が自主的な思想意識を持つことができるということであり、この点からすると、事実上、歴史発展の推進力の根源を党と首領の意思に置くものである、

と解釈できる。(36)

主体思想の指導的原則とは、こうした首領中心の指導方法の具体的な方向を提示したものである。その内容は、（1）自主的立場を堅持すべきである、（2）創造的な方法を具現すべきである、（3）思想を基本に置くべきである、という三つの命題になっている。

まず、（1）の自主的な立場を堅持するという指導原則においては、六五年に金日成により初めて公式に表明された、思想面の主体、政治面の自主、経済面の自立、国防面の自衛の原則が強調されている。また、（2）の創造的な方法を具現するという指導原則においては、「人民大衆に依拠する方法」と「実情に合わせる方法」が強調される。ここでは主に、官僚主義や教条主義的な態度が克服の対象として批判される。これらの指導原則は、主体思想形成の初期段階における自主（self-reliance）としての主体の概念を体系的に理論化したものであるといえよう。

以上、金正日の八二年の論文「主体思想について」を中心にして、主体思想の構成および内容について見てきた。この時期における主体思想の内容の特徴については、人民大衆の自主性および創造性とともに、党と首領の政治的指導の絶対性が強調されていることを指摘することができる。この「指導と大衆との結合」の論理は、金正日の八六年の談話文である「主体思想教養で提起されるいくつかの問題について」（以下、「八六年談話」と略称する）において、「社会政治的生命体」という新しい概念で理論的に体系化されることになる。

5．「社会政治的生命体」論

金正日の八六年談話は、当時ソ連および中国で展開された改革開放路線の影響を受けたものである。特に、八五年のゴルバチョフ大統領の就任後、ソ連で展開されたペレストロイカは北朝鮮政権の指導部に大きな衝撃と危機感をもたらした。こうした時代的状況のなかで、北朝鮮の人民と党の思想的結束を強化し、体制を維持するために発表されたものが八六年談話であり、その中の「社会政治的生命体」論であると指摘されている。[37]

社会政治的生命体とは、「首領、党、大衆が一つの生命として結合し、運命を共にする生命体」[38]として捉えることができる。この生命体が歴史の主体であり、人民大衆はこの生命体のなかで生きる時にのみ、人間の本質である自主性・創造性・意識性を具現することができ、さらに永遠の生命、つまり社会政治的生命を得ることができるということが社会政治的生命体論の主な内容である。金正日は次のように述べている。

「革命の主体は首領と党と大衆の統一体です。人民大衆は党の領導のもとで首領を中心に組織思想的に結束することにより、永生する自主的な生命力を持つ一つの社会政治的生命体になるのです。個別的な人間の肉体的生命は終わりがあるが、社会政治的生命体で結束された人民大衆の生命は永遠であります」[39]

社会政治的生命体論は、社会政治集団を一つの生物学的な存在として捉えているという点で、一種の社会有機体論的な性格を持っている。[40] 人民大衆は「生命体」それ自体であり、党は人民大衆の核心部として社会政治的生命体の「中枢」である、と捉えられる。そして首領は、「人民大衆の自主的な要求と利害関係を総合・分析し、一つに統一する中心であると同時に、それを実現させるために人民大衆の創造的活動を統一的に指揮する中心」であり、それ故に、社会政治的生命体の「最高脳髄」[41]として定義される。この場合、首領は人民と党と首領との三者の中で最も重要であり、最も決定的な役割をするものとして位置付けられる。その理由として、「個別的な人間の生命の中心が脳髄であるように、社会政治的生命の中心はこの集団の最高脳髄である首領である」という有機体論の観点が強調される。

また、社会政治的生命体の内部の社会関係については、自由と平等の原理に基づいた権利と義務の関係でなく、

「互いに助け合い、愛する革命的義理と同志愛の関係」が強調される。さらに、この革命的義理と同志愛は、個別的な人間を社会政治的生命体に結合させ、社会集団の統一性と自主性を守るものであり、この意味で、自由や平等の原理に勝るものであると主張される。そして、この場合においても、革命的義理と同志愛は首領を中心に行われ、「首領に対する忠実性と同志愛は絶対的で無条件的なもの」になるべきであると強調される。[42]この側面からみると、社会政治的生命体において指導と大衆との結合の論理は、目的意識的に形成される社会政治的関係でなく、血縁で結合される生物学的な有機体や血縁共同体の関係のなかで新たに設定されていると解釈することができよう。

さらに、社会政治的生命体論については、政治思想的性格を越える擬似宗教的な性格を帯びていると指摘することができる。[43]その擬似宗教性の根拠としては、「永生」、つまり永遠な生命に関する主張と、永生を保障する首領の絶対性に関する主張が挙げられる。

まず永生の問題について、社会政治的生命体論は人間には二つの生命があると主張する。一つは両親から受けた肉体的な生命であるが、これは死と同時に消え失せる。そして、もう一つは社会政治的生命体のなかで得られる社会政治的生命であるが、これは永遠に存在するものとされる。従って、個人は、首領と党と人民が一つに結ばれた社会政治的生命体の成員になることにより、永遠不滅の生命を得ることになるのである。こうした永生の論理は、それなりに人間の生と死の問題を取り扱いつつ、個人に存在の意味を与えているという点で、宗教性を強く帯びるものである。[44]

また、社会政治的生命体のなかで永遠の生命を与えるという首領の絶対性に関する主張も、救援者としての神の概念に類似したものである。社会政治的生命体における首領は、生命体の創始者であり、また永遠不滅の生命活動を統一的に指揮する中心として位置づけられる。従って、個人は首領の指導に絶対的に従う時にのみ、永遠な政治的生命、つまり永生の世界へ救われるのである。こうした絶対者・救援者としての首領の存在をめぐる主張も、社会政治的生命体論に擬似宗教性を与えるものであるといえよう。[45]

以上、三つの「主体」の概念を中心にして、主体思想の形成を歴史的に跡付け、さらに金正日の代表的な論文「主体思想について」と談話「主体思想教養で提起されるいくつかの問題について」を見てきた。このように八〇年代に体系化された思想の内容が、韓国プロテスタントが北朝鮮理解運動の一環として主体思想を論じる際、その主な対象となるのである。[46] 以下においては、韓国のプロテスタント、特に教会協議会の民衆神学が主体思想の三つの主体概念についてどのように理解しているのかを検討することにしたい。

第三節　韓国プロテスタントの主体思想理解

1．同質的側面：民族自主の原則と民衆主体の原則

韓国プロテスタントの主体思想に対する視角は大きく二つに分けられる。一つは原理的に否定するものであり、もう一つは主体思想を状況的な文脈で捉えつつ、部分的に肯定し受容するものである。こうした視角の差異は根本的にキリスト教神学をどう理解するのかによって生じるものである。[47] キリスト教について神を中心に理解する一般神学が前者の立場であるとすれば、神と人間との共同主体性を強調する教会協議会の民衆神学は後者の立場を代弁しているといえよう。[48]

まず一般神学の場合、例えばミャン・ヨンギルは、キリスト教と主体思想との間に概ね次のような三つの原理的な違いが存在することを強調する。

第一に、人間観の差異である。つまり、主体思想は人間中心の世界観に基づき、人間を世界の中心に置き、

人間を自ら自己の運命を開拓していく存在として認識する。これに対して、一般神学は「人間が世界の中心にいるのではなく、むしろ神が世界の中心位置に在し、人間は自ら自分の運命を開拓していくというより、むしろ神の摂理のなかで召し使いとして生きていく存在である」と認識する。[49]また、主体思想が人間の本質として強調する自主性・創造性・意識性も神から与えられたものであり、歴史の主体も神であると認識する。

第二に、社会歴史観において、両者が志向する社会、すなわち共産主義社会と神の国が根本的に違うということである。この場合、主体思想が目指す共産主義社会とは、人間の本質的な特性である自主性・創造性・意識性が完全に実現した社会である。また、「社会政治的生命体」論の主張によると、階級的対立が清算され、すべての搾取や抑圧のない、首領と党と人民大衆が一つの生命体を形成した社会であるといえよう。しかしながら、一般神学の立場においては、そうした共産主義社会には「同居性」はありうるが、「他者性」はないと主張される。また、主体思想の強調する「革命的義理と同志愛」の精神も、同じ思想意識と目的を持つ人々のなかにおいてだけ行われるが故に、それは「閉鎖的な分かち合いの関係であり、集団内道徳（in-group-morality）に局限されるもの」である、と批判される。[50]

そして第三に、無神論と有神論との違いである。この場合、一般神学は、主体思想が神の存在を明らかに否定しているだけでなく、さらに首領の指導を絶対化することによって、否定された神の代わりに首領の存在を信仰の対象にまで「偶像化」している、と捉える。言い換えれば、主体思想は「人間を神の地位に置き、自己の運命を開拓していく存在のように説くのだが、同時に首領の領導に従うべきであるという宗教的な性格を明白に表している」のであり、この意味で「政治的宗教」である、と主張する。[51]

このような一般神学の主体思想に対する視座は、両思想の根本的な原理上の異質性を強調し、主体思想の意味を全面的に否定するものであるといえる。特に主体思想における三つの主体概念について、社会歴史の主体としての人民大衆や首領という概念は否定され、対外的な自主としての主体の原則は無視される。この立場によると、キリスト教と主体思想との間には相互理解の可能性が存在しないだけでなく、両者はどうしても共存しえないことになる。

これに対して、教会協議会の民衆神学の立場は、主体思想との異質的側面を認めつつも、一方、同質的な側面を強調し、浮き彫りにしようとする。そしてさらに、主体思想の内容を歴史的な状況との関連で捉えながら、両思想における相互補完の可能性を積極的に探っている。

もちろん民衆神学も、キリスト教と主体思想との間には哲学的・倫理的に根本的な違いが存在することを認めている。例えば、在米の代表的な民衆神学者であるホン・ドングンはその違いについて、「神の存在と絶対的無神論、罪と疎外論、愛と階級闘争、個人人格の絶対価値と社会共同体の優先、権力の悪魔性とプロレタリア独裁、拘束論と解放、神の国と共産主義のユートピア、啓示と唯一思想、キリストと首領との問題」[52]である、と一括して指摘している。

しかしながら、民衆神学者らはこうした根本的な思想的違いを認めつつも、それ以上に、民衆神学と主体思想との実践的・内容的共通点を強調する。それは主に次の五つの点に要約される[53]。

まず、第一に、両者がそれぞれ西欧の思想を朝鮮民族の主体的な立場から受容していることである。民衆神学は、「主体思想がマルクス・レーニン主義を民族的状況のなかで主体的に受容したものであれば、民衆神学は西欧のキリスト教思想を韓国的状況で主体的に受容したものである」[54]という点を強調している。第二に、両者が共に朝鮮民族の自主的な力による統一を目指していることである。第三に、両者が共に資本主義社会における物神崇拝の風潮を批判していることである。第四に、両者が共に民衆（人民大衆）が主人となる社会の実現を指向していることである。そして第五に、両者が共に世界における人間の中心性と歴史における民衆の主体性を強調していることである。

これらの共通的要素のなかで、教会協議会がもっとも力説するのは、第二の民族自主の原則と第五の民衆主体の原則である。まず民族自主の原則について、民衆神学は、第一章の第二節で述べたように、「民族」を究極的な単位としてではなく、世界共同体が実現されるまでの不可欠な一つの過渡的な単位として認める。そして、特に第三世界の民族自決権については、不平等な世界秩序のなかで弱小民族の諸権利を保護する要素として積極的に評価する。(55) こうした立場から、民衆神学は主体思想と民族自主の原則を「共有」していると強調するのである。

また、民衆神学は両思想がともに人間と民衆の主体的な力量を信頼し、強調するという点で共通していると主張する。この点に関して、教会協議会のパク・ジェスンは次のように述べている。

「主体思想の核心が人間を中心に置き、民衆の主体的力量を強調し、その力量を効果的に動員するところにあるということは既に指摘した。西欧神学と比べて、民衆神学の場合にも人間中心的な性格と民衆の主体性に関する強調が目立つ。西欧の正統神学は主観と客観、即ち信じる主体である人間と信じられる対象である神を厳格に分離する傾向を持っている。これに反して、民衆神学はキリストと民衆との連続性ないし同一性を強調することによって、神と人間との相互同属性と共同主体性を浮き彫りにする。この点は、苦難を受ける民衆の現場にキリスト（神）が現存し、苦難を受ける民衆を通じて人類の救いが行われるという民衆神学の核心的な主張から確認される。……この点で、主体思想は民衆神学または神学一般と多くの共通点を持っており、たやすく対話の接触点を備えることができるのである」(56)

このような民衆神学の主張は、主体思想における三つの主体概念のなかで、対外的自主の原則と、歴史の主体としての人民大衆の原則を積極的に認めるものであるといえよう。しかし一方、首領中心の指導原則および歴史の主体としての首領の概念については、主体思想の持つ異質な要素として厳しく批判する。

2. 異質的側面：首領中心の指導原則

前項で述べた通り、民衆神学は主体思想の世界観および社会歴史観における人民大衆の主体性に対する主張を積極的に評価する。しかしながら、その主体性の根拠および確立過程については、両思想は見解を異にする。まず、民衆神学は人間の主体性が神との関係のなかで、人間自身の内面からの「信仰的決断」によって確立すると捉え、民衆に対する政治的指導を原理的に拒否する。これに対して、主体思想は人間の主体性が党と首領の政治的指導によって確立すると主張する。このような政治的指導に基づく主体性確立の論理、すなわち首領中心の指導原則に対して、民衆神学は、それが政治権力の絶対化し、むしろ人民大衆の自発的主体性を抑圧する結果を招くと指摘する。

「主体思想は、人民の自主性を変革運動と革命建設の過程のなかで集団的に実現しようという意図と目標を持っているが、党と首領の指導原則が絶対的に作用するが故に人民の自主性が抑えられる危険がある。人民は偉大な力量を持つ存在ではあるが、人民の自発性だけに任せられないし、思想的な覚醒と組織的な動員のために党の指導が必要であるということは、一面においては肯定しうる事実である。人民の力がいかに偉大であるとしても、組織的な結集と連帯を通じて結ばれないと、政治社会的勢力にはなれない。……しかしながら、党と首領の指導が絶対化すると、人民大衆は隷属化する」[57]

さらに民衆神学は、実際に北朝鮮において党と首領の指導が絶対化せざる得なくなる根拠を指摘している。まず、主体思想が党と国家の唯一の「指導的指針」として規定され、他の思想への自由が抑圧されていることである。また、共産主義社会の建設のために人間の思想改造を最優先課題として設定しているという点である。そして、「社会政治的生命体」論における首領を中心とした共同体の論理も現実的に首領の政治的指導を絶対化するものとして指摘される。[58]

ところで、北朝鮮側の主張によると、主体思想の言う「首領」とは、ある特定の個人を指すのではなく、階級間の敵対がなくなった社会主義社会における政治的な中心を意味するとされる。言い換えれば、首領の指導を中心とした生命体的結合の論理は北朝鮮特有の集団主義的政治観の現れであって、個人崇拝ではないと主張される。[59]

しかし民衆神学は、首領中心の社会政治的生命体論の政治的な永生（永遠の生命）論は、「相対的な歴史的存在を絶対化し」、結局のところ、「首領の偶像化」に帰結せざるを得ないという点を強調する。また、こうした偶像化を防ぐためには、主体思想は社会歴史観における人民大衆の主体性の原則を政治的指導の原則にも貫くべきであり、共同体の中心に党と首領ではなく、人民大衆を置くべきである、と主張する。つまり、首領の政治的指導はあくまで「補助的な役割」に留まるべきだということである。[60] このように民衆神学は、民衆の自発的主体性や力量に対する信頼という視座から、主体思想における首領中心の指導原則、そして、そのなかに含まれている歴史の主導者としての首領という主体概念を批判するのである。

3. 相互補完的側面：民衆への指導と民衆からの指導

民衆神学と主体思想とは民衆の主体的力量を強調することには見解を共にするのだが、主体性の根拠がどこにあり、またどのように形成されるかという問題については、立場を異にするということを見てきた。民衆神学は、特に主体思想が民衆に対する政治的指導を絶対化することについては批判的に捉えている。

しかし一方、民衆神学は、政治的指導をめぐる両思想の立場の違いが互いに置かれている「社会的状況と地位」や「目標」の違いに由来するものであると理解する。[61] つまり、主体思想は北朝鮮の政治理念として、自主的な社会主義社会の建設のために民衆の主体的力量を効率的に動員することに目標を置いている。それに対して、民衆神学は反体制思想として、民衆自らが「民衆が主人となる社会」を作っていくために、支配権力に抵抗することに目標を置いている。従って、民衆神学は歴史的状況や政治的目標の違いから生じた「両思想の差異を誇張するのは正しくない」し、むしろ「相互補完する必要がある」と主張する。[62] この立場から、民衆神学は互いに相手に学ぶべき側面を強調するのである。

まず、民衆神学は主体思想から学ぶべき点として、民衆の力を効率的に覚醒させ、動員しようという意志と方法を指摘する。その理由は、人間の主体性が主に個人の内面的な信仰を通して確立すると捉える民衆神学の立場が、主体性の形成においての社会政治的な学習の意味を軽視する傾向を持つからである。さらに、民衆に対するすべての指導を拒否するという民衆神学の立場が、「無政府的な民衆放任主義」に陥る危険性を持っている点も、その理由として指摘される。[63]

その反面、主体思想が民衆神学から学ぶべき点としては、人間の主体性の形成における宗教的な体験の重要性が強調される。[64] なぜならば、民衆神学の解釈によると、主体思想は人間の主体性が他の人間による改造の過程を通じて社会政治的に確立すると捉え、主体性の形成における個人の宗教的な情緒の意味を無視しているからである。また、民衆神学は、主体思想が民衆から教えられ、民衆に奉仕しようという姿勢を民衆神学から学ぶべきであると主張する。その根拠としては、既述した通り、民衆に対する党と首領の指導の絶対性を強調する主体思想の論理が、むしろ民衆の主体的な力量を萎縮させる危険性を含んでいる点を指摘している。

以上、教会協議会の民衆神学を中心にして、韓国のプロテスタントが北朝鮮の主体思想をどのように理解しているのかという問題を検討してきた。韓国の一般神学の立場が主体思想を原理的に否定することに対して、民衆神学は両思想の共通点を民族自主と民衆主体の原則に求めた。しかし一方、首領中心の指導原則に対しては、主体思想の異質的な要素として批判する。こうした民衆神学の主体思想理解の仕方は、主体思想における三つの主体概念のなかで、対外的自主、歴史の主導者としての人民大衆という主体の概念については肯定的に捉えるのだが、歴史の主導者としての首領という主体概念については否定的に捉えるものである。また、民衆神学は両思想の差異を絶対化することなく、歴史的な状況の違いから由来するものと理解しつつ、互いに学ぶべき点を提示している。このように、両思想の意図および内容の同質的な側面と相互補完的な側面を積極的に探り出し、それを浮き彫りにするところに、民衆神学による主体思想理解のもっとも大きな特徴があるといえよう。

第四節　主体思想理解における政教間対立の特徴と意味

教会協議会の民衆神学の立場による主体思想研究および理解は、南北朝鮮の信頼醸成のための「北韓を正しく知る運動」の一環として行われたものである。つまり、冷戦の論理に基づいた絶対悪としての北朝鮮認識が南北朝鮮の不信と敵対意識を拡大再生産していく現実を克服し、双方の対話の可能性と通路を作り出すための、認識上の信頼醸成運動である。こうした研究の意図および目的によって、教会協議会は主体思想について、単に個人独裁のための統治イデオロギーとして否定するのではなく、北朝鮮独自の社会主義理念と論理を含んだ思想体系として捉える。そして、思想内在的で複眼的な視角によって、主体思想の三つの主体概念のなかで、民族自主や人民大衆主体の原則については評価し、首領主体の指導原則に対しては批判している。また、互いに学ぶべき点として、民衆への指導と民衆からの指導の精神を強調している。

それでは、こうした教会協議会の主体思想理解は、第五共和国政府の北朝鮮認識および統一主体論とどのように対立し、また、その政教間対立は当時の韓国社会に対してどのような意味を持つのであろうか。

第一章と第二章で見たように、第五共和国政府は統一政策においては北朝鮮政府を「事実上の国家」として捉え、北朝鮮政府とともに平和的な統一過程を推進するという両政府共同主体の統一論を主張した。しかしその反面、第五共和国憲法の領土条項および国家保安法においては北朝鮮政府を実際に不法な「反国家団体」として捉え、あくまでも韓国政府の主導で統一国家を成し遂げようという単独主体の統一論理を法的に規定している。こうした第五共和国政府の北朝鮮認識および統一主体論のなかで、特に教会協議会の主体思想理解が対立するのは後者の場合、すなわち反国家団体としての北朝鮮認識と韓国政府主体論である。

まず、主体思想の三つの主体概念のなかで、対外的な民族自主や歴史における人民大衆主体の原則に対する教会協議会の肯定的な評価は、根本的に第五共和国憲法の反国家団体としての北朝鮮認識と、それに憲法上の根拠を置いた国家保安法（特に第七条）に違反するものである。第二章第一節で見たように、第五共和国期の韓国国家保安法第七条は、反国家団体に対する「賞揚・鼓舞など」の罪と刑について規定している。その主な内容は、第一項と第二項として、「①反国家団体又はその構成員又はその指令を受けた者の活動を賞揚・鼓舞又はこれに同調し、又はその他の方法で反国家団体に利した者は、七年以下の懲役に処する。②国外共産系列の活動を賞揚・鼓舞又はこれに同調し、又はその他の方法で反国家団体に利した者も、第一項の刑と同じである」、と定めている。[65]これらの規定に対して、教会協議会の主体思想評価は反国家団体の活動を「賞揚・鼓舞又はこれに同調」したものに当たり、その意見の表現行為は「反国家団体を利した」ものとして国家保安法の処罰対象になるのである。

特に、主体思想における対外的な自主という主体概念には、現実的に在韓米軍の撤退に対する主張が含まれている。従って、主体思想理解において対外的な自主の原則を積極的に評価するということは、在韓米軍の撤収を要求することになる。この問題について、実際に教会協議会は八八宣言で、「平和協定が締結されて、南北韓の相互間に信頼回復が確認され、韓半島全域にわたる平和と安定が国際的に保障された時に、在韓米軍は撤収されるべきであり、在韓国連軍の司令部も解体されねばならない」[66]と主張している。この場合、教会協議会は平和協定の締結という前提で在韓米軍の撤収を要求するという点で、北朝鮮の即時撤退の主張とは立場を異にしている。しかしながら、前提条件があるにしても、米軍撤収の問題を含めて主体思想における対外的自主の原則を高く評価したことは、韓国国家保安法第七条と正面から対立することになるのである。

他方、主体思想の首領中心の指導原則に対する教会協議会の批判的な理解は、外面上、第五共和国政府の韓国主体統一論と軌を一にするものと見られる。第二章の第一節で見たように、第五共和国政府の韓国主体の論理は「自由民主的な基本秩序」の優越性に対する信念に基づいたものである。[67] この立場からみると、主体思想の首領中心の指導原則とは、「個人独裁ないし一党独裁」、または「暴力的支配と恣意的支配」を思想的に正当化しようとするものに他ならない。このように、主体思想の首領論を批判的に捉えるという点で、第五共和国政府と教会協議会は意見を共にしている。

しかしながら、教会協議会の首領論批判と第五共和国政府のそれとは、主体思想の変化可能性に対する理解においては互いに異なるものである。つまり、教会協議会は、主体思想における首領中心の指導原則が北朝鮮の置かれてきた国内・国外的な状況の産物であり、従って、歴史的状況の変化とともに、首領論も変化可能なものとして捉えている。そして、この場合、何よりも南北朝鮮の相互対話と交流が首領論の変化をも促していくという点を強調している。

これに対して、第五共和国政府の首領論批判には、歴史的状況の変化や相互対話によって主体思想も変わりうるものであるという認識を伴っていない。つまり、固定不変なものとして捉えている。これらの点で、教会協議会と第五共和国政府とは立場を異にするものである。要するに、主体思想の首領中心の指導原則に対する教会協議会の批判的理解は、実定法上においては第五共和国政府と対立するものではないが、その変化可能性に対する理解においては互いに対立しているのである。

このような主体思想の理解をめぐる政教間の対立が、第五共和国期の韓国社会にどのような影響を及ぼしたのかを具体的に断定することはきわめて難しいだろう。しかしながら、少なくとも次の二つの社会的・政治的意味を持つものと指摘することができよう。

まず一つは、韓国社会の平和統一運動、つまり民族同質性の回復による信頼醸成運動に知的・道徳的根拠を提供したことを挙げることができよう。南北朝鮮の平和的な統一過程は双方の信頼なしには進まないものである。そして、双方の信頼は相互理解と対話なしには醸成されない。さらに、相互理解と対話は相手に関する知識を必要とするものである。この意味で、教会協議会の主体思想研究は、まず南北朝鮮の信頼醸成運動に知的な基盤を提供するものであった。また、北朝鮮を反国家団体として規定し、北朝鮮に関わるもののすべてを否定する立場からは、信頼醸成運動の必要性は生まれない。この点で、教会協議会が主体思想理解において、対外的自主や人民大衆主体の原則を肯定的に評価し、また首領中心の指導原則を批判的に捉えつつも、その変化の可能性を強調したことは、南北間の対話と信頼醸成を強調する韓国社会の平和統一運動に道徳的な根拠を与えたと評価することができよう[68]。

そして、もう一つの意味としては、国家主導ないし国家独占の北朝鮮認識を支える冷戦の論理の問題点を明らかにしたことである。本章の第一節で述べた通り、第五共和国期における北朝鮮研究は政府によって厳しく統制され、その研究の視角および内容は一律的に北朝鮮を否定するためのものであった。教会協議会の強調した内在的・複眼的な分析視角や多面的な解釈の内容は、そうした冷戦の論理による北朝鮮認識の一面性を韓国社会に提示するものであった。そのなかでも、特に主体思想の民族自主の原則に対する評価は、教会協議会の民族共同体としての北朝鮮認識に基づいたものであり、北朝鮮との政治的・理念的異質性よりは民族同質性を浮き彫りにしたものである。もちろん、この場合、教会協議会は民衆神学という独自の思想的な立場から主体思想理解を行っており、従って、その影響力は限定的なものである。しかしながら、思想的にもっとも敵対的であったキリスト教が主体思想を評価したことは、韓国社会に極端的な冷戦文化を自己反省し、それを克服しようとする契機を提供したといえよう。[69]

（1）韓国の学界は八〇年代中盤から「북한바로알기운동」（「北韓を正しく知る運動」）を本格的に展開する。ここにおいても、冷戦的な北朝鮮認識の克服が主な課題とされる。政治・法律・経済・社会などの様々な分野における北朝鮮研究の動向については북한연구학회편『분단반세기북한연구사』、서울：한울아카데미（北韓研究学会編『分断半世紀北韓研究史』、ハンウルアカデミー、一九九九年）が詳しい分析を行っている。

（2）八〇年代以前に韓国の大学で北朝鮮関連講座を正式に設けたところは一、二ヵ所に限られていた。강성윤「『북한학』 연구의 현황과 과제」『분단반세기북한연구사』（カン・ソンユン「『北韓学』研究の現況と課題」『分断半世紀北韓研究史』）、一四頁。

（3）이삼열「평화의 주 고백과 통일」『남북교회의 만남과 평화통일신학』（イ・サムヨル「平和の主の告白と統一」『南北教会の出会いと平和統一神学』）、二二七‐二二八頁。

（4）主体思想が特に北朝鮮の政治を規定しているという「主体思想の北朝鮮規定論」は様々な北朝鮮研究の基本前提となっている。この点については、박형중「북한정치연구」『분단반세기북한연구사』（パク・ヒョンジュン「北韓政治研究」『分断半世紀北韓研究史』）、四五‐五一頁を参照されたい。

（5）北朝鮮理解における主体思想の重要性について、北朝鮮社会科学院の主体思想研究所の所長であった박승덕（パク・スンドク）は、韓国キリスト者との対話の場で次のように述べている。「主体思想を正確に理解することはわが共和国に対する正しい見解を持つための先決条件である。その理由は、主体思想がわが人民の確固不動の世界観であり、革命と建設において朝鮮労働党の堅持している唯一の指導理念だからである」。북미주 기독학자회편『기독교와 주체사상』（北米州キリスト学者会編『キリスト教と主体思想』）、一六〇頁。

（6）南北朝鮮の信頼形成におけるキリスト教と主体思想との対話の重要性について、教会協議会は次のように強調している。「今日の南北韓の勢力分布を見る時、根本的にキリスト教と共産主義、キリスト教思想とマルキシズムとの敵対関係や葛藤関係を解きほぐすことほど、統一のために重要なことはないといえる」。이삼열「평화의 주 고백과 통일」（イ・サムヨル「平和の主の告白と統一」）、二二七頁。序章で見たように、八五年の人口統計調査によると、韓国の全体人口の一六％がプロテスタントであり、四・六％がカトリックである。Cf. Korea Ministry of

Culture and Sports, *Religious Culture in Korea*, p.9.

（7）　北朝鮮研究の方法として、内在的で複眼的な視角や歴史状況的な接近論を強調するのは、教会協議会だけでなく、韓国の北朝鮮学界の一般的な傾向である。박형중「북한정치연구」（パク・ヒョンジュン「北韓政治研究」）、五一－六一頁を参照されたい。

　また、韓国宗教においても、プロテスタントだけでなく、仏教やカトリックも北朝鮮理解の一環として主体思想との対話を試みている。仏教の場合については、한국불교사회연구소「불교사상과 마르크스주의의 인간관의 비교연구」『불교와 한국사회』（韓国仏教社会研究所「仏教思想とマルクス主義と主体思想の人間観の比較研究」『仏教と韓国社会』第三号、一九八九年一〇月）を、カトリックの場合については、한국천주교북한선교위원회『마르크스주의와 카톨리시즘』、서울：분도출판사（韓国天主教北韓宣教委員会『マルクス主義とカトリッシズム』、ブンド出版社、一九八八年）、한국천주교통일사목연구소『카톨릭교회와 남북교류』、서울：사람과 사람（韓国天主教統一司牧研究所編『カトリック教会と南北交流』、サラムとサラム、一九九二年）を参照されたい。

（8）　主体思想の形成については、九七年に韓国に亡命した黄長燁の証言により、思想の主導者および主体の概念の変化を中心に大きく三つの段階に区分する観点が一般的となった。この点に関しては、황장엽『나는 역사의 진리를 보았다』、서울：한울（ファン・ジャンヨップ『俺は歴史の真理を見た』、ハンウル、一九九九年）、一五六－一六二頁、三七五頁を参照。また、主体思想の形成を主体概念の変化と関連して詳しく分析した最近の研究としては、서재진『주체사상의 형성과 변화에 대한 새로운 분석』、서울：통일연구원（ソ・ジェジン『主体思想の形成と変化に関する新しい分析』、統一研究院、二〇〇一年）を参照されたい。

（9）　서재진（ソ・ジェジン）、同上書、一三－四五頁。

（10）　小此木政夫・徐大粛監修『資料 北朝鮮研究――I政治・思想』（慶応義塾大学出版会、一九九八年）、一一四頁。

（11）　김일성「사상사업에서 교조주의와 형식주의를 퇴치하고 주체를 확립할데 대하여」『김일성저작집9』、평양：조선로동당출판사（金日成「思想事業で教条主義と形式主義を一掃し、主体性を確立するために」『金日成著作集9』、朝鮮労働党出版社、一九八〇年）、四六八頁。日本語文献としては、小此木政夫・徐大粛、同上書、九九－一〇〇頁を参照。

（12）　小此木政夫「北朝鮮における対ソ自主性の萌芽：一九五三―一九五五」（『アジア経済』第一一巻第二号、一九七二年七月）、五一－五三頁を参照。

（13）　서재진『주체사상의 형성과 변화에 대한 새로운 분석』（ソ・ジェジン『主体思想の形成と変化に関する新し

い分析』)、二七‐三五頁を参照。

(14) 김일성「조선민주주의인민공화국에서의 사회주의건설과 남조선혁명에 대하여」『김일성저작집19』、평양：조선로동당출판사(金日成「朝鮮民主主義人民共和国における社会主義建設と南朝鮮革命について」『金日成著作集19』、朝鮮労働党出版社、一九八二年)、三〇六頁。小此木政夫・徐大粛監修『資料 北朝鮮研究——I政治・思想』、一七七頁。

(15) 黄長燁は六八年に人間中心の哲学原理を体系化し、七〇年に金日成に報告したと言う。황장엽『나는 역사의 진리를 보았다』(ファン・ジャンヨップ『俺は歴史の真理を見た』)、一五五‐一六二頁。

(16) 황장엽『개인의 생명보다 귀중한 민족의 생명』、서울：시대정신(ファン・ジャンヨップ『個人の生命より貴重な民族の生命』、時代精神、一九九九年)、一〇四頁。

(17) 大内憲昭『法律から見た北朝鮮社会』(明石書店、一九九五年)、二〇頁。

(18) 김일성「우리당의 주체사상과 공화국정부의 대내외정책의 몇가지 문제에 대하여」『김일성저작집27』、평양：조선로동당출판사(金日成「わが党の主体思想と共和国政府の対内外政策のいくつかの問題について」『金日成著作集27』、朝鮮労働党出版社、一九八四年)、三〇九‐三九一頁。황장엽『나는 역사의 진리를 보았다』(ファン・ジャンヨップ『俺は歴史の真理を見た』)、一六七頁を参照。

(19) 서재진『주체사상의 형성과 변화에 대한 새로운 분석』(ソ・ジェジン『主体思想の形成と変化に関する新しい分析』)、四六頁。

(20) 金正日の七四年談話「주체철학의 이해에서 제기되는 몇가지 문제에 대하여」(「主体哲学理解で提起されるいくつかの問題について」)は、黄長燁を批判したものと指摘されている。この点に関しては、한호석「황장엽류의 주체철학해석에 대한 북조선 내부의 비판」、(ハン・ホソック「黄長燁流の主体哲学解釈に対する北朝鮮内部の批判」、http://www.onekorea.or、一一‐一二頁、また、서재진(ソ・ジェジン)、同上書、五九‐六二頁を参照されたい。

(21) 小此木政夫・徐大粛監修『資料 北朝鮮研究——I政治・思想』、二六四‐二六五頁。

(22) 「十代原則」の内容については、同上書、二六六‐二六七頁を参照。

(23) 서재진『주체사상의 형성과 변화에 대한 새로운 분석』(ソ・ジェジン『主体思想の形成と変化に関する新しい分析』)、七七‐八一頁を参照。

(24) 例えば、八五年に北朝鮮で発行された『主体思想叢書』(全一〇巻)は、「主体思想について」をその解説の典

拠としている。신일철『북한주체철학연구』、서울：나남출판（シン・イルチョル『北韓主体哲学研究』、ナナム出版、一九九三年）、四二頁。

(25) 김정일「주체사상에 대하여」『주체사상연구』、서울：태백출판（金正日「主体思想について」『主体思想研究』、テベック出版、一九八八年）、一七七－一七八頁。この本は韓国の出版社が北朝鮮理解運動の一環として、主体思想に関する金日成と金正日の代表的な文献を編纂したものである。日本語文献としては、小此木政夫・徐大粛監修『資料 北朝鮮研究――Ⅰ政治・思想』、三三五頁を参照。

(26) 主体思想の哲学的基礎をマルクス主義との関連で解説したものとしては、한호석「황장엽류의 주체철학해석에 대한 북조선 내부의 비판」、（ハン・ホソック「黄長燁流の主体哲学解釈に対する北朝鮮内部の批判」）、または、박승덕「주체사상의 몇가지 문제에 대하여」（パク・スンドク「主体思想のいくつかの問題について」『キリスト教と主体思想』）、一六〇－一八一頁を参照されたい。

(27) 김정일「주체사상에 대하여」（金正日「主体思想について」）、一七八－一八〇頁を参照。小此木政夫・徐大粛監修『資料 北朝鮮研究――Ⅰ政治・思想』、三三五頁を参照。

(28) 鐸木昌之「北朝鮮における主体思想の新展開――『社会政治的生命体』論を中心に――」（『法学研究』第六三巻第二号、一九九〇年二月）、二四〇頁。

(29) 한호석「황장엽류의 주체철학해석에 대한 북조선 내부의 비판」、（ハン・ホソック「黄長燁流の主体哲学解釈に対する北朝鮮内部の批判」）、一一一－一一五頁。

(30) 김정일「주체사상에 대하여」（金正日「主体思想について」）、一三〇頁。小此木政夫・徐大粛監修『資料 北朝鮮研究――Ⅰ政治・思想』、三三七頁を参照。

(31) 主体思想の主意主義的な性格は、九〇年代に入り、東欧やソ連の社会主義体制が崩壊する時代状況のなかで、「思想意識がすべてを決定する」という論理で、より強く現れる。

(32) 김정일（金正日）、同上論文、一八三頁。小此木政夫・徐大粛監修『資料 北朝鮮研究――Ⅰ政治・思想』、三三九頁を参照。

(33) 김정일（金正日）、同上論文、一八四頁。小此木政夫・徐大粛監修、同上書、三三〇頁を参照。

(34) 小此木政夫・徐大粛監修、同上書、三四〇頁参照。

(35) 김정일（金正日）、同上論文、二一三頁。

(36) このような論理転換の過程に関する分析としては、鐸木昌之『北朝鮮――社会主義と伝統の共鳴――』（東京大学出版会、一九九二年）、一一九－一二九頁を参照されたい。

(37) 社会政治的生命体論が八六年に強調された理由および目的については、鐸木昌之「北朝鮮における主体思想の新展開――『社会政治的生命体』論を中心に――」、二四七－二五四頁、また『北朝鮮――社会主義と伝統の共鳴――』、一四二－一五六頁が詳しい分析を行っている。ここでは、ソ連および中国の改革に対する警戒の他に、資本主義に対する社会主義の優越性の主張、韓国に対する政治的正統性の確保などを主な理由として指摘している。

(38) 鐸木昌之「北朝鮮における主体思想の新展開――『社会政治的生命体』論を中心に――」、二四〇頁。

(39) 김정일「주체사상교양에서 제기되는 몇가지 문제에 대하여」『주체사상연구』（金正日「主体思想教養で提起されるいくつかの問題について」『主体思想研究』）、二六四頁。小此木政夫・徐大粛監修『資料 北朝鮮研究――I 政治・思想』、三六五頁。

(40) 鐸木昌之「北朝鮮における主体思想の新展開――『社会政治的生命体』論を中心に――」、二四二－二四四頁および、『北朝鮮――社会主義と伝統の共鳴――』、一三五－一三八頁、황장엽『나는 역사의 진리를 보았다』（ファン・ジャンヨップ『俺は歴史の真理を見た』）、三八六頁を参照されたい。

(41) 김정일「주체사상교양에서 제기되는 몇가지 문제에 대하여」（金正日「主体思想教養で提起されるいくつかの問題について」）、二六四頁。小此木政夫・徐大粛監修『資料 北朝鮮研究――I 政治・思想』、三六五頁。

(42) 김정일（金正日）、同上談話、二六四頁。小此木政夫・徐大粛監修、同上書、三六五頁。

(43) 鐸木昌之「北朝鮮における主体思想の新展開――『社会政治的生命体』論を中心に――」、二四六頁を参照。また、主体思想の擬似宗教性に関する詳しい分析としては、김병로『북한사회의 종교성：주체사상과 기독교의 종교양식비교』、서울：통일연구원（キム・ビョンロ『北韓社会の宗教性：主体思想とキリスト教の宗教様式比較』、統一研究院、二〇〇〇年）を参照されたい。

(44) 김병로（キム・ビョンロ）、同上書、七五頁を参照。

(45) 鐸木昌之「北朝鮮における主体思想の新展開――『社会政治的生命体』論を中心に――」、二四六頁、また、김병로（キム・ビョンロ）、同上書、六二－七〇頁を参照。

(46) 北朝鮮は九〇年代に入り、「我々《ウリ》式社会主義」や「強性大国」論を新たに主張することになる。しかし、これらの主張も、八〇年代の主体思想の内容から大きく逸脱したものではない。むしろ、切迫した体制危機のなかで、五〇年代に形成され、八〇年代に主体思想のなかに体系化された、対外的自主として主体の理念をより民族主義的に強調したものである。

(47) 강영안「기독교와 주체사상」『민족통일과 한국기독교』、서울：한국기독학생회출판부（ガン・ヨンアン「キリスト教と主体思想」『民族統一と韓国キリスト教』、韓国基督学生会出版部、一九九四年）、八五頁を参照。

(48)「一般神学」とは、韓国の民衆神学者が民衆神学以外の神学を指す時に使う表現である。または、「正統神学」と言う。

(49) 맹용길『기독교의 미래와 주체사상』、서울：기독교문사（ミャン・ヨンギル『キリスト教の未来と主体思想』、基督教文社、一九九〇年）、二一頁。

(50) 同上書、一八頁。

(51) 同上書、二四-四四頁を参照。

(52) 홍동근외 공저『주체사상과 기독교』、서울：북미주체사상연구회（ホン・ドングン他共著『主体思想とキリスト教』、北米主体思想研究会、一九九〇年）、二一六頁。

(53) 民衆神学者による代表的な主体思想論としては、홍동근외（ホン・ドングン他）、同上書、박재순「주체사상과 민중신학」（パク・ジェスン「主体思想と民衆神学」）、이재정「민중신학과 주체사상——주체론에 관한 비교——」『통일과 민족교회의 신학』、서울：한울（イ・ジェジョン「民衆神学と主体思想——主体論に関する比較——」『統一と民族教会の神学』、ハンウル、一九九〇年）を挙げることができる。

(54) 박재순（パク・ジェスン）、同上論文、一八五頁。

(55) 民衆神学の民族論については、本書の第一章第二節を参照されたい。

(56) 박재순「주체사상과 민중신학」（パク・ジェスン「主体思想と民衆神学」）、一八七頁。

(57) 同上書、一九二-一九三頁。

(58) 同上書、一九二-一九三頁を参照。

(59) 리진규『주체의 정치학』（リ・ジンキュウ『主体の政治学』、九月書房、一九八八年）、四五一-四五六頁を参照。この本は朝鮮総連系の学者が朝鮮語で発刊したものである。

(60) 박재순（パク・ジェスン）、同上論文、一九三頁、이재정「민중신학과 주체사상——주체론에 관한 비교——」（イ・ジェジョン「民衆神学と主体思想——主体論に関する比較——」）、二七六-二八〇頁を参照されたい。

(61) 박재순（パク・ジェスン）、同上論文、二〇〇頁。また、이재정（イ・ジェジョン）も「主体思想が結局、戦後における生存と発展のための不可避な政策としてその特性があることを認めるべきである」と主張している。同上論文、二八一頁を参照。

(62) 박재순「주체사상과 민중신학」(パク・ジェスン「主体思想と民衆神学」)、二〇一頁。また、民衆神学と主体思想との相互補完によって、キリスト教社会主義および社会民主主義の実現を模索したものとしては、홍동근외 공저『주체사상과 기독교』(ホン・ドングン他共著『主体思想とキリスト教』)、二一五－二五二頁を参照されたい。
(63) 박재순(パク・ジェスン)、同上論文、二〇一頁。
(64) 同上論文、二〇一頁。
(65) 国家保安法第七条の全文の内容については、第二章第一節を参照。
(66)『韓国教会平和統一運動資料集一九八〇―二〇〇〇』、一〇七頁。
(67)「自由民主的基本秩序」の性格に関する韓国の憲法裁判所の見解については、第二章第一節の注一一を参照されたい。
(68) このような肯定的な評価は、単に教会協議会の主体思想理解だけでなく、全般的に八〇年代中盤から韓国学界で展開された「北韓を正しく知る運動」に対して行われている。この点については、박명림「냉전의 해체와 북한 연구 : 시각・이론・해석의 문제」『창작과 비평』、서울 : 창작과 비평사(パク・ミョンリム「冷戦の解体と北韓研究 : 視角・理論・解釈の問題」『創作と批評』、創作と批評社、一九九五年秋号)、三一九－三二〇頁、または、박형중「북한정치연구」(パク・ヒョンジュン「北韓政治研究」)、五一－五五頁を参照されたい。
(69) 実際に、第六共和国政府は八八年七月に北朝鮮を「民族共同体」として公式に闡明し、北朝鮮に対する非難放送を中止するなど、民族同質性を回復しようという政策を積極的に推進することになる。このことについては、第五章の結論で再論する。

また、主体思想に対する教会協議会の多面的な理解は、一方、北朝鮮を絶対善として捉える韓国の反体制勢力にも自己反省の契機を提供したと思われる。韓国で「主思派」(主体思想派)と呼ばれる反体制勢力は八〇年代中盤から形成され、北朝鮮を絶対善として、韓国を絶対悪として規定していた。この立場が二分法的な冷戦論理の、もう一つの現れであることは言うまでもない。

第四章　韓国プロテスタントの南北宗教交流運動と政教間対立

第一節　南北民間交流運動としての宗教交流

八〇年代に入り、教会協議会が「北韓を正しく知る運動」とともに積極的に展開したのは、南北朝鮮の宗教交流運動である。この運動も、第二章の第二節で見たように、教会協議会の民衆主体の信頼醸成論に基づいているものである。つまり、南北朝鮮の民族同質性を回復し、相互信頼を醸成するためには、何よりも隣人愛の精神と北朝鮮理解、そして南北双方の民間の直接的な交流が重要であるという認識によるものである。この場合、「民間」とは、非政治的な分野、すなわち、社会・文化的分野と経済的分野を指す。[1] この両分野における自律的な南北交流の重要性について、教会協議会の八八宣言は次のように指摘している。

「民族同質性の回復のために南北の言語、歴史、地理、生物、自然資源などに関する学術分野での交流と共同研究を推進し、文化、芸術、宗教、スポーツ分野でも互いに交流すべきである。南北の経済交流は民族の利益に符合するだけでなく、相互理解の増進の契機になりうるが故に、可能な限り最大限に開放すべきである」[2]

また、民間の交流には、一千万人といわれる南北離散家族の再会や移住の問題も含まれている。つまり、南北離散家族たちが「生活したいと望む場所へ自由に移り住むことができるように保障され」、「自由に親戚や故郷を訪問することが許容される」ことが、教会協議会の要求する民間交流の内容をなしているのである。[3]

南北朝鮮が分断されて八〇年代にいたるまで、両側の民間交流は実際に一度も行われなかった。五〇年代と六〇年代には北朝鮮が一連の社会・文化的交流を提案してきたが、冷戦の政治状況のなかで一方的な主張で終わった。[4] 七〇年代に入り、七二年七月の「七・四南北共同声明」は第三項において「双方は、断絶していた民族的連繋を回復し、互いに理解を増進させ、自主的な平和統一を促進するため、南北間で多角的な諸交流を実施することに合意した」と発表した。そして、同年一一月に発表された「南北調節委員会の構成および運営に関する合意書」においては、「南北間の経済的・文化的・社会的交流と、力を合わせてともに事業をする問題などを協議・決定し、その実行を保障する」とされている。[5] しかしながら、こうした南北朝鮮政府間の原則の合意にもかかわらず、七〇年末まで実質的に民間交流は一回も行われなかった。

八〇年代の第五共和国期に入ってからは、いくつかの南北民間交流が行われた。第二章の第一節で見たように、八四年と八五年に南北朝鮮の政府は体育・人道・経済の交流に関する会談を開いた。[6] その過程で、八四年九月には韓国の水害に対する北朝鮮の救援物資を韓国赤十字社が受け入れた。このことは、南北朝鮮の分断以来、はじめての公式的な物資交流であった。また、八五年一〇月には「南北離散家族故郷訪問団および芸術公演団の相互訪問」がソウルと平壌で実現された。これも、分断以来、はじめての離散家族の再会であり、文化交流であった。しかしながら、これらの政府主導の民間交流は、韓米の合同軍事演習という政治的・軍事的な理由によってただ一回で終わり、それ以上の進展はなかった。このような八〇年代の状況のなかで、教会協議会は南北朝鮮の民間の自律的な交流の重要性を強調し、自ら南北宗教交流運動を展開することになるのである。

ところで、南北朝鮮の様々な民間交流のなかにおいても、特に宗教分野の交流は次のような二つの点で重要性を持つといえよう。

まず、南北朝鮮の分断以来、宗教の分野が双方の間でもっとも顕著に異質性を強める傾向を見せていたという点である。八〇年代の韓国社会は宗教人口が全体人口の過半数を占めつつ、宗教が一般国民の思考や生活に大きな影響を及ぼしている。[7] そして、多様な宗教団体は、憲法上の政教分離原則のもとで、国家権力から相対的な自律性を持ちつつ、政治的な圧力団体として国家の政策決定に大きな影響力を行使している。その反面、八〇年代の北朝鮮は宗教人口が全体人口のわずか〇・二％であり、[8] この点で、宗教の社会的な影響力はきわめて制限されていたといえよう。そして、七二年一一月に改正された憲法は「公民は信仰の自由と反宗教宣伝の自由を有する」と規定し、[9] 事実上、国家権力が宗教団体の布教および宗教的活動の自由を制限している。また、同憲法は北朝鮮の主体思想を党と国家の唯一の指導思想として規定し、事実上、北朝鮮の政治体制や政治理念が許容する範囲内においてのみ宗教団体が存在し、また宗教活動が行われている。このように南北朝鮮の宗教はそのあり方において大きな格差があり、このことは、双方の文化的・思想的な異質性を強める大きな要因の一つとして働いている。従って、南北の平和統一過程を双方の同質性の回復から求めるならば、南北宗教交流を通した双方の異質性の克服は至急な課題となるのである。

また、南北民間交流のなかでも特に宗教交流が重要な理由は、他の分野に比べて、宗教分野がより容易に共通の交流基盤を作ることができるからである。つまり、同じ宗教であるならば、双方の宗教状況に大きな差があるにもかかわらず、すでに一定の世界観や価値観を共有しており、そうした共通基盤のうえで相互理解と相互信頼を深めていくことができるのである。また、政治的・経済的な利害関係にとらわれず、宗教の普遍的理念に基づいた人道主義的な接近が可能であるという点でも、南北朝鮮の同質性の回復において宗教交流が要求されているといえよう。
以下においては、まず第二節で、南北朝鮮の分断から第五共和国期までの両側の宗教交流の歴史を概観し、次に第三節で、第五共和国期における教会協議会の南北プロテスタント交流運動の展開を具体的に検討する。そして最後に、教会協議会の宗教交流運動が第五共和国政府の北朝鮮認識および統一主体論とどのように対立し、また、その政教間対立が当時の韓国社会にどのような意味を持つものであるかを見ることにする。

第二節　南北宗教交流の歴史

1. 第五共和国期以前の南北宗教交流

南北朝鮮の宗教交流は八〇年代以前には実際に存在しなかった。五〇年代の朝鮮戦争以来、双方の宗教者が出会いはじめるのは、八〇年の第五共和国期に入ってからである。しかし、こうした八〇年代以降の南北宗教交流は、五〇年代と六〇年代における断絶と対立の経験と、七〇年代における相互模索の段階を経て行われたものである。

まず、五〇年代と六〇年代は、南北宗教交流という側面からみると、完全な空白期であるといえる。この時期における大多数の韓国宗教者の場合、第一章第二節でキリスト教を中心に見た通り、北朝鮮政権の樹立過程や朝鮮戦争での被害の経験によって、徹底的に共産主義に反対する政治的な態度を堅持していた。また、そうした反共的立場に基づいて、当時の韓国政府とともに「滅共統一論」、または「北進統一論」を主張していた。この敵対的な冷戦の雰囲気のなかで、北朝鮮との宗教交流は想像もできないものであった。

他方、この時期における北朝鮮の場合、朝鮮戦争での被害を復旧し、社会主義政権を確立する過程で、徹底的に反宗教政策を実施する。特に、五八年から行われた「住民成分調査」と六七年から施行された「住民再登録事業」においては、宗教者および信者を「反革命階級」として監視することによって、実際に北朝鮮社会の表面から自律的な宗教は存在しなくなる。[10] また、社会主義政策に同調的な既存の宗教団体、すなわち、プロテスタントの「朝鮮キリスト教徒連盟」・仏教の「朝鮮仏教徒連盟」・天道教の「天道教宗務院」も積極的に対外的な活動を行っていなかった。[11] 要するに、五〇年代と六〇年代は、南北朝鮮の冷戦的な敵対関係のなかで、他の分野と同じく、宗教分野の交流は完全に断絶していた。

七〇年代に入り、南北朝鮮政府は対話をはじめ、その結果、合意されたのが七二年七月の「七・四南北共同声明」であった。前節で見たように、両政府は「南北間の経済的・文化的・社会的交流」を実施することに合意したのだが、宗教交流を含めて、南北朝鮮の民間交流は七〇年代には一回も行われなかった。しかしながら、この時期に韓国宗教界の進歩的な部分は積極的に民主化・人権運動を展開した。これに対して、北朝鮮の宗教団体は持続的に政治的な関心を示し、相互交流を提案することもあった。[12] この点で、七〇年代は八〇年代の南北宗教交流のための模索期・準備期であった。

七〇年代における韓国宗教界の進歩的な部分の主な政治的関心は韓国政治の民主化と人権擁護にあった。民主化運動は七二年一〇月のいわゆる「維新体制」の成立とともに本格化された。維新体制は当時の朴正熙大統領の永久執権と個人独裁を保障するものであった。それ故に、韓国社会には汎国民的な民主化闘争が全国に広がり、七九年一〇月に朴大統領が暗殺されるまで続けられた。プロテスタントの進歩的な部分を中心にして、韓国宗教界はこの民主化闘争に主導的な役割を果たしつつ、[13] 一方、社会的・政治的弱者のための人権運動にも積極的に参加した。もちろんこの場合、韓国宗教界の政治的・社会的活動は共産主義理念に基づいたものではない。むしろ、第一章の第二節で見たように、七〇年代の韓国宗教界は、教会協議会のような進歩的な部分さえ、反共的な立場を堅持し、「先民主化後統一論」を主張していた。つまり、まず韓国で政治的民主主義と社会的・経済的正義を実現し、その後、韓国の主導で統一するという立場を持っていた。従って、この時期にどの宗教団体も北朝鮮との宗教交流を試みていなかった。

しかしながら、七〇年代に入り、北朝鮮では諸宗教団体が積極的に対外的な活動を展開する。[14] その主な活動は国際的な宗教団体と協力することと、韓国宗教界の民主化・人権運動を支援する声明を発表することであった。まず、朝鮮キリスト教徒連盟は、七三年から国際的な宗教団体と緊密な関係を結ぼうと努力した。七四年七月には、「世界教会協議会」(World Council of Church)[15] に書簡を送り、韓国の抑圧的な政治状況を非難しつつ、韓国社会の民主化運動に対する世界教会協議会の関心と支持を要請している。[16] また、七五年一月にインドで開催された「アジアキリスト者平和会議」(Asian Christian Peace Conference)に参加し、北朝鮮の南北朝鮮統一案を支持する決議案を採択させた。さらに、七六年一一月には、チェコスロバキアで開かれた「世界キリスト者平和会議」(World Christian Peace Conference)[17] に代表団を送り、韓国社会の民主化運動を支持し、在韓米軍の撤退を要求するという内容の決議案を採択させた。そして、朝鮮仏教徒連盟の場合は、「アジア仏教徒平和会議」(Asian Buddhist Conference for Peace)との交流を行い、七六年七月には東京で開催された第四次総会で正式に会員として加入した。[18] ここでも、在韓米軍の撤退や韓国国家保安法の廃棄、民主化運動関連の政治犯の釈放を要求する決議案を採択している。また、日本に永住している朝鮮籍の仏教徒との交流を強化し、七九年一〇月には在日本朝鮮人仏教徒連盟の代表団が北朝鮮を訪問した。[19]

このように、七〇年代に北朝鮮の宗教団体は国際的な連帯活動を積極的に展開しつつ、他方、南北朝鮮の統一問題や韓国の政治状況に対して様々な声明を発表する。この活動は、三つの宗教団体が個別的に行う場合と、共同で行う場合とに分けられる。例えば、天道教青友党中央委員会は七三年六月に北朝鮮政府の南北朝鮮統一案を支持する談話を発表している。また、朝鮮仏教徒連盟は七三年九月に、朝鮮キリスト教徒連盟は七四年一一月に、各々韓国の抑圧的な政治状況や民主化運動を主導した韓国宗教者の拘束を非難する声明を発表している。そして、七四年二月と七月には、三つの宗教団体が共同で、韓国の宗教者弾圧を非難する声明を世界の宗教者に向けて発表している。この他に、七〇年代に北朝鮮の『労働新聞』に掲載された北朝鮮宗教団体の主な声明文は次のようである。

韓国政府の民主化運動弾圧に対する共同声明（七四年六月）、「民主青年学生連盟」事件の裁判に対する朝鮮キリスト教徒連盟の非難声明（七四年七月・八月）、韓国宗教者弾圧に対する朝鮮キリスト教徒連盟の非難声明（七五年四月）、韓国宗教者の「三・一民主救国宣言」に対する朝鮮キリスト教徒連盟の支持声明（七六年三月・八月）、韓国仏教徒との連帯を提案する朝鮮仏教徒連盟の声明（七七年二月）、在韓米軍の撤退を要求する共同声明（七八年六月・七九年六月）などである。[20]

七〇年代における北朝鮮宗教団体の積極的な対外活動は、純粋な宗教的目的というよりは、統一戦線形成という政治的な目的で行われたものである。つまり、韓国と世界の進歩的な宗教者との連帯を強化し、北朝鮮主導の南北統一を成し遂げようという意図を持つものである。そして、このように北朝鮮宗教団体が特に七〇年代の中盤から積極的に対外活動をはじめたのは、北朝鮮政権の宗教観の変化を反映したものである。つまり、宗教が特定の政治や社会の変革に肯定的な役割を果たすことができるという、宗教の政治的・社会的な機能や役割に対する再認識の結果である。[21]そして、こうした北朝鮮の宗教観の変化にもっとも大きな影響を及ぼしたものが、七〇年代に行われた韓国宗教の積極的な民主化・人権運動である。この点で、韓国宗教界の大多数が北朝鮮宗教団体の働きかけを無視し、[22]それ故に、南北朝鮮の宗教者間の直接交流は行われていなかったとしても、七〇年代は南北宗教交流の模索期・準備期として位置づけることができるのである。

2. 第五共和国期の南北宗教交流

八〇年代の第五共和国期に入り、南北朝鮮の宗教者は直接に出会い、対話を始めることになる。[23] しかし、この時期に南北朝鮮の諸宗教は互いに関心を持ち始め、交流を試みるが、実際に代表的な教団のレベルで南北対話を実現したのはプロテスタントだけであった。また、第五共和国政府の厳しい統制のために、南北プロテスタントの交流は国際的な宗教団体の協力を得て外国で行われた。この限られた南北宗教交流は、韓国の第六共和国政府が九〇年八月に「南北交流協力に関する法律」を制定し、南北交流を法的に保障することによって、九〇年代に他の諸宗教へと拡大し、また南北の国内で行われるようになるのである。

まず、仏教の場合、八〇年代に韓国では様々な革新的な在野運動団体が形成され、民主化運動や南北統一運動を展開する。その代表的な組織としては、八五年五月に創立された「民衆仏教運動連合」や八六年六月に出帆した「仏教浄土具現全国僧家会」、そして、八七年六月に発足した「民主憲法争取仏教運動本部」や八八年三月に結成された「大乗仏教僧家会」などを挙げることができる。[24] これらの団体は、プロテスタントにおける教会協議会のような、曹渓宗・天台宗など韓国仏教の代表的な教団による連合体ではなかった。言い換えれば、個人の連合体であり、在野組織であった。[25] 八〇年代の韓国仏教の場合、これらの組織が主に韓国国内で仏教界の民主化運動や統一運動を展開していた。

一方、この時期に北朝鮮の朝鮮仏教徒連盟はより積極的に対外活動を行う。まず、七〇年代に引き続き、朝鮮仏教徒連盟は仏教徒をはじめとする韓国宗教者の民主化運動を支持し、韓国の政治状況を非難する声明を発表している。八〇年代に『労働新聞』に掲載された主な声明を見ると、韓国仏教徒に反政府闘争を要求する声明（八一年五月）、北朝鮮の統一案を支持する声明（八二年一月）、アメリカの韓国支配を非難する声明（八二年一二月）、韓国仏教徒の反政府闘争を支持する声明（八四年八月）、韓国政府の宗教者弾圧に対する非難声明（八六年一〇月）

などである。[26]

また、この時期に朝鮮仏教徒連盟は国際的な仏教団体との連帯活動も積極的に展開している。[27] 八二年八月にはモンゴルで開かれた第六次「アジア仏教徒平和会議」に代表団を送り、在韓米軍の撤収や北朝鮮政府の統一案を支持する特別案を採択した。そして、八六年一一月にネパールで開催された「世界仏教徒友誼会」(World Fellowship of Buddhists)[28]の第一五回総会に新たに参加し、正式に会員として加入した。さらに、外国の仏教団体との交流も積極的に行い、八一年七月には朝鮮仏教徒連盟の代表団がインド・タイ・ビルマ・スリランカなどの仏教国を訪問した。外国の仏教団体の北朝鮮訪問も活発に行われ、八六年の七月に在日本朝鮮人仏教徒連盟の代表団が、八月にソ連仏教協会の代表団が、九月に中国仏教協会の代表団が、一〇月にインド仏教代表団が訪問している。この一連の積極的な国際交流が同年一二月に世界仏教徒友誼会への加入を結果したと見られる。しかしながら、このような国際的な仏教団体との会合の場で、八〇年代に南北朝鮮の仏教徒が公式に出会い、対話をしたことはなかった。[29]

カトリックの場合においても、この時期に南北朝鮮の代表が公式的に会合を開くとか、相互訪問をしたことはなかった。このことは、北朝鮮にカトリック信者の団体である「朝鮮天主教人協会」が結成されたのが八八年六月であることを考えると、当然であるといえる。しかし、韓国のカトリック教会は八〇年代に入り、北朝鮮への布教や北朝鮮信者との交流を準備していた。[30] 八二年一〇月に「北韓宣教部」を設置し、八四年三月には分断後最初に韓国の神父を北朝鮮に訪問させた。この訪問によって、北朝鮮でカトリック教会は存在していないが、将来に立てられる可能性があることが韓国教会とローマ法王庁に伝えられた。八五年六月には、北韓宣教部が主教会議の全国委員会である「北韓宣教委員会」として拡大改編され、韓国のカトリック教会は全国的な規模で北朝鮮への布教や南北朝鮮の統一問題により積極的に取り組むことになる。八五年九月には韓国の主教が南北離散家族訪問団の一員として北朝鮮を訪問し、平壌で特別ミサを行ったが、公式的な宗教行事ではなかった。

一方、北朝鮮政府は八〇年代中盤からローマ法王庁との関係を改善しようと試みた。八五年八月にアフリカのトーゴに駐在する北朝鮮大使が法王庁を訪問し、八七年六月に平壌で開催される「非同盟閣僚会議」に法王庁の参加を要請した。[31] これに対し、法王庁は韓国の神父が含まれた代表団を送り、この際、北朝鮮の一般カトリック信者と出会うようになる。そして、八八年四月に法王庁の招請で北朝鮮の信者代表団が法王庁を公式に訪問し、同年六月に「朝鮮天主教人協会」が結成されることになるのである。この朝鮮天主教人協会の代表と韓国カトリック教会の代表との間に公式会合がはじめて開かれるのは、九五年一〇月にアメリカのニューヨークにおいてである。[32]

このように、八〇年代に入り、南北朝鮮の仏教とカトリックが互いに強い関心を持ちつつも、直接交流までには至っていないのに対して、双方のプロテスタントの代表は直接的に出会い、対話を始めることになる。つまり、八六年九月と八八年一一月の二回にわたり、世界教会協議会の本部のあるスイスのジュネーブ近郊のグリオンにおいて会合を開くのである。こうして、南北朝鮮のプロテスタントが直接交流を実現することのできた要因については、大きく次の二つの点を指摘することができよう。一つは、南北の宗教者の主体的な努力であり、もう一つは、世界教会協議会という国際団体との連帯活動である。そこで、ここではまず、朝鮮キリスト教徒連盟の対外活動を中心にして南北直接交流に至った経緯を概観し、次節において、より詳しく韓国教会協議会の運動過程を見つつ、その交流の内容を具体的に検討することにしたい。

朝鮮キリスト教徒連盟の場合、八〇年代の主な対外活動は、海外に居住する朝鮮半島出身のプロテスタントとの対話から始まった。アメリカやカナダ、ヨーロッパに居住する南北朝鮮出身の革新的なプロテスタント聖職者や神学者らは八〇年九月に「祖国統一海外キリスト学者会」を結成し、北朝鮮に対話を要求していた。この要求に北朝鮮側が応じ、八〇年代から新たに実施されたのが「祖国統一のための北と海外同胞・キリスト者間の対話」である。[33] 最初の「対話」の場は、八一年一一月にオーストリアのウィーンで開かれ、双方から約二〇人が参加したことが知られている。[34]以来、八二年一二月にフィンランドのヘルシンキで第二次会合が開催されるなど、八〇年代に合計四回の対話の場が開かれた。[35]この一連の会合で議論された内容については具体的に知られていないが、在韓米軍の撤退や韓米軍事合同演習の中止、停戦協定の平和協定への転換、光州事件の解明、第五共和国政府の退陣などの政治的要求を含む声明を採択している。[36]こうした声明文の内容から、この会合は当時の韓国政府や宗教界によって、一方的に北朝鮮政府の立場を宣伝する場として批判された。[37]しかし、南北交流が活性化された九〇年代以降には、「韓半島版のマルクス主義者とキリスト者との対話」として、南北宗教交流の出発点をなし、八〇年代に北朝鮮当局者の宗教観の変化に大きな影響を与えたものとして評価されている。[38]

また、この時期に朝鮮キリスト教徒連盟は国際的な宗教団体との協力活動や宗教会議への参加も積極的に行った。まず、「世界キリスト者平和会議」との関係においては、八〇年七月に韓国の光州事件に対し抗議する文書を送り、八五年七月にはチェコスロバキアで開かれた大会に参加している。さらに、八六年三月には世界キリスト者平和会議の実務委員会が韓米合同軍事演習や韓国への核兵器配置を非難する声明を発表し、同年九月には世界キリスト者平和会議の代表団が北朝鮮を訪問している。[39]

そして、「世界教会協議会」との連帯関係も大きく進展することになる。[40]世界教会協議会の国際問題委員会は八四年一〇月に東京近郊の東山荘国際センターで「東北アジアの平和と正義協議会」(以下、「東山荘協議会」と略称する)を開き、朝鮮キリスト教徒連盟を公式に招請した。[41]東山荘協議会に北朝鮮代表は参加できなかったが、大会の成功を祈る電文を送った。この協議会では、世界各国の教会や韓国教会が北朝鮮教会と直接交流し、対話することを建議する案が採択された。[42]これによって、八五年から、朝鮮キリスト教徒連盟と世界教会協議会の各国教会との交流が活発になり、その結果として南北朝鮮のプロテスタント間の直接交流が実現することになるのである。

まず、八五年一一月には世界教会協議会の国際問題委員会の代表団が、そして、八六年四月にはアメリカ教会協議会の代表団が朝鮮キリスト教連盟からの招請を受けて北朝鮮を公式に訪問した。その後、世界教会協議会の招請で、朝鮮キリスト教徒連盟の代表団は八六年九月にスイスのジュネーブ本部を訪問し、グリオンで開かれたセミナーで韓国教会協議会の代表団と、南北朝鮮の分断以来、はじめて出会うことになる。さらに、八七年五月には日本の教会協議会が、同年六月と一一月にはそれぞれ第二次にアメリカ教会協議会と世界教会協議会の代表団が、八八年七月には世界教会協議会の韓国国籍のアジア局長が、同年一一月にはカナダ教会協議会の代表団が公式に北朝鮮を訪問した。こうした一連の交流の結果、朝鮮キリスト教連盟の代表団は八八年一一月にスイスの世界教会協議会の本部を再び訪問し、韓国教会協議会の代表団と第二回目の交流と対話を行うことになる。このように、八〇年代の南北プロテスタントの直接交流は、まず、朝鮮キリスト教連盟の積極的な対外活動、特に世界教会協議会との連帯活動の結果として実現するのである。

第三節　韓国プロテスタントの南北宗教交流運動の展開

1．世界教会との国際連帯

八〇年代に南北朝鮮のプロテスタント間の対話を可能にしたもう一つの要因として、世界教会協議会および各国の教会協議会との国際連帯を媒介とした韓国教会協議会の主体的な努力を挙げることができる。第一章の第二節で見たように、韓国の教会協議会は八〇年五月の光州事件の経験をきっかけにして、南北朝鮮の分断状況の克服なしには韓国政治の民主化や社会正義の実現は不可能であるという認識のもとに、平和統一運動に取り組むことになる。そして、その運動の一環として、南北プロテスタント間の直接対話を試みるのだが、この南北宗教交流運動は最初から世界教会協議会および各国の教会協議会との共同の協議過程を通じて進められた。

まず、韓国の教会協議会は八一年六月にソウルで、ドイツ教会協議会の代表とともに両国の分断状況の克服に関する会合（第四次韓独教会協議会）を開いた。この協議会は共同声明を通して、分断された両国の統一のために教会が参与すべきであり、特にこのために、「韓国キリスト教教会協議会に統一問題を研究するための委員会や機構を設けること」を決議する。[43] そして、この決議に従って、八二年九月に「統一問題研究院運営委員会」が組織され、最初の「統一問題協議会」を八三年三月に開くことにする。しかし、この統一問題協議会は第五共和国政府の執拗な妨害工作によって八三年と八四年には全く開くことができなかった。[44] つまり、八〇年から八四年まで、韓国の教会協議会は南北朝鮮の統一問題に強い関心や意志を持ってはいたのだが、第五共和国政府の封鎖措置のために、韓国国内で独自の会合を開き、実際に研究を進めることができなかったのである。

このような状況のなかで、韓国教会協議会は八四年三月にソウルで、アメリカやカナダの教会協議会と「第三次韓・北米教会協議会」を開く。この会合は、特に南北朝鮮の統一問題について、「アメリカは韓国民衆を分断させた国家の一つであるから」「これは韓国教会の責任であるだけでなく、アメリカの教会もこの問題を至急で深刻な問題として注目すべきである」[45]と、共同声明を通じて国際連帯の必要性を強調している。また、翌月にはドイツの西ベルリンで「第五次韓独教会協議会」が開かれ、ここにおいても、韓国における「真の民主主義と社会正義を実現することのできる機会は分断の克服とともに生じうる」ということを共同声明で確認している。[46] そして、こうした一連の協議過程をふまえて、前述したように、八四年一〇月に世界教会協議会の国際委員会が主宰した「東北アジアの正義と平和のための協議会」が日本の東山荘国際センターで開かれる。この大会で初めて、世界と韓国のプロテスタント代表が集まり、南北朝鮮の平和と統一問題について本格的に協議することになるのである。

この東山荘協議会は世界教会協議会と韓国教会協議会との共同努力により実現したものであった。まず、世界教会協議会の場合、第一章の第二節で見たように、八三年にカナダのバンクーバーで開かれた第六次総会において、「正義、平和、創造秩序の保存」を実現されるべき世界の姿として設定し、それの回復を主な宣教の課題として決議した。東山荘協議会はこうしたバンクーバー総会の決議に基づいたものであり、その最初の実践協議会になるのである。しかし一方、東山荘協議会は、韓国の教会協議会が韓国内での封鎖された状況を突破するために強く要望したものでもある。この韓国側の主体的な努力の側面は、会議のテーマが東北アジアの全地域を対象としているにもかかわらず、実際には南北朝鮮の平和統一問題を集中的に議論していたことから裏づけられる。(47)

東山荘協議会には世界の二〇ヵ国から六五名の代表が参加し、五日間の会議を経て、「紛争の平和的解決に対する展望」という「報告と建議案」を採択している。この報告書は台湾や香港、日本の紛争状況についても言及しているが、東北アジア地域における緊張緩和のためには「韓国の平和が決定的に重要」であり、さらに「韓国が分断された状態でいる限り、この地域での紛争に対する持続的で平和的な解決は達成し難い」という前提で、その多くの部分を南北朝鮮の問題に割愛している。そのなかでも特に注目すべきことは、次の二つの点である。一つは、世界教会協議会の総括的な調整のもとで、北朝鮮側との交流を進め、南北朝鮮のプロテスタントが直接出会うことのできる機会を作ることを「教会の課題」として決議していることである。そして、もう一つは、韓国教会協議会の韓国内での活動を国際的に支援するために、東山荘協議会と同じ性格の後続協議会を韓国内で開催すると決定したことである。八五年から八八年までの四年間、この東山荘協議会の決議案は、韓国教会協議会と世界教会協議会および各国の教会協議会との連帯活動の指針として働くことになる。そして、その実践活動の結果として、八六年九月と八八年一一月に南北プロテスタントの直接交流が実現するのである。

まず、北朝鮮との宗教交流について、東山荘協議会の報告書は具体的に次の三つの点を決議している。

「(1) 世界教会協議会は、アジアキリスト教協議会と協力して、訪問または他の接触形態を通じて、北韓にある教会やキリスト者と一般人との関係改善を促進することについて探求すべきである。
（2）世界教会協議会は、アジアキリスト教協議会と協力して、可能な限り南北韓のキリスト者が出会い、対話する機会を設けるべきである。
（3）諸教会は、北韓を訪問する計画や訪問した結果を世界教会協議会やアジアキリスト教協議会に緊密に知らせ、情報を分かち合うべきである」[48]

これらの決議の持つ意味は、何よりも世界教会協議会を南北朝鮮のプロテスタント交流に関するすべての過程を調整し、協議する公式窓口として決定したところにある。これによって、南北朝鮮のプロテスタントは、双方の直接交流が現実的に不可能な状況において、世界教会協議会という窓口を通じて間接的な協力関係を形成することができたのである。また、各国の教会協議会が北朝鮮と交流する場合、世界教会協議会と事前・事後に協議するように決めているが故に、韓国の教会協議会が各国の北朝鮮との交流過程に、世界教会協議会を通じて最初から最後まで共同参加することが可能になったことも、東山荘協議会の持つ意義であったといえよう[49]。

世界教会協議会および各国の教会協議会は、前節で見たように、八五年から八八年まで積極的に北朝鮮との交流を進めた。北朝鮮の「朝鮮キリスト教徒連盟」・「祖国平和統一委員会」・「対外文化連絡協会」の共同招請で、世界教会協議会の実務代表団が八五年一一月と八七年一〇月に、アメリカ教会協議会の代表団が八六年四月と八七年六月に、日本教会協議会の代表団が八七年五月に、カナダ教会協議会の代表団が八八年一一月に北朝鮮を公式に訪問した。これらの一連の訪問で、世界教会協議会および各国教会協議会の代表団は北朝鮮のキリスト教関係者や政府当局者と直接会い、主に北朝鮮の宗教状況や、宗教と南北朝鮮関係に対する北朝鮮当局の立場を確認することになる。そして、北朝鮮訪問が韓国の教会協議会との国際連帯の一環として行われていただけに、訪問後にはその結果に関する報告書を発表し、また韓国で報告会を開き、情報を共有することになるのである（ただ、日本教会協議会の場合、韓国政府がビザを発給しなかったが故に、直接韓国で報告会を開くことはできなかった）。

北朝鮮訪問団の報告書は、主に北朝鮮のキリスト教状況と、北朝鮮政府当局者の宗教観や南北朝鮮宗教交流に対する立場を確認した内容で構成されている[50]。まず、北朝鮮のキリスト教の実状については、主に朝鮮キリスト教徒連盟との対話や「家庭教会」への参加を通じて確認している。その主な内容は、約一万人程度のプロテスタントと約八〇〇人程度のカトリックの信者が存在し、全国の約五〇〇ヵ所の家庭教会で宗教生活を営んでいるということ、約三〇人の牧師と三年課程の神学校が一ヵ所あるということ、八三年と八四年に聖書を新たに一万部出版したこと、教会建物を建てる計画があるということなどである。こうした北朝鮮キリスト教の外形的な実状について、特にアメリカ教会協議会の報告書は全体的に「虚弱であり、壊れやすい（fragile）」と評価している。そして、その主な原因を、北朝鮮の国家イデオロギーである「主体思想が宗教の代わりをしている」という現状に求めている。しかし、結論的に代表団は、虚弱ではあるが、「北朝鮮に真実のキリスト教信者が存在する事実を信じるようになった」と報告している[51]。

また、北朝鮮政府当局者の宗教観については、特に日本教会協議会の報告書が「主体思想は人間存在の主体性や創造性を重視するが故に、宗教の重要性も認めている」という会談における黄長燁の見解を伝えつつ、こうした宗教観の背景には韓国キリスト教の民主化や人権運動に対する北朝鮮政府の期待が見えると分析している[52]。そして、南北宗教交流に対して、世界教会協議会の報告書は北朝鮮政府が「南北キリスト者が接触することを歓迎し、特に韓半島の平和と正義を実現することにおいて教会が人道主義的な事業に参与することを頼んだ」と報告している[53]。また、日本側の報告書は、朝鮮キリスト教徒連盟の代表が「平和達成のためなら、いつでも会いたい」と強調したことを伝えている[54]。

このような世界教会協議会および各国教会協議会の北朝鮮訪問や、韓国における報告会の開催が南北朝鮮プロテスタントの直接交流の礎石となったことは言うまでもない。つまり、南北双方が世界教会を媒介にして、間接的に対話への意志を互いに確認し、直接交流への相互信頼を形成することができたのである。特に、北朝鮮の宗教観や宗教状況に対する訪問団の情報や評価は、北朝鮮の宗教に関する情報がきわめて少なかった当時の韓国の状況で、韓国の教会協議会が北朝鮮側との対話と交流を備えるにあたって、信頼できる唯一の資料となった[55]。

さらに、韓国教会協議会と世界教会協議会は東山荘協議会の決議に基づいて、八八年四月に韓国の仁川《インチョン》で「世界キリスト教韓半島平和協議会」(以下、「仁川協議会」と略称する)を開くことになる。東山荘協議会においては、「統一論議に国民が参与する権利を主張する韓国教会の努力に対する支援が国際的に、また工キュメニカルに強化されるべきである」という認識のもとで、後続協議会を韓国で開催することを決めていた[56]。それだけに、仁川協議会は、韓国教会協議会が主催し、世界教会協議会やアジアキリスト教協議会が協力するという形で行われた。そして、大会の内容も、世界教会が南北の平和統一に対する韓国側の立場を全的に支持するものであった。

仁川協議会には世界教会協議会の代表団とともに世界の一〇余国から約三〇〇人が参加し[57]、五日間の会議の結果として、「世界キリスト教韓半島平和協議会メッセージ」を採択した。この宣言文は、主に韓国教会協議会が大会直前の八八年二月に発表した八八宣言を積極的に支持し、そこで強調された課題を世界の各国教会が国際連帯のなかで遂行して行くことを決議している。そのなかでも、特に南北宗教交流の問題については、「世界キリスト教共同体と韓国教会が、北韓にある虚弱なキリスト教共同体との接触を拡大・深化する責任を持っていることを再確認する」と前提したうえで、「世界教会協議会に南北韓のキリスト者が会える二回目の拡大された集いを周旋してくれることを要望する」と決議している[58]。

この仁川協議会の要望に対して、世界教会協議会は八八年八月に西ドイツのハノーバーで中央委員会を開き、韓国教会協議会の八八宣言と仁川協議会の決議を支持することを正式に確認した。特に南北宗教交流については、国際委員会に対し、「本協議会の様々な集いに北韓のキリスト者共同体の代表が参加できるように」努力することを要請している[59]。南北朝鮮のプロテスタントは、この三ヵ月後の八八年一一月に世界教会協議会の国際委員会が主催したセミナーで、分断史上二回目の会合を開くことになるのである。

2. 南北宗教交流の内容

八〇年から八八年まで南北朝鮮プロテスタントの会合は八六年九月と八八年一一月に行われた。二回ともに、双方の代表団が世界教会協議会国際委員会の主催したセミナーに参加するという形で、スイスのグリオンという同じ場所で開かれた。第一回目の会合（以下、「第一次グリオン会議」と略称する）が共同宣言や声明を採択しなかったのに対して、第二回目の会合（以下、「第二次グリオン会議」と略称する）は双方の合意事項を共同宣言の形で発表した。この点で、第二次会議は、第一次会議に比べ、その交流の内容において大きく進展したものであった。

第一次グリオン会議は「平和に関するキリスト教的関心の聖書的・神学的基盤」というテーマで八六年九月二日から五日まで四日間行われ、韓国教会協議会の代表六人、朝鮮キリスト教徒連盟の代表五人、世界教会協議会国際委員会の実務者や世界各国の代表一一人が参加した。[60] 特に世界各国からの代表は皆、この会議が東山荘協議会の決議に基づいたものであっただけに、東山荘協議会にも参加していた。[61] 会議における南北宗教交流は二つの方向で行われた。一つは、セミナーの場で両側の代表が南北朝鮮の平和統一問題についてそれぞれの意見を発表し、立場の違いを確認することである。そして、もう一つは、南北双方の出会いが四五年八月の分断以来のはじめての出来事であっただけに、非公式的な対話や共同の宗教儀式を通じて相互理解や一致した意識を深化することである。

まず、公式的なセミナーにおいて、北朝鮮側は朝鮮半島の平和統一のためには政治的・軍事的な問題が優先的に解決されるべきであるという北朝鮮政府の立場を強調した。[62] つまり、韓国からの米軍の撤退、北朝鮮・アメリカ・韓国の三者会談による平和協定の締結、韓・米合同軍事演習の中止、非同盟連邦制による南北朝鮮の統一などを主張した。これに対して、韓国側は民衆主体論の立場から、七二年七月に発表された「七・四南北共同声明」の歴史的な意義を強調しつつ、その合意事項を南北政府が移行せずに、各々政治権力強化の手段として利用したことを批判した。また、そのうえ、双方の民間が優先的に交流することの重要性を主張した。こうして、公式的なセミナーの場において、南北朝鮮双方は直接相互の立場の違いを確認することになるのである。

しかし一方、非公式的な対話や共同の宗教儀式の場においては、双方は相互理解を深め、いくつかの点で意見が一致することを確認することができた。つまり、七・四共同声明の合意事項を互いに実践することが重要であること、朝鮮半島の緊張を緩和するために南北政府間に対話の雰囲気を醸成することが至急に要求されるということ、そして、そのためには、南北プロテスタント間の対話と交流が強化されねばならないことなどについて、相互の意思を確認したのである(63)。

第一次グリオン会議において、南北の代表はいかなる共同宣言も採択しなかった。このことは、最初の出会いと対話において、「政治的立場に関する共同声明は合意に到達することも不可能であるだけでなく、後にありうる、どのような形態の後続作業も不必要に複雑にする」という認識に基づいたものである(64)。しかし、いかなる合意事項も公にすることができなかったとしても、第一次グリオン会議は、南北双方のプロテスタントが分断の歴史において最初に面と向かって対話をし、互いに意見の違いや共通点を確認したという点で、また、宗教交流の重要性を認め、交流を持続することにしたという点で、双方の信頼醸成の過程において大きな意味を持つものであるといえよう。この会議の成果と関連して、後に朝鮮キリスト教徒連盟の代表は日本教会協議会の北朝鮮訪問団に次のように述べている。

「八六年九月にグリオンのＷＣＣ平和会議で南側のキリスト者と出会ったことは、実に意義深かった。祖国の平和的統一に関しては、大きく見れば、南と北との間に意見の差異がないと感じた。彼らも平和統一を熱望しているということが分かった。結果的に、グリオン会議は相互の立場を理解することにおいて本当に良かったと思う。今後ともそうした機会があれば参加したい。互いに心を開いて話し合うならば、祖国の統一のために役に立つであろう」[65]

このような第一次グリオン会議の成果をふまえて、およそ二年後の八八年一一月二三日から二五日まで第二次グリオン会議が開かれた。この会議には、韓国教会協議会の代表一一人、朝鮮キリスト教徒連盟の代表七人、世界教会協議会や世界各国の代表二二人などの約四〇人が参加した。[66] 第二次グリオン会議は、二回目の対面であり、また、朝鮮キリスト教徒連盟が八八年二月に発表された八八宣言や同年四月に採択された仁川協議会の決議案に対して積極的な支持を表明していただけに、前回に比べて、より友好的な雰囲気のなかで行われた。そして、双方の代表は、公式的なセミナーの場においては南北の平和統一問題についてそれぞれの異なる立場を強調しつつも、一方、非公式的な対話の場において、ともに実践すべき課題について合意し、「韓半島の平和と統一のためのグリオン宣言」という共同宣言を発表した。この宣言は、南北の分断以来、両側の民間が採択した最初の合意文であり、この点で、第二次グリオン会議は実質的な意味において、双方の宗教および民間交流の出発点となるのである。[67]

まず、セミナーの場において、南北の立場の差異および対立は、政治・軍事会談を優先すべきか、それとも民間交流を重視すべきか、という問題を中心に展開された。[68] つまり、北朝鮮側は七・四共同声明の「自主・平和・民族大団結」の統一原則を実現するために、「朝鮮民主主義人民共和国と米国の間で停戦協定を平和協定に置き換える問題、北と南の間で不可侵宣言を採択する問題、南からの米軍の撤退と国連司令部の解体、大規模軍事演習の中止、といった問題が解決されるべき」であり、「二つの自立した政府による連邦制によって統一国家を形成すること」を主張した。そして、これらの問題を解決するための政治・軍事会談の重要性を強調した。これに対して、韓国側は自らの民族共同体論の神学的基礎を説明しつつ、民族同質性の回復のための南北キリスト者の役割を強調した。そして、朝鮮半島の軍縮や非核化の重要性、外国勢力の撤収による自主国家実現の課題を認めつつも、優先的に離散家族の再会を含んだ民間交流が行われるべきであると主張し、次の集いを、外国ではなく、朝鮮半島内で行うことを提案した。

第二次グリオン会議の共同声明は、こうした南北朝鮮の意見の違いや対立を非公式的な対話の場において調整することによって成立したものである。その合意にいたる過程においてもっとも論争になった問題点は、政治・軍事会談と民間交流との関係をどう設定すべきか、ということであった。この問題について、北朝鮮側は、軍事的な対峙状況を放置したなかでの民間交流は永久分断を幇助することになるという理由で、民間交流優先の主張に反対した。これに対して、韓国側は離散家族の再会をはじめとする民間交流の積み重ねが双方の民族同質性を回復し、政治・軍事的な解決を促すと主張した。最終的にこの問題については、南北の代表が「ある一方を選択的に先行させるよりは、同時進行させる方法が互いの信念を傷つけることなく、互いの長所が生かされる」[69]と判断し、政治・軍事会談と民間交流の重要性がともに宣言文に盛り込まれることになった（共同宣言の建議案の第六項と第七項を参照されたい）。この他に、双方の代表は、共同祈禱日や共同祈禱文の制定と遵守、七・四南北共同声明の三大統一原則の実行、国際連帯に基づいた交流の持続などに合意し[70]、その結果、次のような八項目の共同宣言の建議案を採択した。

「1．韓半島の平和と統一のために南北の教会は、一九九五年を『統一のヨベルの年』[71]として宣布し、毎年八月一五日直前の主日を共同祈禱日として守る。また、この日のために、共同祈禱文を採択する。さらに、世界の全ての会員教会がこの主日を守っていくことを奨励するよう世界教会協議会に要請する。

2．私たちは、一九七二年、南北の両政府が合意した『祖国統一三大原則』である『自主・平和・民族大団結』の原則を再確認し、韓民族の統一への努力が、現在の両体制の存続が保証される平和共存の原則から、統一国家を建設することにまで展開されねばならないことを確認する。

3．私たちは、韓半島の統一の主体は南北韓の民衆当事者であることを確認する。従って、今日の分断状況に関与したり、将来の統一過程を妨害したりする全ての外国勢力は排除されねばならない。また、統一は南北韓の民族構成員全体の民族的参与によって成し遂げられねばならないという基本原則を確認する。

4．韓半島を含む東北アジアの平和を構築するためには、韓半島の統一が成し遂げられねばならない。それ故に、現在の分断を正当化したり、既成事実化しようとするいかなる形態の偽装の平和も排撃されねばならない。また、分断の固定化を志向するいかなる政治的対策や提案も排除されねばならない。

5．私たちは韓民族の平和的統一のためには、双方に裂かれた民族当事者間の信頼性が構築されねばならないと信じる。従って、積もり積もってきた敵対感情と憎悪を克服し、許しと和解の雰囲気を形成することができるよう南北韓の教会が格別の努力をすることを勧告する。さらに世界教会も、国際連合をはじめとする国際諸機構の協力を含めた多様な努力をしていくように要請する。

6．韓半島の平和と統一を脅かす南北間の軍事的対決を止揚し緊張を緩和するために、膨大な兵力と武器と軍事施設が大幅に削減されねばならない。このためには、現在の停戦協定が平和協定に変えられねばならず、韓半島全域にわたる平和と安定が実質的に保障されねばならず、南北当事者間に不可侵宣言が採択されねばならない。こうした上で、韓国に駐留している米軍をはじめとする全ての外国勢力は撤収され、また、韓半島に配置されたり、照準が合わされている全ての核兵器は撤去されねばならない。

7．韓半島の分断によって生じた一千万離散家族の再会と南北間の各種交流は、人道主義的要請として至急の課題である。しかし、こうした出会いと交流は、現在の軍事的・政治的対決状態を無視したり放置したままで成し遂げられるものではなく、もしそうするならば、かえって統一への意志を弱め挫折をもたらす危険すらある。従って、人道主義的課題の遂行と南北間の各種交流は、統一のための包括的な対策の一環として推進されねばならない。

8．世界教会協議会は朝鮮キリスト教徒連盟と韓国キリスト教教会協議会と緊密な協調のもとに韓半島の平和と統一のために引き続き努力する」[72]

以上のような共同宣言の内容については、第一項を除外して、全ての項目が平和統一をめぐる政治的・軍事的な問題を言及しているという点で、「純粋な」宗教交流の側面が余りにも少ないと指摘することができよう。また、この点で、南北関係が悪化することによって政治的・軍事的な合意事項が実行不可能となり、結局その影響で、両側の宗教交流も中断される余地を孕んでいるともいえよう。[73]しかしながら、グリオン共同宣言は、南北朝鮮の分断以来、はじめて両側の代表が平和統一問題について互いに相異なる立場を確認しつつ、一方、相互理解と対話を通して、持続的な交流のための基本的な土台を備えたという点で画期的な意味を持つものである。この共同宣言の精神に基づき、南北のプロテスタントはさらに九〇年一二月に第三次グリオン会議を開催し、より非政治的で宗教的な交流を強調した「ヨベルの年のための共同事業計画」に合意することになる。[74]

第四節　南北宗教交流運動における政教間対立の特徴と意味

韓国教会協議会の南北宗教交流運動は理念的には民衆主体の信頼醸成論に基づいたものである。つまり、南北朝鮮の平和と統一のためには、両側の民衆が主体となり、直接交流と対話による信頼醸成と民族同質性の回復が何より重要である、という理念に基づいたものである。八〇年代に入っての「統一問題研究院運営委員会」の結成や「統一問題協議会」の開催、そして、世界教会協議会との一連の国際連帯活動と二回にわたるグリオン会議は、民衆主体の信頼醸成論の具体的な実践過程に他ならないのである。

ところで、第二章の第一節で見たように、韓国の第五共和国政府は南北の統一過程を推進する主体について、南北の両政府と韓国政府という二重的な主体を設定していた。つまり、対外的な統一政策においては北朝鮮政府を「事実上の国家」として認め、北朝鮮政府とともに平和的に統一国家を形成しようとしつつ、一方、第五共和国憲法の領土条項や国家保安法においては北朝鮮政府を実際に「反国家団体」として規定し、あくまで韓国政府の独占的な主導で統一過程を推進しようとした。こうした韓国国家の二面的な統一主体論は、いずれも南北両側の民間の主体的な参加を排除するものであり、特に、後者の国家保安法の規定は、民衆主体の信頼醸成論に基づいた教会協議会の南北宗教交流運動を禁止する実定法的な根拠となるのである。

韓国の国家保安法と教会協議会の南北交流運動との政教間対立は、二つの側面を持っていた。一つは、北朝鮮側との交流それ自体における対立であり、もう一つは、北朝鮮側との合意内容における対立である。

まず、北朝鮮との民間交流と関連して、第二章第一節で見た通り、韓国の国家保安法は特に第八条において「会合・通信など」の罪と刑について次のように規定している。「①反国家団体の利益になるという事情を知って反国家団体の構成員又はその指令を受けた者と会合・通信その他の方法で連絡をした者は、一〇年以下の懲役に処する。②反国家団体の利益になるという事情を知って国外共産系列の構成員又はその指令を受けた者と会合・通信その他の方法で連絡をした者も、第一項の刑と同じである。③第一項と第二項の未遂犯は、処罰する。④第一項及び第二項の罪を犯す目的で予備又は陰謀した者は、七年以下の懲役に処する」[75]。

この国家保安法第八条の規定によると、教会協議会が朝鮮キリスト教徒連盟と行った二回のグリオン会議や、世界教会協議会および世界各国教会との連帯活動、そのなかでも特に、北朝鮮訪問後における韓国での報告会の開催は、第一項の「反国家団体の構成員又はその指令を受けた者と会合・通信その他の方法で連絡をした」犯罪行為に当たる。また、世界教会協議会を通じた旧ソ連や東欧などの共産圏教会との連帯活動は、第二項の「国外共産系列の構成員又はその指令を受けた者と会合・通信その他の方法で連絡をした」ことになり、同じく処罰対象となる。そして、より根源的に、韓国教会協議会が南北宗教交流のために行った「統一問題研究院運営委員会」の結成や「統一問題協議会」の開催は、第四項で規定された「第一項及び第二項の罪を犯す目的で予備又は陰謀した」行為となるのである。

実際に、第五共和国政府は教会協議会の南北交流運動に対して、国家保安法による処罰はしなかったものの、国家保安法を法的な根拠として執拗な妨害工作を続けた。例えば、八三年と八四年には警察や情報機関を利用して、国内で「統一問題協議会」を開催しようとした教会協議会の計画を挫折させた。また、八七年と八八年には、韓国で北朝鮮訪問の報告会を開こうとした日本教会協議会の代表や、仁川協議会に参加しようとしたソ連および東欧圏教会の代表に入国ビザの発給を拒否した。このような状況のなかで、教会協議会の代表は世界教会協議会の主催したセミナーに参加する形式で、北朝鮮側の代表と会わざるを得なかったのであり、このことも国家保安法第八条による処罰を避けるためのものであった。

また、南北交流運動をめぐる政教間対立は、第二次グリオン会議における北朝鮮側との合意内容に現れる。第二章第一節や第三章第四節で見たように、韓国国家保安法は第七条において、反国家団体に対する「賞揚・鼓舞など」の罪と刑について規定している。その主な内容は第一項と第二項として、「①反国家団体又はその構成員又はその指令を受けた者の活動を賞揚・鼓舞又はこれに同調し、又はその他の方法で反国家団体に利した者は、七年以下の懲役に処する。②国外共産系列の活動を賞揚・鼓舞又はこれに同調し、又はその他の方法で反国家団体に利した者も、第一項の刑と同じである」、と定めている。[76]

この国家保安法第七条の規定によると、第二次グリオン会議の共同宣言の内容は反国家団体の活動を「賞揚・鼓舞又はこれに同調し」、「反国家団体を利した」犯罪行為となる。つまり、共同宣言の第二項における「現在の両体制の存続が保証される平和共存の原則から、統一国家を建設する」という連邦制統一案に関する合意事項や、第六項における平和協定の締結と不可侵宣言の採択、そして、その前提での「韓国に駐留している米軍をはじめとする全ての外国勢力」の撤収を要求する内容は、北朝鮮側の主張を受け入れたものであり[77]、この点で、国家保安法第七条の規定と真正面から対立するのである。

このような教会協議会の南北交流運動をめぐる政教間対立について、それが当時の韓国社会に対してどのような影響を及ぼしたのかを具体的に指摘することはきわめて難しい。しかしながら、少なくとも次の二つの社会的・政治的意味を持つものと評価することができよう。

まず一つは、政府の統制のもとで、南北朝鮮の民間交流が全く存在しなかった状況において、南北民間交流の方法や実現可能性を韓国社会に示したことである。つまり、世界教会協議会という国際機関を媒介とした交流の推進、海外での国際セミナーへの共同参加という会合の形式、そして、意見の調整を通じた南北共同事業の決定などの過程は、北朝鮮との自律的な交流を希望する韓国社会の様々な宗教および民間分野に南北交流のモデルを提供した[78]。こうして、国家権力と対立しつつ、先駆的に南北民間交流の突破口を提供したところに、教会協議会が行った南北交流運動の意味があるといえよう。

また、もう一つの意味としては、自律的な民間交流の特殊性および重要性を韓国社会に示したことを挙げることができる。第二章の第一節や本章の第一節で述べた通り、八〇年代に南北朝鮮の政府は、八四年と八五年に政府間の対話および政府主導の文化・離散家族交流を行った。しかし、政府間の対話が軍事的・政治的な理由によって中断されることになり、それとともに、文化・離散家族交流もただ一回で終わってしまった。こうした独占的な政府主導の統一論および南北交流の限界に対して、南北プロテスタントの独自の交流は、政治的な状況や利害関係にとらわれることなく、持続され、また双方の信頼を醸成するという意味において発展していった。この点で、教会協議会の南北交流運動は自律的な民間交流を法的に保障する必要性を韓国社会に示したと評価することができよう。

(1) 南北朝鮮の交流における「社会文化的分野」の内容について、韓国政府は、教育・学術、宗教、文化・芸術、体育、言論・出版、観光、科学・環境という分野を含むものとして使用している。조한범『남북의 사회문화교류・협력의 평가와 과제』、서울：통일연구원（チョ・ハンボム『南北の社会文化交流・協力の評価と発展方向』、統一研究院、一九九九年）、一－二頁を参照。

(2) 『한국교회평화통일운동자료집』『韓国教会平和統一運動資料集一九八〇――二〇〇〇』、一〇七頁。

(3) 同上書、一〇六頁。

(4) 北朝鮮政府は五七年と五八年に言論人と体育人の交流を、六五年と六六年には芸術と科学分野の交流を提案した。조한범（チョ・ハンボム）、同上書、八頁を参照。

(5) 「七・四南北共同声明」や「南北調節委員会の構成および運営に関する合意書」の全体内容については、国土統一院『南北対話白書』、六二－六四頁および、양영식『통일정책론――이승만정부에서 김영삼정부까지――』（ヤン・ヨンシック『統一政策論――李承晩政府から金泳三政府まで――』）、一六九－一七一頁を参照。

(6) 第五共和国期間中における南北朝鮮政府間の会談の内容および中断過程については、第二章の第一節を参照されたい。

(7) Cf. Korea Ministry of Culture and Sports, *Religious Culture in Korea*, p.10.

(8) 北朝鮮の宗教状況については、本書の附論Iを参照されたい。

(9) 北朝鮮当局は「反宗教宣伝の自由」の意味について、「宗教が非科学的な反動教理であるということを自由に解説し、宣伝することのできる公民の基本原理」であると説明する。법제처편저『북한법제개요』、서울：한국법제연구원（法制処編著『北韓法制概要』、韓国法制研究院、一九九二年）、一三〇－一三一頁。류성민『북한종교연구I』、서울：현대사회연구소（リュ・ソンミン『北韓宗教研究I』、現代社会研究所、一九九二年）を参照。

　また、北朝鮮は九二年四月に改正された憲法においては、「反宗教宣伝の自由」規定を削除し、その代わりに「公民は信仰の自由を有する。この権利は宗教建築物を建てたり、宗教儀式を許容することで保障される。何人も、宗教を外部勢力を引き入れたり、国家社会秩序を害することに利用することはできない」と規定している。大内憲昭

『法律からみた北朝鮮の社会』、二三六頁。こうした憲法改正の背景や意味については、本書の附論Iを参照されたい。

(10) 分断から九〇年代にいたるまで、北朝鮮の宗教政策の展開については、本書の附論Iを参照されたい。

(11) 「朝鮮キリスト教徒連盟」は四六年一一月に、「朝鮮仏教徒連盟」は四五年一二月に、「天道教宗務院」は四七年一二月に結成された。四五年から四七年までの各宗教団体の結成過程や綱領などについては、강인철「현대북한 종교사의 재인식」(ガン・インチョル「現代北韓宗教史の再認識」)、一五五－一六七頁が詳しく分析している。民族宗教である天道教は七四年一二月に「天道教中央指導委員会」を発足させ、対外活動を展開する。カトリックの場合は、八八年六月に「朝鮮天主教人協会」が結成される。

(12) 例えば、七二年九月に平壌で開かれた南北赤十字社の会談で、北朝鮮の朝鮮キリスト教徒連盟の강양욱(ガン・ヤンウック)牧師が南北キリスト教の交流について言及したが、公式的な提案ではなかったと言う。『크리스찬신문』(『クリスチャン新聞』)、一九七二年九月九日。김흥수외 공저『북한종교의 새로운 이해』(キム・フンス他共著『北韓宗教の新しい理解』)、二三一－二三二頁を参照。

(13) 教会協議会を中心とした韓国キリスト教の民主化運動の経過については、韓国問題キリスト者緊急会議編『韓国民主化闘争資料集一九七三―一九七六』を参照されたい。

(14) 七〇年代における北朝鮮宗教団体の対外活動の内容については、강인철(ガン・インチョル)、同上書、一九八－二〇八頁、김흥수외 공저(ム・フンス外共著)、同上書、二三三－二四五頁、류성민『남북한 사회・문화교류에 관한 연구――종교교류를 중심으로――』(リュ・ソンミン『南北韓社会・文化交流に関する研究――宗教交流を中心に――』)、二一一－二一五頁などを参照した。

(15) 世界教会協議会はWCCと略称し、四八年にアムステルダムで四四ヵ国から一四七教会の代表者が集まって結成した。ジュネーブに本部を置き、六年ごとに総会を開く。『世界宗教大事典』(平凡社、一九九一年)、一一〇〇頁、『日本キリスト教歴史大事典』(教文館、一九八八年)、七七八－七七九頁を参照。

(16) 七四年七月の北朝鮮書簡については、世界教会協議会への朝鮮キリスト教徒連盟の加入申請書であるといわれてきたが、最近の分析では、単に朝鮮キリスト教徒連盟が世界教会協議会に韓国の政治状況を知らせ、民主化運動への支持を要請したものと指摘されている。この点を含めて、七〇年代における世界協会協議会と朝鮮キリスト教徒連盟との関係については、김흥수외 공저『북한종교의 새로운 이해』(キム・フンス他共著『北韓宗教の新しい理解』)、二三四－二四二頁を参照されたい。

(17)「世界キリスト者平和会議」はＷＣＰＣと略称し、「プラハ会議」、または「全キリスト者平和会議」とも呼ぶ。六一年六月にチェコスロバキアのプラハで世界各国のプロテスタントや東欧圏の正教会を含む平和運動団体として結成された。七〇年前後からは親ソ連的な性格を強めている。『日本キリスト教歴史大事典』、一二三四頁を参照。

(18)朝鮮仏教徒連盟は、日本当局による入国ビザ発給の拒否で第四次アジア仏教徒平和会議に参加することができなかったが、在日本朝鮮人仏教徒連盟の代表を参加させ、正式に会員として加入した。신법타『북한불교연구』、서울：민족사（シン・ボッブタ『北韓仏教研究』、民族社、二〇〇〇年）、一五九頁を参照。

(19)プロテスタントや仏教に比べ、天道教の国際連帯活動は知られていない。これは天道教が民族宗教であることに起因するものである。

(20)七〇年から二〇〇一年まで、『労働新聞』に掲載された宗教関連記事の目録については、김흥수외 공저『북한종교의 새로운 이해』（キム・フンス他共著『北韓宗教の新しい理解』）、三三五－四一九頁が年度別に整理している。

(21)七〇年代と八〇年代における北朝鮮の宗教観の変化については、本書の附論Ⅰを参照されたい。

(22)北朝鮮宗教団体の韓国関連声明に対して、七〇年代に一部の韓国宗教団体は反駁声明を出している。例えば、七四年二月に「大韓イエス教協議会」は朝鮮キリスト教徒連盟の声明を逆に非難する声明を出している。七〇年代の北朝鮮政治や宗教団体活動に対する韓国宗教界の非難声明については、류성민『남북한 사회・문화교류에 관한 연구――종교교류를 중심으로――』（リュ・ソンミン『南北韓社会・文化交流に関する研究――宗教交流を中心に――』）、二四頁を参照されたい。七〇年代に韓国宗教界は北朝鮮の宗教団体を純粋な宗教団体として認めていなかった。

(23)南北宗教交流に対する検討の時期と関連して、第五共和国期は八八年二月までであるが、本書は八八年の末までを検討の対象とした。その理由は、特にプロテスタントの場合、八八年における南北交流がそれ以前の活動の延長、または結果として行われているからである。詳しい経緯に関しては、本章の第三節を参照されたい。

(24)一九四五年から二〇〇〇年にいたるまで、韓国仏教の統一運動の歴史については、조병활「불교통일운동의 현단계」（チョ・ビョンファル「仏教統一運動の現段階」）、二二二－二四九頁を参照されたい。

(25)韓国仏教の代表的な教団の連合体である「韓国仏教宗団協議会」に統一関連の「南北仏教交流推進委員会」が設けられるのは、八八年一一月である。조병활（チョ・ビョンファル）、同上論文、二四一頁。

(26)김흥수외 공저『북한종교의 새로운 이해』（キム・フンス他共著『北韓宗教の新しい理解』）、三五五－三八二頁を参照。

(27) 七〇年代から九〇年代まで、朝鮮仏教徒連盟の対外活動については、신법타『북한불교연구』（シン・ボップタ『北韓仏教研究』）、一五八―一六二頁、または、김흥수외 공저（キム・フンス他共著）、同上書、三三五―四一九頁における『労働新聞』の宗教関連記事目録を参照されたい。

(28) 世界仏教徒友誼会はWFBと略称し、「世界仏教会」または「世界仏教協会」とも呼ぶ。五〇年にスリランカで、仏教精神に基づく世界平和の樹立などを目的で結成され、二年ごとに世界各国で会議を開催している。『仏教大事典』（小学館、一九八八年）、五五五頁。

(29) 南北朝鮮の仏教が始めて公式に会合したのは、九一年一〇月である。韓国曹渓宗の総務院長と朝鮮仏教徒連盟の委員長がアメリカのロサンゼルスに所在する寺で会い、南北仏教交流について話し合った。

(30) 八〇年代から九〇年代末まで、韓国カトリック教会の南北朝鮮統一運動の歴史については、변진흥「한국교회의 민족화해운동」（ビョン・ジンフン「韓国教会の民族和解運動」）が詳しく整理している。

(31) 김흥수외 공저『북한종교의 새로운 이해』（キム・フンス他共著『北韓宗教の新しい理解』）、二六〇頁。

(32) この会合に参加した南北朝鮮代表の名前や職位については、변진흥（ビョン・ジンフン）、同上書、九八三―九八四頁を参照されたい。

(33) 最初に会合が成立する過程については、김흥수외 공저『북한종교의 새로운 이해』（キム・フンス他共著『北韓宗教の新しい理解』）、二四七頁を参照。

(34) 北朝鮮側からは、朝鮮キリスト教徒連盟の代表以外に、「祖国平和統一委員会」などの政府機関の高位官僚も参加している。この会合の参加者については、류성민『남북한 사회・문화교류에 관한 연구――종교교류를 중심으로――』（リュ・ソンミン『南北韓社会・文化交流に関する研究――宗教交流を中心に――』）、四三頁および、한국기독교역사연구소북한교회사집필위원회『북한교회사』、서울：한국기독교역사연구소（韓国キリスト教歴史研究所北韓教会史執筆委員会『北韓教会史』、韓国キリスト教歴史研究所、一九九六年）、四五二頁、五〇一頁を参照されたい。

(35) この会合は九〇年二月にフィンランドのヘルシンキで、九一年一月にドイツのフランクフルトで開かれ、合わせて六回開催された。

(36) 八一年と八二年の第一次・第二次会合で発表された声明の内容については、『韓国教会平和統一運動資料集一九八〇―二〇〇〇』、二五―二九頁を参照されたい。

(37) この会合に対しては、当時の韓国キリスト教教会協議会に属する一部の宗教者も強く反対したことが知られている。しかし、教会協議会は二〇〇〇年に編纂した『韓国教会平和統一運動資料集一九八〇―二〇〇〇』に第一次と第二次会合の声明文を載せ、教会協議会の統一運動の一部として受け入れている。

(38) 강인철「현대북한종교사의 재인식」(ガン・インチョル「現代北韓宗教史の再認識」)、二〇三頁、김흥수외 공저(キム・フンス他共著)、同上書、二四九―二五〇頁、한국기독교역사연구소 북한교회사집필위원회(韓国キリスト教歴史研究所北韓教会史執筆委員会)、同上書、四五一―四五二頁を参照。

(39) 김흥수외 공저(キム・フンス他共著)、同上書、三五五―三八二頁の『労働新聞』における宗教関連記事目録を参照。

(40) 八〇年代における朝鮮キリスト教徒連盟と世界教会協議会との交流の過程については、김흥수외 공저(キム・フンス他共著)、同上書、二五二―二五八頁が詳しく記述している。

(41) 世界教会協議会が朝鮮キリスト教徒連盟を公式に招請したことは、同連盟を宗教団体として認めたことを意味する。

(42) 東山荘協議会の建議案の全文は、『韓国教会平和統一運動資料集一九八〇―二〇〇〇』、三六―四四頁を参照。

(43) 第四次韓・独教会協議会の共同宣言の全文は、同上書、二四頁を参照。

(44) 第五共和国政府の妨害工作の内容については、同上書、三〇頁、または本書の第一章第二節の注63を参照されたい。

(45) 同上書、三四頁。

(46) 韓国教会協議会の統一運動について、アメリカ教会が全的に支持したのに対して、ドイツ教会は韓国側との立場の違いを表明している。つまり、韓国側が「真の平和も分断が克服される時に考えられる」という立場であるのに対して、ドイツ側はドイツの統一問題は「ヨーロッパの平和秩序が成り立つ結果と範囲のなかでのみ考えられる」という見解を述べている。同上書、三五―三六頁を参照されたい。

(47) 박종화「해설:한반도 통일을 위한 남북교회의 실천」(パク・ジョンファ「解説:韓半島統一のための南北教会の実践」)、二―三頁を参照。また、韓国側の主体的な努力は、主に世界教会協議会のアジア担当局長であった박경서(パク・キョンソ)を通じて、有効に世界教会協議会の執行部に伝達された。この点は、二〇〇〇年一一月にソウルで行われたパク氏とのインタビューのなかで確認することができた。

(48)『韓国教会平和統一運動資料集一九八〇―二〇〇〇』、四一頁。

(49) 박종화「민족통일을 위한 남북한 교회의 협력:가능성과 한계성」『신학사상』、서울(パク・ジョンファ「民

族統一のための南北韓教会の協力：可能性と限界性」『神学思想』第六一号、一九八八年）、四四五－四四六頁を参照。

(50) ＷＣＣとアメリカ教会協議会の第一次北朝鮮訪問報告、日本教会協議会の北朝鮮訪問報告書の全文は、『韓国教会統一問題主要資料集（一九八四・一〇—一九八七・五）』、一八－二一頁、二四－三〇頁、八二－九三頁と、『韓国教会平和統一運動資料集一九八〇—二〇〇〇』、五二頁、九四－九五頁に韓国語で翻訳されている。本書はこれらの資料を参照した。

(51)「アメリカ教会協議会の南北韓訪問報告」『韓国教会統一問題主要資料集（一九八四・一〇—一九八七・五）』、二六－二七頁を参照。

(52) 隅谷三喜男「北朝鮮を訪問して」、同上書、八二－八三頁。

(53) ＷＣＣ国際部「ＷＣＣ北韓訪問報告」『韓国教会平和統一運動資料集一九八〇—二〇〇〇』、五二頁。

(54) 前島宗甫「北朝鮮のクリスチャン・教会」『韓国教会統一問題主要資料集（一九八四・一〇—一九八七・五）』、八七頁。

(55) 박종화「민족통일을 위한 남북한 교회의 협력：가능성과 한계성」（パク・ジョンファ「民族統一のための南北韓教会の協力：可能性と限界性」）、四四五頁を参照。

(56)「東山荘協議会の報告と建議案」『韓国教会平和統一運動資料集一九八〇—二〇〇〇』、四二頁。

(57) 仁川協議会への参加国や参加者の名簿については、Cf. National Council of Churches in Korea, *Report of the International Christian Consultation on Justice and Peace in Korea, April25-29, 1988* (seoul. 1989), pp.148-160. この大会には東欧圏の教会も招請されたが、韓国政府がビザを発給しなかったが故に、参加することができなかった。この点について、仁川協議会は宣言文を通して公式に抗議している。「世界キリスト教韓半島平和協議会メッセージ」『韓国教会平和統一運動資料集一九八〇—二〇〇〇』、一一〇頁を参照されたい。

(58) 同上書、一二三－一二四頁。

(59) 世界教会協議会中央委員会の報告書の内容については、同上書、一四二－一四三頁を参照されたい。

(60) 韓国と北朝鮮の参加者については、류성민『남북한 사회・문화교류에 관한 연구——종교교류를 중심으로——』（リュ・ソンミン『南北韓社会・文化交流に関する研究——宗教交流を中心に——』）、四四頁、한국기독교역사연구소 북한교회사집필위원회『북한교회사』（韓国キリスト教歴史研究所北韓教会史執筆委員会『北韓教会史』）、五〇七頁を参照されたい。

(61) Cf. Park Kyung Seo, *Reconciliation, Reunification : The Ecumenical Approach to Korean Peninsula Based on historical documents* (Hong Kong, Clear Cut Publishing & Printing Co., 1998), p.63.

(62) セミナーにおける南北朝鮮の発表内容については、エリヒ・バインガルトナ「南北教会相逢記——第一次グリオン会議参観記——」『韓国教会平和統一運動資料集一九八〇—二〇〇〇』、六三頁を参照した。この参観記は、世界教会協議会の機関誌である『One World』の八六年一一月号に掲載されたものを後に韓国語に翻訳したものである。韓国教会協議会は、韓国政府との関係を考慮して、第一次グリオン会議に関していかなる報告書をも作成しなかった。

(63) Cf. Park Kyung Seo, *Reconciliation, Reunification : The Ecumenical Approach to Korean Peninsula Based on historical documents*, p.62.

(64) エリヒ・バインガルトナ「南北教会相逢記——第一次グリオン会議参観記——」、六四頁。

(65) 前島宗甫「北朝鮮のクリスチャン・教会」、八七頁。

(66) 韓国側と北朝鮮側の参加者の名前と職位については、류성민『남북한 사회문화교류에 관한 연구——종교교류를 중심으로——』(リュ・ソンミン『南北韓社会・文化交流に関する研究——宗教交流を中心に——』)、四五頁、한국기독교역사연구소북한교회사집필위원회『북한교회사』(韓国キリスト教歴史研究所北韓教会史執筆委員会『北韓教会史』)、五〇七頁を参照されたい。

(67) 박종화「해설：한반도 통일을 위한 남북교회의 실천」(パク・ジョンファ「解説：韓半島統一のための南北教会の実践」)、四頁を参照。

(68) セミナーにおける南北朝鮮代表の発表内容については、韓国問題キリスト者緊急会議・NCCアジア資料センター編『朝鮮半島の平和と統一をもとめて』、二八‐三〇頁、강문규「남북교회상봉기——제2차글리온회의 참관기——」『남북교회의 만남과 평화통일신학』(カン・ムンギュ「南北教会相逢記——第二次グリオン会議参観記——」『南北教会の出会いと平和統一神学』)、四〇‐四一頁を参照されたい。

(69) 강문규「남북교회상봉기——제2차글리온회의 참관기——」(カン・ムンギュ「南北教会相逢記——第二次グリオン会議参観記——」、同上書、四三頁。

(70) 共同宣言の作成において宣言文の名称や用語などをめぐる様々な意見の対立や調整過程については、통일신학동지회엮음『통일과 민족교회의 신학』、서울：한울(統一神学同志会編『統一と民族教会の神学』、ハンウル、一九九〇年)に掲載された「グリオン会議報告および北韓訪問報告」が詳しく説明している。

（71）「統一のヨベルの年」とは、旧約聖書のレビ記の二五章に示された「ヨベルの年」の精神に基づいて、分断五〇年目になる一九九五年に、分断構造の束縛から解放されることを意味する。このことを神学的に詳しく論じたものとしては、한국기독교교회협의회『희년신학연구』、서울（韓国キリスト教教会協議会『ヨベルの年の神学研究』、ソウル、一九九七年）を参照されたい。

（72）「韓半島の平和と統一のためのグリオン宣言」『韓国教会平和統一運動資料集一九八〇―二〇〇〇』、一四八‐一四九頁。共同宣言の英訳については、Cf. Park Kyung Seo, *Reconciliation, Reunification : The Ecumenical Approach to Korean Peninsula Based on historical documents*, pp.75-78.

（73）류성민『남북한 사회문화교류에 관한 연구――종교교류를 중심으로――』（リュ・ソンミン『南北韓　社会・文化交流に関する研究――宗教交流を中心に――』）、四六‐四七頁を参照。

（74）第三次グリオン会議においては、南北共同の礼拝儀式や賛美歌を採択し、南北共同の連帯事業を展開することに合意した。この他の共同事業の内容については、『韓国教会平和統一運動資料集一九八〇―二〇〇〇』、一八八‐一八九頁を参照されたい。

（75）『대법전』（『大法典』）、一九二〇頁。

（76）国家保安法第七条の全文の内容については、本書の第二章第一節を参照。

（77）八八年まで韓国国家の南北朝鮮統一案は「民族和合民主統一方案」であった。この案には、在韓米軍の撤退はもちろん、平和協定の締結や不可侵宣言の採択も考慮されていなかった。このことについては、本書の第二章第一節を参照されたい。

（78）例えば、九〇年代に入り、韓国仏教やカトリックも北朝鮮側と独自的な交流を試みることになるが、教会協議会の経験をふまえて、国際団体との連帯を通じて、まず海外で出会っている。

第五章　結論

1．韓国プロテスタントの政治的役割

本書は、南北朝鮮の「平和統一」が朝鮮半島および東北アジアの安全と均衡ある発展に必要不可欠であるという前提から、南北関係をめぐる韓国の政治において、韓国の宗教が果たした変革的・紛争調整者的な役割の一面を明らかにしようというものであった。このために、研究の対象となる宗教および時期を韓国プロテスタントの教会協議会と第五共和国期に限定した。そして、北朝鮮及び統一過程の主体に対する認識という二つの根本的な問題に焦点を当てて、この時期に教会協議会と国家がどう対立し、その政教間対立が韓国の市民社会及び国家の認識変化にどのような意味を持つものであったかを考察してきた。以下においては、以上の内容を要約し、結論的に教会協議会の平和統一運動が具体的に国家の対北朝鮮政策の変化とどのような関係にあったのかを指摘することにしたい。まず、本論の内容を要約すると、次のようになる。

八〇年代に入り、韓国の教会協議会は北朝鮮及び統一主体に関する既存の認識を根本的に変え、平和統一運動を展開し、国家と対立した。北朝鮮に対して、第五共和国政府は韓国憲法の領土条項および国家保安法においては実際に「反国家団体」として規定しつつ、他方、統一政策においては「事実上の国家」として捉えていた。こ

れに対して、教会協議会は北朝鮮を何よりも「民族共同体」として認識することを主張した。さらに、教会協議会はこのような認識に基づいて「北韓を正しく知る運動」を展開し、その一環として民衆神学と主体思想との対話を行っていた。ここでは、主体思想における首領中心の指導原則を異質的な部分として批判しつつも、民族自主および民衆主体の原則を同質的な部分として評価し、さらに両思想における相互補完の可能性を積極的に浮き彫りにしている。このような主体思想に対する理解の仕方は、特に第五共和国政府の「反国家団体」としての北朝鮮認識と真正面から対立した。このような政教間の対立を通じて、教会協議会の「民族共同体」としての北朝鮮認識は、民族同質性の回復による信頼醸成運動に知的・道徳的な根拠を提供し、韓国市民社会及び国家に根付いていた冷戦的な北朝鮮認識に対して、自己反省のきっかけを与えるものであった。

また、統一過程の主体を設定する問題においても、第五共和国政府は、統一政策においては南北朝鮮の両政府を共同主体として設定しつつ、他方、韓国憲法の領土条項および国家保安法においては韓国の政府だけを単独主体として規定していた。このような二つの立場は、いずれも統一過程における南北の民間の参加を排除するものであり、実際に第五共和国政府は南北民間のすべての交流を「反国家活動」として禁止した。これに対して、教会協議会は南北朝鮮と世界の民衆を統一過程の主体と設定し、この民衆主体論に基づいて、世界教会協議会との緊密な国際連帯のなかで南北の宗教交流運動を展開した。この宗教交流運動は、第五共和国政府の執拗な妨害工作のなかで行われた。また、南北プロテスタント間における交流と合意の内容は、特に第五共和国政府の排他的な単独主体論と真正面から対立した。このような政教間対立を通じて、教会協議会の南北交流運動は、韓国市民社会に自律的な民間交流の方法および実現可能性を先駆的に示し、さらに韓国国家に民間交流の重要性に対する認識の転換を要求するものであった。

実際に、韓国国家の北朝鮮及び統一主体に対する認識は、第六共和国期の盧泰愚政権（一九八八―九三年）に入って、質的に大きく変化した。まず、北朝鮮に対して、何よりも「民族共同体」の一部として認識することを強調することになる。つまり、八八年七月に第六共和国政府の盧大統領は、「民族自尊と統一繁栄のための特別宣言」（以下、「七・七宣言」と略称する）を発表し、一つの民族共同体という認識に基づいて南北朝鮮の関係を発展させていくことを宣言した。[1]そして、この認識転換の根拠について、実際の統一政策を推進するにおいて、現実的な権力政治や単なる平和共存の論理を超えて、「一つの民族共同体の中で、南北に二つの体制があるという事実を前提に北韓の現実的存在を認め、相互和解と協力の増進を通して民族統合を志向していくもの」と解釈している。[2]

盧泰愚政権は七・七宣言の発表以来、民族共同体論に基づいた統一政策を展開し、その結果、南北の政府間において、九二年二月に公式に「南北間における和解と不可侵および交流協力に関する合意書」（以下、「南北基本合意書」と略称する）と「韓半島非核化共同宣言」が採択された。[3]このなかで、特に前者は、南北朝鮮の関係について歴史上最初に、国家と国家との関係でなく、「民族内部の特殊関係」として明記し、両側の共存や協力による統一過程を規定している。この点で、南北基本合意書は、実質的に南北朝鮮における「統一志向的な平和共存関係」の出発点を作り出したものとして評価されている。[4]そして、この合意書をもたらしたという点で、盧泰愚政権の七・七宣言や、この宣言を支える民族共同体としての北朝鮮認識は、韓国国家の統一政策史において画期的な意味を持つものである。

また、盧泰愚政権は、九〇年八月に「南北交流協力に関する法律」（以下、「南北交流協力法」と略称する）を制定し、南北朝鮮の様々な民間交流を法的に保障した。[5]この法律の目的は、韓国が北朝鮮との民族同質性を回復するために、両側の民間交流と協力を法的に保障し、促進するところにある。その主な内容は、南北住民の「接触」「往来」「交易」「協力事業」の手続きを規定するものである。そして、「正当であると認められる」両側の住民間の交流協力に対しては、国家保安法に優先して、この法律を適用すると規定している。

南北交流協力法は、南北の交流に対して韓国政府の「承認」を義務づけているという点で、民間の自律的な交流や統一運動を規制するという側面を持っている。しかしながら、一定の制限があるにしても、この法律が南北の様々な民間交流の必要性を認め、国家保安法に優先して適用すると規定したことは、南北の統一過程における民間分野の役割を公式に認めたことを意味する。つまり、分断の歴史においてはじめて、韓国国家が統一過程における政府と民間との共同主体の論理を法的に保障したものである。この法律が施行されてから今日にいたるまで、南北間の民間交流や共同事業は急激に増加しつつある。[6] この点で、南北交流協力法や、これを支える政府と民間との共同主体の論理は、韓国国家の統一政策史において画期的な意味を持つものである。[7]

では、このように盧泰愚政権において韓国国家が北朝鮮及び統一主体に対する認識を根本的に変え、大きく統一政策の基調を変化させた理由はどこにあるのか。これには、まず、脱冷戦という国際情勢の変化を指摘することができる。つまり、八〇年代の中盤から旧ソ連をはじめとした共産主義圏の国家が改革および開放政策を追求し、国際政治がイデオロギー的・軍事的な対決よりは経済的・地域的な協力を重視することになったことである。また、韓国が持続的な経済発展により、北朝鮮に対して経済力の絶対的な優位の自信を持つことになったことも、その理由の一つとして挙げることができる。特に、八八年にソウルで国際オリンピックを成功裡に開催したことは、北朝鮮に対する韓国政府の自信をより強化したと評価されている。さらに、八七年六月から手続き的な民主化が成し遂げられることによって、対北朝鮮政策に対する多様な討論と政策決定への参加が可能になったことも指摘することができよう。[8]

しかしながら、これらの要因は、韓国国家が積極的な平和統一政策を推進しうる必要条件ではあるが、充分条件ではないといえよう。言い換えれば、既存の敵対的な対北朝鮮政策を転換しうる構造的条件を示しているが、その条件のなかで、盧泰愚政権がなぜ、特に民族共同体としての北朝鮮認識と南北民間交流の拡大を核心的な内容とする政策を実施したのかを充分に説明していない。

この点で、対北朝鮮政策の内容の変化をもたらした理由として必ず注目すべきことが、この時期に韓国の市民社会に広範に形成された、統一問題に関する「国民的合意事項」であり、また、これらに基づいた政策決定過程である。盧政権の公式発表によると、その合意事項は、「第一に、統一は段階的に実現されるべきである。第二に、統一のためには、南北が諸分野の交流や協力を進めながら、同時に軍事的緊張状態を解消する努力をすべきである。第三に、統一を推進する過程において、南北が相互の存在を認め、同等な立場から出発すべきである。第四に、民族構成員の具体的な生の内容を盛り込んだ統一国家の未来像が提示されるべきである。第五に、統一は自主・平和・民主的原則によって行われるべきである」ということである[9]。

このような合意事項が、民族共同体としての北朝鮮認識と南北民間交流の重視を核心的な内容としていることは言うまでもないであろう。盧政権は、八七年六月以降の民主化の進展に伴って[10]、この市民社会の要求を積極的に受け入れざるを得なかったのである[11]。言い換えれば、「七・七宣言」と「南北交流協力法」の内容は、この時期に韓国市民社会に新たに形成された、北朝鮮に対する民族共同体の認識や、統一過程に対する民衆主体の論理を政策化したものである。こうした観点からみると、八〇年前後から展開された教会協議会の平和統一論および統一運動は、盧泰愚政権における統一政策の転換に重要な要因として働き、また、南北朝鮮間の政治的な紛争を平和的に調整する機能を果したといえよう。本書は、このような韓国プロテスタントの政治的役割の一面を、第五共和国期における国家との認識構造の対立に焦点を当てて、検証してきたものである。

2. 一九八八年以後の展開

最後に、盧泰愚政権から現在の盧武鉉政権が発足した二〇〇三年に至るまで、韓国国家の対北朝鮮政策と教会協議会の平和統一運動の展開について、北朝鮮認識と南北宗教交流の側面に焦点を当てて、概略を紹介することにしたい。結論的に指摘するならば、この第六共和国期の一五年間、相当の紆余曲折があったものの、民族共同体としての北朝鮮認識は、韓国国家の統一政策と社会の世論に深く根付いてきた。また、南北間の宗教交流も拡大しつづける一方、一つの制度として定着し、朝鮮半島の内部で定期的に行われるようになった。従って、この二つの問題をめぐる国家と教会協議会との政教関係も、全般的に対立から協調のそれへと発展してきたと評価することができよう。このような流れを政権ごとに見ることにしたい。

まず盧泰愚政権（一九八八―九三年）は、前述したように、民主化とともに、韓国の市民社会に幅広く形成されていた平和統一への要求を受け入れざるを得なくなり、「七・七宣言」と「南北交流協力法」を公表し、民族共同体論に基づいて南北民間交流を推進した。そしてその成果として、九一年九月に北朝鮮とともに国連に同時加盟し、九二年二月には「南北基本合意書」と「韓半島非核化共同宣言」に合意した。この点で、盧泰愚政権の対北朝鮮政策は、以前の政府のそれと比較する際、画期的な意義を持つものであり、金大中政権に入ってから本格的に展開された「包容政策」の出発点を作ったものと歴史的に位置づけることができよう[12]。

しかし一方、盧泰愚政権の対北朝鮮政策は次の二つの点において、積極的な平和統一政策としては限界を持つものであったと指摘することができる。一つは、北朝鮮を民族共同体として規定し、平和共存と共栄を強調しながらも、実際にそれに相応する政策を積極的に推進しなかったことである。こうした限界は、特に「北方政策」あるいは「北方外交」という名の下に旧ソ連及び中国と、夫々九〇年二月と九二年八月に国交を樹立しながらも、アメリカ及び日本と北朝鮮との関係改善には外交的な努力を実質的に行っていなかったことに明らかに現れる[13]。このことによって、結果的に北朝鮮は体制崩壊及び吸収統一の警戒心を強め、実際に韓国とともに「南北基本合意書」と「韓半島非核化共同宣言」の内容を履行しようとしなかったのである。もう一つは、南北民間交流を法的に保障しながらも、その政策の重点が主に北朝鮮に対する経済進出に置かれ[14]、その他の学生や労働、宗教などの分野における南北交流を国家の統制下に置こうとしたことである。そして、それを受け入れない急進的で自律的な交流の要求に対しては国家保安法によって厳しく処罰した[15]。

このような状況の中で、教会協議会は「七・七宣言」と「南北交流協力法」に対し、八〇年代の自らの平和統一運動がもたらした画期的な成果として受け止める一方、[16]北朝鮮との直接な交流をより積極的に拡大させて行った。[17]九〇年に入って、南北プロテスタントは、「在日大韓キリスト教総会」が東京で主催した「祖国の平和統一と宣教に関するキリスト者東京会議」に共に参加し、合意文を発表した。ここでは、九五年を統一のための「ヨベルの年」とした第二次グリオン会議の合意内容を再確認しながら、それに向けた意志を強調している。さらに同年一二月には、スイスのグリオンで「第三次南北朝鮮のプロテスタント会議」(通称、「第三次グリオン会議」)を開催し、九五年までに行うべき具体的な南北共同事業に合意した。ここでは、特に今後の南北交流が、海外でなく、ソウルや平壌で行われるように共に努力することを決意した。これに基づいて、九二年には教会協議会のクォン・オギョン総務が、朝鮮キリスト教連盟の招請と韓国政府の許可を得て、歴史上初めて、公式に北朝鮮を訪問した。しかしながら、同年二月に予定されていた朝鮮キリスト教徒連盟の代表団のソウル訪問は、韓国政府が許可しなかったために実現されることができなかった。これに対し、教会協議会は自律的な民間交流の完全な保障を要求する声明を発表し、政府の統制に抗議した。また、教会協議会は政府と与党に対し、「南北基本合意書」と「韓半島非核化共同宣言」を韓国の国会で批准し、誠実に実行することを要求する運動を展開した。[18]このように、盧泰愚政権の時期において、北朝鮮認識や南北民間交流に対する画期的な政策の転換が行われたものの、その実行をめぐって政教間の対立は依然として続いた。

金泳三政権(一九九三—九八年)は発足の初期において、「七・七宣言」の民族共同体論を受け継ぎ、「民族優先」の対北朝鮮政策を推進することを明らかにした。[19]そしてこうした北朝鮮認識に基づいて、九四年六月に南北首脳会談の開催に合意し、八月には「韓民族共同体建設のための三段階統一案」を発表した。その主な内容は、「和解と協力」・「南北連合」・「統一国家」の三段階を経て、北朝鮮と平和統一を成し遂げるということであった。この中では、統一の主体をあくまでも全体の民族構成員と規定し、和解と協力のための南北民間交流の重要性を強調した。

しかしながら、金泳三政権はその政策を一貫して推進しようとしなかった。むしろ、九三年三月に北朝鮮が核査察問題でNPT（核拡散禁止条約）から脱退を宣言して以来、強硬な対決政策へと旋回し、力の優位によって問題を解決しようとした。そして、九四年六月にカーター元米大統領が訪朝し、核危機が回避された時に、南北首脳会談に合意したが、同年七月に金日成が死亡した後には、その葬式への弔問等の問題をめぐって再び強硬政策を取った。[20] 以後、同年一〇月にジュネーブで米朝が包括的枠組みに合意し、双方の緊張が急激に緩和して行く中で、北朝鮮に対し、九五年から米の支援、KEDO（朝鮮半島エネルギー開発機構）を通じた軽水炉建設の支援などを行ったが、南北関係は政権の末期まで、相互不信と敵対感情の中で根本的に改善されることができなかった。[21] また、南北の民間交流に対しても、盧泰愚政権と同様、国家の統制下で行い、急進的な民間統一運動の自律的な交流の要求に対しては許可しなかった。[22] そして南北関係が悪化した時には、政治的な状況を理由にその統制をより強化した。

このような状況の中で、この時期において教会協議会の運動は概ね次の三つの方向で展開された。第一に、北朝鮮の核査察問題、金日成の死亡などによってもたらされた危機的状況に対して、集会や声明の発表などを通じて、対話による平和的な解決を促した。ここでは、その根本的な解決の方法として、南北朝鮮がともに「南北基本合意書」と「韓半島非核化共同宣言」の内容を誠実に履行すること、既存の停戦協定を平和協定に切り替えること、米朝が国交を正常化することなどを要求しつづけ、これらに対する世論の形成に努力した。

第二に、九五年を平和統一の「ヨベルの年」にするために、北朝鮮との宗教交流を持続的に拡大した。その一環として、九三年八月には新たに「南北の人間帯を結ぶ運動」を展開した。[23] これは、一般大衆が参加できる新しい運動の形態として高く評価されたが、九四年には政府が許可せず、開かれなかった。また、九五年三月には南北のプロテスタントが「韓半島／朝鮮半島の平和と統一のための第四次キリスト教国際協議会」（通称、「第四次グリオン会議」）を京都で開催し、同年八月一五日に「ヨベルの年」を記念するために合同礼拝を板門店で行うことに合意したが、政府の承認拒否で実現できなかった。[24] しかし九七年九月には教会協議会の代表団が政府の許可を得て北朝鮮を公式に訪問し、以後、毎年定期的に平壌で会合を開くことになった。

第三に、九五年と九七年にそれぞれ「北韓水害復旧支援本部」と「北韓同胞後援連合会」を創立し、「北韓の同胞を助ける運動」を展開した。この運動は、北朝鮮のキリスト教連盟が深刻な水害事実を明らかにし、食糧などの支援を公式に要請することによって本格的に行われ、プロテスタントだけでなく、幅広く国民の関心と参加を導き出した。また政府に対しても、積極的に北朝鮮への人道的な食糧支援を行うことを要求した。以上のように、教会協議会は、金泳三政権の一貫性を欠いた対北朝鮮強硬政策、及び民間交流の統制と対立しながら、平和統一運動を展開した。[25] この点で、この時期においても、北朝鮮認識や南北民間交流をめぐる政教間の対立は続いたといえよう。

金大中政権（一九九八—〇三年）は発足以来、「太陽政策」と呼ばれる対北朝鮮包容政策を本格的に推進した。[26] その政策の方針は、大統領が就任演説で強調した「対北政策三原則」に示されている。それは、第一に、朝鮮半島の平和を破壊する一切の武力挑発を許さない、第二に、一方的に北朝鮮の吸収統一を志向しない、第三に、南北間の和解・協力を積極的に推進する、ということである。[27] これらの原則が、盧泰愚政権以来の平和統一政策、つまり北朝鮮を民族共同体として認識し、多様な交流を深めることによって、漸進的で段階的に統一を達成しようとするそれを継承していることは明らかである。

しかしながら、金大中政権の対北朝鮮政策は次の二つの点において、それ以前と大きく異なった。一つは、「吸収統一」という目標を排除することを公式に宣言したことである。北朝鮮は以前の政権の平和交流論に対し、それが北朝鮮体制の内部変化を誘導し、究極的にはドイツのように吸収統一をしようとするものではないかという脅威感を強めていた。これに対し、金大中政権は吸収統一の排除を公に明言し、さらに南北関係の改善のためには、東北アジアの冷戦体制の解体が必要であるという認識の下に、北朝鮮と日米との関係改善を積極的に支援した。こうした政策によって、不利な立場に立っていた北朝鮮が体制崩壊の警戒心を和らげ、韓国との交流に応じるようにしたのである。[28]二つは、政経分離の原則を一貫して持続したことである。以前の政権も和解・協力を強調したが、政治や軍事面において問題が発生すると、経済を初めとした民間部門の交流、食糧の支援や離散家族の再会などの人道的な交流を中断し、双方の不信感は増加した。これに対し、金大中政権は一貫して経済交流を行う一方、九九年二月からは対北朝鮮支援の窓口を多元化する措置を取り、政治や軍事面の対立に関わりなく、南北の民間交流が多様に発展されるようにした。

こうした金大中政権の対北朝鮮政策により、〇〇年六月に分断されて五五年ぶりに、歴史上初めて、南北首脳会談が開催され「六・一五南北共同声明」が採択された。以後、南北関係は画期的に変化し、政府と民間のレベルで活発な交流が行われた。[29]まず政府レベルでは、〇三年一月まで、経済・軍事分野などで総計七二回の会談が行われ、南北間の鉄道や道路の連結や「開城公団」の開発など、様々な協力事業を推進することに合意した。また民間レベルでは、経済交流で〇二年末までの五年間、南北間の交易額が二〇億ドルを超えた。人的交流においては、金剛山を観光した約五〇万人を除いて、三七五七二人の韓国人が北朝鮮を訪問し、それ以前の九年間の訪問客の二八倍に達しているし、北朝鮮からも二五八六人が韓国を訪問した。さらに交流の分野も文化・芸術・放送・宗教などに拡大され、交流の場所も外国でなく、ソウル・平壌・金剛山など、朝鮮半島の内部で行われるようになった。そして、こうした南北間の交流・協力は、盧武鉉政権（二〇〇三年―）が「平和・繁栄政策」という名の下で金大中政権の「太陽政策」を継承することによって、現在まで続いている。[30]

このような状況の中で、教会協議会は政府の一貫した包容政策を歓迎しながら、既存の運動をより安定的、積極的に展開した。まず、北朝鮮との交流の頻度を増やし、毎年三―四回以上、ソウルと平壌、あるいは北京などの海外で会合を開いた。特に南北首脳会談が行われた翌年からは、南北プロテスタントがともに、毎年六月一五日と八月一五日に定期的に「民族統一大会」に参加することになった[31]。この一連の交流の中で注目すべきことは、〇二年八月と〇三年三月に朝鮮キリスト教徒連盟の代表団が、韓国政府の許可を得て、ソウルを公式に訪問したことである。このことは、南北の宗教交流が政教間の協調の中で行われていることを示す。これらの会合では、主に合同礼拝などの宗教的な事案とともに、「南北基本合意書」及び南北共同宣言の実践、北朝鮮の住民に対する人道的な食糧支援などが討議され、その合意事項が発表された。また、教会協議会は「北韓の同胞を助ける運動」をより幅広く展開し、単に食糧だけでなく、医薬品や農業用の機械、肥料、おもちゃなどへと支援品目を広げた[32]。これらの支援物資は、北朝鮮に対する支援の窓口を多元化するという政府の方針の下で、北朝鮮で教会協議会の代表団によって直接朝鮮キリスト教徒連盟に伝達された。このような支援活動のあり方も、この時期において南北間の宗教交流が、政府の包容政策とともに行われるようになったことを示すものである。

以上、見てきたように、一九八八年の盧泰愚政権の発足以来、韓国の歴代政府は北朝鮮を平和統一のための民族共同体として規定し、南北民間交流を法的に保障した。しかし、盧泰愚政権と金泳三政権の時期において、その完全な実行をめぐって教会協議会との間で政教間対立が続いた。こうした対立は、金大中政権に入って本格的に対北朝鮮包容政策が推進されることによって、政教間協調の関係へと変わった。この延長上で、今日において教会協議会の運動は国家の支援の中で展開されるようになった。この点で、南北朝鮮の平和統一をめぐる韓国の国家と教会協議会の関係は発展してきたと評価することができる。しかし一方、こうした状況は教会協議会の平和統一運動に対して、協力とともに、どのように現実の国家権力と緊張関係を保ちつつ、それに批判的に発言できる独自の領域を構築するのかを、今後の課題として提示しているといえよう[33]。

（1）七・七宣言は、北朝鮮との民族共同体の関係を発展させるために、次の六つの政策を推進していくことを宣言した。「第一に、政治家、経済人、言論人、宗教者、文化人、芸術家、体育人、学者および学生などの、南北同胞間の相互交流を積極的に推進し、海外同胞が自由に南北を往来できるよう門戸を開放する。第二に、南北赤十字会談が妥結する以前であっても、人道主義的見地から可能な限りのすべての方法により、離散家族の間における生死・住所の確認、書信の往来、相互訪問などが実現されるよう積極的に周旋し、支援する。第三に、南北間における交易の門戸を開放し、南北間の交易を民族内部の交易と見倣す。第四に、南と北におけるすべての同胞の暮らしの質が向上させられるよう、民族経済の均衡ある発展が成就されることを希望し、非軍事的物資について、わが友邦諸国が北韓と交易をすることに反対しない。第五に、南北間における消耗的競争・対決外交を終結し、北韓が国際社会に発展的寄与をなしうるよう協力し、また南北代表が国際舞台において自由に会い、民族の共同利益のために互いに協力することを希望する。第六に、韓半島の平和を定着させる与件を造成するために、北韓がアメリカ・日本などのわが友邦との関係を改善することについて協調する用意があり、またわれわれは、ソ連・中国をはじめとした社会主義諸国との関係改善を追求する」。また、七・七宣言を実行するための後続措置として、北朝鮮に対する非難放送の中止、北朝鮮および共産圏国家に関する資料の開放、北朝鮮に対する経済開放措置などを一方的に行っている。통일원『통일백서』（統一院『統一白書』、一九九〇年）、三〇一－三〇二頁を参照。

（2）同上書、五〇頁。

（3）南北基本合意書および非核化共同宣言、その他の付属合意書の内容については、통일원『통일백서』（統一院『統一白書』、一九九二年）、四六三－四九三頁を参照されたい。

（4）제성호『남북한특수관계론――법적 문제와 그 대책――』（ジェ・ソンホ『南北韓特殊関係論――法的問題とその対策――』）、三六頁。

（5）南北交流協力法および施行令、南北協力基金法および施行令などの、南北交流に関わる法規の内容については、統一院、同上書、四九七－五五一頁を参照されたい。

（6）民間分野における交流や協力のために北朝鮮を訪問した韓国人の数は、九一年に一〇件の二三七名であったが、九九年には八二二件の五五九九名に増加した。통계청『남북한경제사회상비교』、대전（統計庁『南北韓の経済社会像の比較』、二〇〇一年）、九六－九七頁を参照。

（7）盧泰愚政権においても、韓国国家保安法の中心的な内容は改正されなかった。このことは、この時期においても、北朝鮮に対する反国家団体としての認識、また、統一過程の主体の設定における排他的な韓国政府独占論は維持されていたということを意味する。この点で、盧泰愚政権期における統一政策の変化は教会協議会の要求に比べ、限定的なものである。しかし、それにもかかわらず、この時期における民族共同体論に基づいた統一政策の変化、民間との共同主体の論理に基づいた南北交流協力法の制定は、第五共和国期までの韓国国家の統一政策と比べると、画期的なものである。

(8) 盧泰愚政権は、対北朝鮮政策を変化させた理由として、自らこれらの三つの要因を挙げている。통일원『통일백서』(統一院『統一白書』、一九九〇年)、四二-四五頁。そして、韓国の民主化と対北朝鮮政策の変化との関係を分析したものとしては、孔義植「韓国の民主化と対北統一政策との関連について」、日本大学法学会『政経研究』第四〇巻四号、二〇〇四年、一〇七-一三九頁を参照されたい。

(9) 통일원『통일백서』(統一院『統一白書』、一九九〇年)、四七頁

(10) 八七年六月の民主化措置は、当時の与党によって「六・二九宣言」という形で発表された。この宣言を前後にした韓国政治の民主化過程に関する分析としては、한배호『한국정치변동론』(ハン・ベホ『韓国政治変動論』)、三九九-四四七頁、木宮正史「韓国の民主化運動——民主化への移行過程との関連を中心にして——」を参照されたい。

(11) 盧泰愚政府が統一政策の決定過程において、具体的にどう市民社会の意見を受容したのかについては、통일원『통일백서』(統一院『統一白書』、一九九〇年)、七二-七四頁を参照されたい。また、その政策決定過程については、当時の韓国言論も評価している。例えば、「七・七宣言」に関しては、『동아일보』(『東亜日報』)、社説、一九八八年七月七日を参照されたい。

(12) 盧泰愚政権の対北朝鮮政策を包容政策の出発点として位置づける根拠としては、七・七宣言と南北交流協力法の他に、この時期に韓国の憲法に新たに「平和統一」に関する条項が設けられたこと、統一関連の政府の組織が「国土統一院」から「統一院」へ再編され、統一の概念を「国土」でなく「民族の共栄」として新たに規定したことなどを挙げることができる。この点に関しては、統一院『통일백서』(統一院『統一白書』、一九九二年)、五四頁、一〇〇-一〇二頁を参照されたい。

(13) このような批判に関しては、최장집『한국민주주의의 조건과 전망』、서울(崔章集『韓国民主主義の条件と展望』、一九九六年)、四二二頁、木宮正史「金大中政権による対北朝鮮包容政策の起源・展開・帰結」『変貌するアメリカ太平洋世界2:太平洋世界の国際関係』(彩流社、二〇〇五年)、一八五-一八六頁、木宮正史『韓国——民主化と経済発展のダイナミズム』(ちくま新書、二〇〇三年)、四〇頁を参照。

(14) 実際に南北交流協力法が施行されてから、経済分野の南北交流が急増した。こうした動きに関する統計としては、통일원『통일백서』(統一院『統一白書』、一九九二年)、二八一－二八二頁を参照されたい。

(15) この時期に政府の許可なしに北朝鮮を訪問し、国家保安法によって処罰された代表的な事件として、문익환(文益煥)、황석영(黄晳暎)、임수경(林秀卿)の例を挙げることができる。

(16) 教会協議会は、「南北基本合意書」及び「韓半島非核化共同宣言」の内容と、「八八宣言」のそれとを詳しく比較している。한국기독교교회협의회통일위원회편『한국교회평화통일운동자료집』(韓国キリスト教教会協議会統一委員会編『韓国教会平和統一運動資料集一九八〇－二〇〇〇』)、二二二－二二三頁を参照。

(17) 九〇年から九二年までの南北交流の内容、合意文書、政府への抗議文などに関しては、同上書、一六九－二五三頁を参照。

(18) 韓国政府は、「南北基本合意書」及び「韓半島非核化共同宣言」が国家間の条約でないという理由で、国会での批准が必要ないという立場であったが、教会協議会は批准の手続きと誠実な移行を要求した。同上書、二四二－二四三頁を参照。

(19) 金泳三大統領は就任演説で、「いかなる同盟国より民族が優先」であり、「いかなる理念や思想も民族より大きな幸せをもたらすことができない」と強調した。한국일보(『韓国日報』)、一九九三年二月二六日。

(20) 金日成の葬式に対する弔問をめぐって、韓国社会と政府は非常に感情的に対応し、結果的にこの「弔問騒動」によって、金泳三政権期の南北関係は対話不能の敵対的なものになってしまった。この事件の経緯に関しては、이종석『분단시대의 통일학』(イ・ジョンソック『分断時代の統一学』)、一三七－一四〇頁を参照されたい。

(21) 金泳三政権の強硬政策について、崔章集は、それが金日成の死亡後において北朝鮮の内部の結束を強化し、結果的に北朝鮮が体制の危機を克服することに寄与したと指摘している。최장집『한국민주주의의 조건과 전망』(崔章集『韓国民主主義の条件と展望』)、四二三－四二六頁、

(22) 急進的な統一運動の中でも、特に「祖国統一汎民族連合」(略称して「汎民連」)の「汎民族大会」に対して、金泳三政権は九三年から一貫して集会を許可しなかった。このことを含めて、九〇年代に民間統一運動の展開と政府との関係については、민경우『민경우가 쓴 통일운동사：１９７２－２００５』、서울(ミン・キョンウ『ミン・キョンウが書いた統一運動史：１９７２－２００５』、統一ニュース、二〇〇六年)を参照されたい。

(23) この運動は、教会協議会だけでなく、五五の社会団体が参加し、約六万人が四八キロの人間の帯を作った。정성환『한국기독교통일운동사』、서울(ジョン・ソンファン『韓国キリスト教統一運動史』、二〇〇三年)、三四五

頁を参照。

(24) 八月一五日に教会協議会は、南北の合同礼拝の代わりに、独自に「ヨベルの年の宣言」、「南北の人間帯を結ぶ大会」などの行事を行った。

(25) 本文で指摘した運動の他に、教会協議会は九六年から、朝鮮戦争が勃発した六月二五日を「民族の和解の日」と指定し、この日を「容赦と和解の象徴」とするために様々な行事を行っている。この点については、한국기독교교회협의회통일위원회편『한국교회평화통일운동자료집』(韓国キリスト教教会協議会統一委員会編『韓国教会平和統一運動資料集一九八〇―二〇〇〇』)、二〇-二一頁を参照されたい。

(26) 金大中政権の対北朝鮮政策の公式名称は「対北和解協力政策」である。「太陽政策」という名称には、「イソップ寓話」において太陽の光で道行く人の服を脱がせるという意味が含まれており、これに対する北朝鮮の反発を考慮し、韓国政府はこの名称を公式には使用しない。

(27) 통일부『통일백서』(統一部『統一白書』二〇〇三年)、三一-三三頁。

(28) 木宮正史「金大中政権による対北朝鮮包容政策の起源・展開・帰結」、一七〇-一七一頁を参照。

(29) 「六・一五南北共同宣言」の内容は次のようである。一、南と北は統一の問題を民族同士で自主的に解決していく。二、南と北は、南側の連合制案と北側のゆるやかな段階での連邦制案が共通性があると認め、この方向で統一を志向していく。三、南と北は人道的な問題を早急に解決していく。四、南と北は、経済協力を通じて民族経済を均衡的に発展させていく。五、南と北は、早い時期に当局間の対話を開催する。

一九九八年から二〇〇二年まで、南北交流に関する詳しい統計については、통일부『통일백서』(統一部『統一白書』二〇〇三年)、四一-五〇頁、六八-二五〇頁を参照されたい。

(30) 教会協議会は南北共同宣言について、それの実行によって「七千万の民族が平和と共存、統一と繁栄を享有する結実」となり、「交流と協力がより拡張される」ことを期待する声明を発表した。また、日本のNCCも歓迎する声明を発表した。한국기독교교회협의회통일위원회편『한국교회평화통일운동자료집』(韓国キリスト教教会協議会統一委員会編『韓国教会平和統一運動資料集一九八〇―二〇〇〇』)、四四〇、四四二頁。

(31) KNCC평화통일위원회『2006 년한국교회평화통일정책협의회자료집』(KNCC平和統一委員会『2006年韓国教会平和統一政策協議会資料集』)、四三-四四頁を参照。

(32) 最近の教会協議会の資料によると、一九九七年に「北韓同胞後援連合会」の設立から二〇〇五年八月まで、一一四〇億ウォン相当の物資を北朝鮮に支援した。同上書、四三頁。

（33）　教会協議会は、南北首脳会談が行われた直後に今後の平和統一運動の課題を次のように規定している。第一に、北朝鮮との対話を持続すること、第二に、平和と統一、北朝鮮の実像に関する教育を強化すること、第三に、国際連帯を強化すること、第四に、他の民間統一運動との連帯を強化すること、第五に、政府に対して協調と批判を平行すること、第六に、統一運動の平衡を慎重に保つことである。한국기독교교회협의회통일위원회편『한국교회평화통일운동자료집』（韓国キリスト教教会協議会統一委員会編『韓国教会平和統一運動資料集一九八〇—二〇〇〇』）、二一一‐二一二頁を参照。

附論Ⅰ　北朝鮮の宗教政策と宗教状況

1．序：北朝鮮の宗教研究の視角

北朝鮮の宗教に対する韓国社会の研究視角は、八〇年代から行われてきた「北韓を正しく知る運動」のなかで、大きく転換することになる。すでに第三章の第一節で見たように、韓国社会の諸分野は八〇年代中盤から北朝鮮に対する冷戦的な認識を克服し、可能な限り客観的に北朝鮮を理解しようという知的運動を展開した。この運動は、それ以前の北朝鮮に対する認識および研究の視角、つまり政治的・経済的自由主義の価値観によって北朝鮮をあらかじめ絶対悪として断定し、そこから批判および非難のために北朝鮮を研究することが、歴史的な事実の探求を疎かにするだけでなく、南北朝鮮の敵対意識を激化させるという知的反省から出発した。そして、新しい研究の方法として、まず北朝鮮の論理と歴史に内在し、研究対象を複眼的な視角によって理解・分析することを強調しながら、南北朝鮮の信頼醸成のために政治理念の異質性より民族的同質性を浮き彫りにするところに研究の力点を置いた。こうした知的努力は北朝鮮の宗教に対する研究にも適用されてきた。

八〇年代以前における韓国の北朝鮮宗教研究は、主に政府の主導や統制のなかで行われ、量的に少ないだけでなく[1]、内容においても一律に批判および非難のためのものであった。つまり、北朝鮮政府がどのように宗教を弾圧・抹殺したのか、そして、その過程で北朝鮮の宗教がどのように迫害を受けたのかを明らかにし、その結果、北朝鮮には宗教が存在しないということを解明することが主な内容であった。言い換えれば、宗教不在の理由および背景を分析することが北朝鮮宗教研究の主な目的であった[2]。このような研究を支える視角は自由主義的な宗教観であるといえよう。つまり、宗教の望ましい存在様式は国家権力からの自律性を保つところにあり、この判断基準からみると、北朝鮮には宗教が存在しないことになる。また、現に存在する北朝鮮の宗教団体は「偽装団体」であり、統一戦線の形成などの政治的な目的を遂行するためのものに他ならなくなる。さらに、北朝鮮の宗教団体および宗教者との対話および交流は無意味なものとなる。こうした立場は、八〇年代を経て今日にいたるまで、北朝鮮の宗教に対する韓国社会の研究視角において一つの軸を形成している。

これに対して、八〇年代から始まった新しい研究動向は、北朝鮮における宗教のあり方を絶対悪として批判および非難することに止まるのではなく、その特殊性を北朝鮮の論理と歴史に内在して理解しようとする[3]。そのために、まず北朝鮮における宗教の存在および独自の存在様式を現象的に認めながら、北朝鮮の社会主義体制の確立過程と宗教政策および宗教状況の変化との内的な関連性に注目する。そして、特に八〇年代以降における北朝鮮の宗教観および宗教政策の変化を強調する。このような研究視角は次の二つの理由で評価されねばならないと思う。一つは、北朝鮮内部における宗教観および宗教政策の変化の過程に具体的に接近することができるからである。つまり、北朝鮮の宗教を全的に否定する立場に比べ、より多元的に歴史に接近することが可能になるのである。そして、もう一つは、北朝鮮の宗教および宗教者を相手の立場から理解することを可能にするからである。このことは、特に北朝鮮の宗教者との対話と交流が今後の北朝鮮宗教の自律的な成長を助け、さらには北朝鮮の体制の一層の変化と開放をもたらすことができるという意味で、強調されねばならないと思われる[4]。

本論は、このような観点から、内在的な研究方法による最近の韓国の研究成果に依拠しながら、北朝鮮の宗教政策の変化および宗教状況を検討しようとする。以下においては、まず、八〇年代以前の北朝鮮の宗教政策を概観し、次に、八〇年代における北朝鮮の宗教観と宗教政策の急激な変化に注目したい。そして、九〇年代における北朝鮮の宗教状況を整理し、最後に今後の研究課題を考えることにしたい。

2. 八〇年代以前の宗教政策の展開

分断後の北朝鮮の宗教政策は、旧ソ連などの社会主義国家と同じように、基本的に次の二つの軸を中心に展開されてきたといえよう。一つは、「非科学的な世界観」というマルクス・レーニン主義の宗教観に基づいて「反宗教宣伝」を強化することであり、もう一つは、社会主義政権の確立のために現に存在する宗教勢力と「統一戦線」を形成することである。[5] この相反する二つの政治的要求を政治状況に応じてどのように結び付けて推進するのかということが、北朝鮮の宗教政策の中心的な課題であった。[6] このような宗教政策の展開のなかで、北朝鮮内部における宗教の位相および役割は変化していくことになる。

結論的に指摘するならば、八〇年代を前後にして、北朝鮮政府は宗教の政治的な役割および機能を積極的に認め、反宗教政策よりは、韓国や世界の宗教者との連帯政策を推進することになる。また、このような宗教政策の変化のなかで、北朝鮮内部において宗教の政治的・社会的位置が実質的に向上し、制限つきではあるが、宗教本来の活動も復活しつつある。これに対して、八〇年代以前における北朝鮮政府は全体的に反宗教政策を強化しつつ、一方、宗教に対する政治的統合を行った。また、この時期に北朝鮮社会における宗教活動は制度的に封鎖されることになる。

南北朝鮮の分断から展開されてきた北朝鮮の両面的な宗教政策は、次のような金日成の宗教観に象徴的に現れると指摘されている。

「宗教は反動的で非科学的な世界観であります。人々が宗教を信じると、階級意識が麻痺し、革命しようとする意欲がなくなります。結局、宗教はアヘンのようなものであるといえます」[7]

「宗教をアヘンであるとしたマルクスの命題を私は否定しません。しかしこの命題をどんな場合にも適用しうると思うならば、それは誤算であります。日本帝国主義に天罰を下し、朝鮮民族に福を下さいと祈る天仏教にアヘンというレッテルをむやみに貼ることができるのでしょうか。私は天仏教を愛国的な宗教であると思います。我々にすべきことがあるとすれば、この愛国者たちをひとつの力量に括ることだけであります」[8]

このような二面的な宗教観により、北朝鮮政府は四八年九月の政権樹立の前後から、「愛国的な宗教」との統一戦線を試みながら、一方、反宗教政策を実施することになる。まず、宗教との統一戦線を構築するために、北朝鮮政権は四五年一二月に「朝鮮仏教徒連盟」、四六年一一月に「朝鮮キリスト教徒連盟」、四七年一二月に「天道教北朝鮮総務院」を結成し、そのなかに既存の諸宗教団体を包摂しようとした。しかし一方、四六年以降に土地改革と重要産業の国有化政策を実施し、この過程で既存の宗教団体の人的・物質的な資源を剥奪する。[9]また、四八年九月に公布された「朝鮮民主主義人民共和国憲法」においては「公民は信仰及び宗教儀式挙行の自由を有する」と規定しながらも、一方、五〇年三月に制定された刑法においては、「宗教団体に寄付を強要した者は二年以下の懲役に処する」「宗教団体で行政行為をした者は一年以下の教化労働に処する」と規定することによって、事実上、北朝鮮の政治体制に反対する宗教団体の財政的な基盤と宗教活動の自由を制限した。[10]

また、五〇年六月から三年間も続いた朝鮮戦争の経験は、北朝鮮政府が反宗教政策を強化する決定的な契機として働いた。つまり、北朝鮮政府は終戦後に社会統合のためのイデオロギーとして反米主義を強調することになるのだが、この過程で、特にキリスト教はアメリカと同一視され、「帝国主義的侵略の道具」として批判される。[11]さらに、このような反宗教政策は、五〇年代と六〇年代に北朝鮮が「思想改造事業」を通して本格的に独自の社会主義体制を構築していく過程で、より強められる。特に五八年から実施された「住民成分調査」と六七年から行われる「住民再登録事業」の過程で、宗教者及びその家族を反革命階層として分類・監視することにより、実際に北朝鮮社会における宗教活動は制度的に徹底して封殺されることになる。この時期において北朝鮮の宗教は、統一戦線を形成するために結成された宗教団体の組織だけが命脈を維持する「形骸化された形」となったと分析されている[12]。

七〇年代に入り、北朝鮮は七二年一二月に「朝鮮民主主義人民共和国社会主義憲法」を採択し、主体思想を国家の唯一の「指導的指針」として公式に規定する。このことは、北朝鮮内部において、他のいかなる思想や宗教も主体思想と対立する形では存在し得なくなったということを意味する。同憲法は、宗教関連条項において「公民は信仰の自由と反宗教宣伝の自由を有する」と新たに規定している。この「反宗教宣伝」の意味について、北朝鮮当局は「宗教が非科学的な反動教理であるということを自由に解説し、宣伝することのできる公民の基本原理」であるとし、さらには、「宗教の反動的な本質を徹底に暴露することにより、宗教を他国に対する思想的・文化的浸透の重要な手段としている帝国主義者の策動を打ち破るにおいて重要な意義を持つ」と説明している[13]。このように憲法上に反宗教宣伝の自由を明確に規定した意図については、北朝鮮政府の宗教に対する警戒心や反宗教政策に対する意志をあらわしているものと解釈される。

しかし一方、北朝鮮の宗教団体は七〇年代に入り、積極的に対外的な活動を展開することになる。この時期における主な活動は、第四章第二節で検討したように、国際的な宗教団体と緊密に協力することと、韓国宗教の民主化・人権運動を支援する声明を発表することであった。こうして北朝鮮の宗教団体が対外的な活動を再開した要因としては、何よりも七二年の「七・四南北共同声明」の発表によって南北朝鮮の統一問題が実質的な課題となったこと、そして、韓国および国際社会における宗教の政治的な役割を再認識したことを指摘することができる。つまり、南北の平和統一における宗教の役割の重要性を認識し、北朝鮮の宗教団体が対外的な連帯活動を展開することになったと見られる。この側面からみると、七〇年代における北朝鮮の宗教政策は、対外的には宗教団体の統一戦線活動を積極的に支援しながら、一方、対内的には自律的な（特に反体制的な）宗教の成長を阻止しようとするものであったといえよう。このような宗教政策は、八〇年代に入って大きく転換することになる。

3．八〇年代以後の宗教政策の変化

八〇年代における北朝鮮の宗教政策の変化をあらわすものとしては、主に次のような三つの事実が注目されている。第一に、宗教本来の活動が公式に行われるようになったことである。第二に、宗教団体の国際連帯活動が強化されつつ、北朝鮮への外国の宗教団体および宗教者の訪問が活発に行われたことである。第三に、憲法改正を実施し、反宗教宣伝の自由を保障する内容を削除したことである。そして、このような宗教政策の変化をもたらした主な要因として、北朝鮮における宗教観の変化が指摘されている。

第一に、八〇年代に入り、北朝鮮の宗教団体は宗教本来の活動を部分的に再開することになるのだが、その主な事実だけをまとめると、次のようである。[14] まず仏教の場合、朝鮮仏教徒連盟が八一年から八万大蔵経の翻訳事業を推進し、八八年からは仏教の様々な記念日に公然と宗教行事を実施することになる。特に八八年五月には分断後最初の大規模宗教行事である「釈迦誕生記念法会」（降誕会）を開催する。そして、プロテスタントの場合、朝鮮キリスト教徒連盟が八三年と八四年に聖書と讃美歌を出版し、八八年一一月には平壌で教会を建てる。カトリックの場合、八八年六月に「朝鮮天主教人協会」を結成し、同年一〇月には平壌で教会を建て、宗教儀式を行うようになる。民族宗教の天道教の場合も、八九年に新たに経典を発刊したことが知られている。そして、八九年五月には、諸宗教団体の協議体である「朝鮮宗教人協議会」が結成される。これらの変化は、八〇年代に入り、北朝鮮政府が宗教本来の活動に「公式性」を与えたものとして評価されている。[15]

第二に、北朝鮮の宗教団体は七〇年代から始まった国際連帯活動を八〇年代にも展開するのだが、八〇年代の活動は、次の二つの点でより積極的で開放的なものであった。一つは、第四章第二節で見たように、海外に居住する朝鮮半島出身の宗教者および外国の宗教団体を北朝鮮に招き、交流を強化したことである。そして、もう一つは、南北朝鮮の直接的な宗教交流を推進し、九〇年代には韓国の諸宗教と朝鮮半島内で交流するようになったことである。これらの事実は、北朝鮮政府が八〇年代以後において、より開放的な宗教政策を採択していたことをあらわすものといえよう。

第三に、北朝鮮政府が九二年四月に七二年の社会主義憲法を改正し、「反宗教宣伝の自由」の規定を削除したことである。つまり、改正憲法は、「公民は信仰の自由を有する。この権利は宗教建築物を建てたり、宗教儀式等を許容することで保障される。何人も宗教を外部勢力を引き入れたり、国家社会秩序を害することに利用することはできない」と規定している。[16] この条項は、布教の自由や政治的批判の権利を制限してはいるが、「反宗教宣伝の自由」の内容を削除し、宗教儀式などの信仰生活を保障しているという点で、八〇年代から行われてきた北朝鮮内部の宗教活動の現実を憲法に反映したものと指摘されている。言い換えれば、九二年の改正憲法は、北朝鮮政府の八〇年代からの新宗教政策を憲法上に明文化したものである。

以上のように北朝鮮政府が宗教政策を転換した背景及び要因としては、何よりも北朝鮮の宗教観、すなわち宗教に対する認識の変化が指摘されている。つまり、宗教の存在理由および政治的機能をより積極的に認めることになった結果として解釈されている。[17] このことは、特に国際交流の場における北朝鮮の主体思想理論家の主張と、九〇年代に北朝鮮内部で発行された事典などの文献により根拠づけられる。

まず、八〇年代に入り、北朝鮮の主体思想理論家は宗教の認識におけるマルクス・レーニン主義と主体思想との違いを強調しつつ、主体思想が宗教の重要性を認めていることを力説している。例えば、八五年一一月に北朝鮮を訪問した世界教会協議会の代表団に対して、北朝鮮の「祖国平和統一委員会」の専任研究員であるキム・ヨンチョルは、宗教と主体思想の関係について次のような要旨を述べている。

「1．宗教と主体思想は人間の尊厳性を擁護するという共通点を持っている。2．貧しい人々を悲惨な状態から救援するために生じたという点で、宗教と主体思想は同じ発生原因を持っている。3．宗教が社会変革に参加すべきであるという進歩的神学は主体思想に接近するが、主体思想は排他的に人間の努力だけに依存するという点で、互いに異なる」[18]

また、八〇年代における北朝鮮の宗教観の変化は、北朝鮮内部で発刊された文献にも現れる。特に、北朝鮮の社会科学院言語学研究所が九二年に編纂した『朝鮮語大辞典』はその変化を明確にあらわすものとして注目されている[19]（北朝鮮における事典および辞典は国家の公式立場に基づいたものであり、従って、その内容の変化は国家の基本方針の変化をあらわす）。

八〇年代までの北朝鮮の諸事典および辞典（『歴史事典』『政治事典』『哲学事典』『現代朝鮮語辞典』など）は、宗教関連項目について、一律的に金日成の著作を引用しつつ、反帝国主義と反封建主義という政治的基準から否定的に説明している。例えば、七三年に発行された『政治事典』の「宗教」項目の場合、「宗教は一種の迷信である」という金日成の教示を引用しつつ、「人民大衆を欺瞞し搾取抑圧する道具として利用された」という点を強調している[20]。また、八一年版の『哲学事典』も、「仏教・キリスト教・回教などのいかなる形態の宗教であれ、それはすべて現実が人間意識に反映されたものとして、その内容は全体が虚偽である」と説明している[21]。そして、社会科学院言語学研究所が八一年に編纂した『現代朝鮮語辞典』は、「宗教」「神学」「宗教教育」の項目について各々次のように説明している。

「宗教：『神』『ハナニム』（神様の意）のような自然と人間を支配するある超自然的で超人間的な存在や力があるとしつつ、それを盲目的に信じそれに頼りつつ生きるようにし、いわゆる来世での幸せな生活を夢見ることを説教する反動的な世界観、またはそのような組織。信じる対象と方式により、いろいろな宗教がある。これは自然的な力や社会的な力に対する誤まった認識に基づいている幻想的なものであり、歴史的には支配階級が人民を欺き抑圧搾取する道具として利用され、近代に入っては帝国主義者たちが自国より劣る国々を侵略する思想的道具として利用された。宗教は人民大衆の革命意識を麻痺させ、搾取と抑圧に無条件に屈従する無抵抗主義を鼓吹するアヘンである」[22]

「神学：神に関する宗教的教理を研究するという学問。つまり、観念論的な世界観に基づいて宗教的教理を合理化しようとする非科学的な学問である」[23]

「宗教教育：宗教の『教理』を吹き込む反動的で非科学的な教育である」[24]

しかし、このような宗教関連項目に対する否定的な説明は、同研究所が九二年に編纂した『朝鮮語大辞典』においては全面的に修正される。つまり、「迷信」「反動的世界観」「搾取道具」「アヘン」「幻惑」「偽善」などの表現がなくなり、その代わりに宗教に関連したすべての項目について比較的客観的な説明を行っている。[25] 例えば、「宗教」「神学」「宗教教育」についてはつぎのように説明している。

「宗教：社会的人間の志向と念願を幻想的に反映し、神聖視し奉る超自然的で超人間的な存在に対する絶対的な信仰、またはその信仰を説教する教理に基づいている世界観。『神』『ハナニム』のような神々しい存在を信じ、それに依存して生きていく時にのみ、ありとあらゆる願いが成就するだけでなく、来世においても永遠な幸福を享受するようになると説教する。原始宗教から始まり、仏教・キリスト教・イスラムなど、数多くの宗教と宗派がある」[26]
「神学：神に関する宗教的教理を研究する学問である。キリスト教でイエスの教理を学問として教える学科目」[27]
「宗教教育：宗教の教理と戒律を教える教育である」[28]

このような『朝鮮語大辞典』における説明は、それの編纂作業が八五年前後から始まったことを考え合わせると、八〇年代における北朝鮮の宗教観の変化を反映したものである。こうした宗教に対する認識の変化が、八〇年代における宗教団体の宗教本来の活動の再開、より開放的な国際交流および南北交流、新憲法における反宗教宣伝条項の削除および信仰生活の保障をもたらしたといえよう。そして、こうした変化により、北朝鮮社会における宗教は八〇年代以前と比べて、より実体的な意味を持ち、また、一般住民も宗教に対してより肯定的な認識を持つようになったと評価されている。以下においては、九〇年代の宗教状況を整理し、北朝鮮内部での宗教活動を概観することにしたい。

4．九〇年代の宗教状況

九〇年代における北朝鮮の宗教人口および宗教施設の状況は、北朝鮮当局の主張や北朝鮮宗教者の発言などをまとめてみると、次の図表のようになる。[29]

全体的にみると、北朝鮮の宗教人口は約三万八〇〇〇人で、総人口二二〇〇万人の〇・二％である。これは、九七年における韓国の総人口が約四五〇〇万人であり、そのなかで約二二〇〇万人（五〇％）が宗教人口であることと比較してみると、約二五〇分の一に当たるものである。そして、四五年を前後にして、北朝鮮の宗教人口

宗教	聖職者数（名）	施設数（個）	信徒数（名）
仏教	300	60	10,000
プロテスタント	30	2	10,000
カトリック	0	1	3,000
天道教	0	800	15,000

が約二〇〇万人（天道教：一五〇万、仏教：三七万、プロテスタント：一〇万、カトリック：五万）として、当時の総人口九五〇万人の二一％であったことを考えると[30]、約一〇〇分の一に当たるものである。

一方、北朝鮮からの亡命者たちの証言によると、北朝鮮の大多数の一般住民はまだ宗教に対して無知であるか、反感を持っていると言う[31]。特にキリスト教に対しては敵対ないし恐怖の感情を抱いているが、これはアメリカに対する否定的な認識と深く関わるものである。しかし、前項で見たように、八〇年代以後の宗教政策の変化によって、宗教に対する一般住民の認識および態度が改善されつつあることは事実である。以下、宗教ごとに、北朝鮮内部における宗教活動を見ることにする。

まず、仏教の場合、「朝鮮仏教徒連盟」が全国の僧侶と信者を代表している。その主な活動としては、韓国及び世界各国の仏教界との交流、寺院及び文化財の管理、僧侶教育と養成、全国的な次元の法会の開催などを挙げることができる[32]。北朝鮮仏教に宗派は存在しないが、自らを韓国の禅宗である曹渓宗と同じ法脈に属するものと認識している。経典は金剛経と般若経が中心であり、仏教儀式は主に『釈門儀範』に準じて行われる。また、僧侶は在家生活をし、寺院に常住する僧侶は珍しく、生計は連盟を通した国家からの給料で賄う。そして、寺院ごとの日曜法会などの定期法会はないが、釈迦誕生日・成道日・涅槃日には必ず法会を開き、伝統的な仏教儀式を行う。聖職者の養成機関としては、一ヵ所の「仏学院」で三〇人を三年コースで教育しており、九六年から卒業生を寺院に配置している。一般信者の信仰生活についてはほとんど知られていないが、今も農村では新しい穀物をまず仏殿に捧げるという伝統が残されており、特に釈迦誕生日には寺院を訪れる人が一〇万人を越えると言う。[33]

プロテスタントの場合には、「朝鮮キリスト教徒連盟」が全国の信者を代表している。七二年に聖職者を養成する機関として「平壌神学院」を設立し、三年ごとに十余名の卒業生を輩出している。平壌で二つの教会があり、毎週の日曜日に「長老教」の儀式に準じた礼拝を行っている。信者は中老年層が多いと言う。そして、全国に五〇〇ヵ所の「家庭教会」があり、各家庭教会では平均一五人程度の集いが持たれると伝えられている。[34]

カトリックの場合には、八八年に「朝鮮天主教人協会」が結成され、世界のカトリック団体及びローマ法王庁との交流活動を試みている。法王庁から公認された聖職者（神父）がいないが故に、洗礼は外国の司祭が北朝鮮を訪問した時に受ける。平壌の教会では、毎週二〇〇人程度の信者が略式にミサを行っており、約三千余名の信者が協会に登録しているといわれている。[35]

最後に、民族宗教である天道教について見ることにする。七四年に「朝鮮天道教中央委員会」が発足され、八六年から毎年、天道教創道記念式を行っている。九〇年代に入ってからは、韓国の天道教との交流を試みている。「天道教青友党」という政党を持ち、北朝鮮の政治体制と緊密な協調関係を維持してきている。特に、金正日政権が民族主体性の確立という意図から優遇していると指摘されている。[36]一般信者の信仰生活についてはほとんど知られていないが、外形的に北朝鮮でもっとも多くの宗教施設及び信徒を持っている。

5. 結び

以上、最近の韓国の内在的な視角による研究成果をふまえながら、北朝鮮の宗教政策の展開と宗教状況について検討してきた。現在の北朝鮮宗教の基本的なあり方は、五〇年代と六〇年代に北朝鮮が独自の社会主義体制を形成する過程において形づくられたものである。その存在様式の特徴は、何よりも北朝鮮の政治体制および支配構造と密接に関わっていることである。言い換えれば、自由主義体制における宗教と比べて、国家権力からの自律性の程度が低いということである。特に、それぞれの宗教団体が一つの連盟ないし協会の形態で存在していることは、実質的に国家統制の結果であるといえよう。(37) こうした基本的な政教関係の性格によって、北朝鮮には宗教および宗教の自由が存在しないと批判されてきた。

しかしながら、それにも関わらず、北朝鮮政府が八〇年代からより肯定的な宗教観に基づいて、より開放的な宗教政策を実施してきたことは明らかである。その結果、北朝鮮内部で宗教本来の活動が再開され、宗教団体の国際交流が活性化され、憲法における反宗教宣伝の条項が削除された。このような変化は、何より北朝鮮住民の宗教に対する認識を改善し、北朝鮮宗教者および宗教団体の社会的・政治的位置を高めるという効果をもたらした。そして、このような社会的・政治的影響は、九〇年代に南北朝鮮の宗教交流が本格化することによって、より大きくなったと評価されている。こうした側面からみると、これからも、北朝鮮宗教に関する研究において、北朝鮮の宗教及び宗教者を体制宗教または体制宗教者として短絡的に非難するのではなく、可能な限り、北朝鮮の立場から研究対象を理解・分析しようとする態度が要求されるといえよう。序論で述べたように、そうした理解に基づいた相互交流が、今後の北朝鮮宗教の自律的な成長と政治体制の一層の変化をもたらすことができるからである。

(1) 韓国の宗教学界における北朝鮮宗教研究は、四五年から九五年まで、およそ二百余篇の論文や著書が発表された。そのうち、八〇年以前のものはわずか十余篇に過ぎない。류성민「북한종교연구」『분단반세기북한연구사』(リュ・ソンミン「北韓宗教研究」『分断半世紀北韓研究史』)、四二九-四三一頁を参照。

(2) 七〇年代における韓国の批判的な北朝鮮宗教研究の総合的な結果としては、국토통일원『북한의 종교』、서울(国土統一院『北韓の宗教』、一九七九年)を挙げることができる。また、日本語の文献としては、李命英「北朝鮮

の宗教政策」『宗教と共産主義』（世界宗教議会日本会議、一九八九年）、一〇八‐一二九頁を参照されたい。

（3）八〇年代に入って、北朝鮮の宗教に関する内在的な研究が可能になった原因としては、何よりも北朝鮮の宗教に関する多様な情報が韓国の学界や宗教界に伝わって来たことを挙げることができる。この点において、第四章第三節で見たように、世界教会協議会および各国教会協議会の北朝鮮訪問と報告会、南北プロテスタントの直接交流は、韓国社会における北朝鮮の宗教研究の視角の変化に大きな影響を及ぼしたといえよう。

（4）韓国宗教学界において内在的な研究方法によって北朝鮮の宗教研究を行っている代表的な学者としては、윤이흠（ユン・イフム）、류성민（リュ・ソンミン）、강인철（カン・インチョル）、김흥수（キム・フンス）、변진흥（ビョン・ジンフン）を挙げることができる。これらの学者の代表的な論考については、本書巻末の参考文献を参照されたい。

　また、北朝鮮宗教に関する研究資料については、北朝鮮の関連当局が白書の形で発表していないが故に、研究者が、北朝鮮の事典などの関連文献、国際会合での北朝鮮宗教者の発言、『労働新聞』などの北朝鮮メディアの報道、そして北朝鮮への訪問者や韓国への北朝鮮亡命者の証言などを分析の主な対象としている。本書もこれらの資料の一部を検討した。

（5）北朝鮮政府は、「統一戦線」の意味について、「政治的および社会的運動において、相異なる政党、社会団体、または社会政治的力量が共同の利害関係を実現するために統一的に闘争を展開する政治的連合」と解説している。『조선어대사전』제2권、평양：사회과학원언어학연구소（『朝鮮語大辞典』第2巻、社会科学院言語学研究所、一九九二年）、七三八頁。

（6）例えば、ガン・インチョルは北朝鮮の宗教政策の課題について、「どのようにして宗教の自由を実践的に保障すると同時に、反宗教宣伝による宗教地形の縮小ないし消滅を成し遂げるのか、他方、どのようにして反宗教宣伝の強化という実質的な課題と、宗教勢力との統一戦線強化という実践的な課題を有機的に結合して追求するのか、という二つの問題軸の関係」として指摘している。강인철「현대북한종교사의재인식」（『現代北韓宗教史の再認識』）、一四〇‐一四一頁。

（7）김일성『김일성저작집』제5권、평양：조선로동당출판사（金日成『金日成著作集』第5巻、朝鮮労働党出版社、一九八〇年）、一五四頁。

（8）김일성『세기와 더불어』제1권、평양：조선로동당출판사（金日成『世紀とともに』第1巻、朝鮮労働党出版社、一九九二年）、二六七頁。「天仏教」は三〇年代を前後にして朝鮮半島の白頭山地域に存在していた民俗仏教

であるが、山神に朝鮮の独立を祈りつづけたといわれている。

(9) 윤이흠『종교가 북한사회에 미치는 영향』、서울：통일원조사연구실（ユン・イフム『宗教が北韓社会に及ぼす影響』、統一院調査研究室、一九九〇年）、二五頁を参照。また、土地改革による各宗教の具体的な被害状況については、강인철「현대북한종교사의 재인식」（「現代北韓宗教史の再認識」）、一五五－一六七頁を参照されたい。

(10) 윤이흠（ユン・イフム）、同上書、二五頁。

(11) 한국기독교역사연구소북한교회사집필위원회『북한교회사』（韓国キリスト教歴史研究所北韓教会史執筆委員会『北韓教会史』）、四一八－四二二頁を参照。

(12) 변진흥「북한의 종교정책의 변화에 관한 연구――인간중심철학의 대두를 중심으로――」、서울：한양대학교박사논문（ビョン・ジンフン「北韓の宗教政策の変化に関する研究――人間中心哲学の台頭を中心に――」、漢陽大学校博士論文、二〇〇二年）、一〇五－一〇七頁。

(13) 법제처편저『북한법제개요』（法制処編著『北韓法制概要』）、一三〇－一三一頁。류성민『북한종교연구Ⅰ』（リュ・ソンミン『北韓宗教研究Ⅰ』）、一六－一七頁を参照。

(14) 八〇年代以後における北朝鮮宗教団体の活動状況に関しては、신법타『북한불교연구』（シン・ボブタ『北韓仏教研究』）が年表で詳しく整理している。

(15) 변진흥「북한의 종교정책의 변화에 관한 연구――인간중심철학의 대두를 중심으로――」（ビョン・ジンフン「北韓の宗教政策の変化に関する研究――人間中心哲学の台頭を中心に――」）、一一九頁。

(16) 大内憲昭『法律からみた北朝鮮の社会』、二三六頁。

(17) 北朝鮮政府が宗教の社会的・政治的機能を肯定的に捉えることになったことには、何より七〇年代から始まった韓国宗教の人権・民主化運動と、人本主義に基づいた主体思想の形成が大きな影響を及ぼしたと指摘されている。この点については、김흥수외 공저『북한종교의 새로운 이해』（キム・フンス他共著『北韓宗教の新しい理解』）、二三二頁、변진흥（ビョン・ジンフン）、同上論文、八三－八七頁を参照されたい。

(18) 한국기독교역사연구소북한교회사집필위원회『북한교회사』（韓国キリスト教歴史研究所北韓教会史執筆委員会『北韓教会史』）、四六八頁。他に、主体思想の宗教観について、黄長燁は八七年五月に北朝鮮を訪問した日本キリスト教代表団に次のような要旨を述べている。「北朝鮮は主体思想を基礎にして宗教に対して従来のマルクス主義とは異なる見解を持っている。マルクス主義によると、そもそも宗教は社会体制の矛盾であり、迷信であると考えられ、共産主義の実現によって消滅すべきものであったが、ソ連や東ヨーロッパの経験はそうではなかった。宗

教は人間存在の本質に関わるものであり、主体思想は人間の主体性と創造性を重視するが故に、宗教の重要性も認めている。宗教と主体思想は皆愛や信頼を重視しているが、両者が異なるのはその実現の方法である」。隅谷三喜男「北朝鮮を訪問して」『韓国教会統一問題主要資料集（一九八四・一〇—一九八七・五）』、八二頁。

　このような主体思想理論家の宗教論のなかで、北朝鮮社会科学院の主体思想研究所長であった박승덕（バク・スンドク）はもっとも体系的に主体思想と宗教との関係を述べている。彼の論文については、북미주기독학자회편『기독교와 주체사상』（北米州キリスト学者会編『キリスト教と主体思想』）、八〇‐八六頁、一八二‐一九四頁を参照されたい。

(19) 北朝鮮の国語学界における宗教観の変化については、류성민『북한종교연구Ⅱ』、서울：현대사회연구소（リュ・ソンミン『北韓宗教研究Ⅱ』、現代社会研究所、一九九三年）、三一‐七六頁が先駆的な分析を行っている。本書もこの分析に依拠している。

(20) 『정치사전』、평양：사회과학출판사（『政治事典』、社会科学出版社、一九七三年）、一〇四七頁。

(21) 『철학사전』、평양：사회과학원철학연구소（『哲学事典』、社会科学院哲学研究所、一九八一年）、六四七頁。

(22) 『현대조선어사전』、평양：사회과학원언어학연구소（『現代朝鮮語辞典』、社会科学院言語学研究所、一九八一年）、一五七七頁。

(23) 同上書、一八三一頁。

(24) 同上書、一五七七頁。

(25) 류성민『북한종교연구Ⅱ』（リュ・ソンミン『北韓宗教研究Ⅱ』）、三六‐三七頁を参照。

(26) 『조선어대사전』제2권（『朝鮮語大辞典』第2巻）、二六四頁。

(27) 『조선어대사전』제1권、평양：사회과학원언어학연구소（『朝鮮語大辞典』第1巻、社会科学院言語学研究所、一九九二年）、一九二一頁。

(28) 『조선어대사전』제1권（『朝鮮語大辞典』第1巻）、二六四頁。

(29) 류성민『북한주민의 종교생활』、서울：공보처（リュ・ソンミン『北韓住民の宗教生活』、公報処、一九九四年）、一三五‐一四〇頁を参照。

(30) 同上書、一三三‐一三四頁を参照。

(31) 同上書、三四‐四三頁を参照。

(32) 이지범「북한불교의 어제과 오늘」『불교평론』、서울（イ・ジボム「北韓仏教の昨日と今日」『仏教評論』第

五号、二〇〇〇年）、二五一－二六七頁を参照。
(33) 신법타『북한불교연구』（シン・ボブタ『北韓仏教研究』）、一三一－一四四頁を参照。
(34) 류성민『북한주민의 종교생활』（リュ・ソンミン『北韓住民の宗教生活』）、一三八－一三九頁、エリヒ・バインガルトナ「ＷＣＣ北韓訪問報告」『韓国教会統一問題主要資料集（一九八四・一〇―一九八七・五）』、一八－二一頁を参照。
(35) カトリックの信者数について、九三年に朝鮮天主教人協会の代表団が日本を訪問した時、三八〇〇人程度であり、徐々に増えつつあると述べている。『カトリック新聞』、一九九三年五月二三日。
(36) 류성민「최근북한의 종교정책과 남한종교인의 대북활동」『종교문화연구』（リュ・ソンミン「最近北韓の宗教政策と南韓宗教人の対北活動」『宗教文化研究』）、二三－二四頁を参照。
(37) 변진흥「현대북한의 종교와 국가」『교회와 국가』、인천：인천카톨릭대학출판부（ビョン・ジンフン「現代北韓における宗教と国家」『教会と国家』、仁川カトリック大学出版部、一九九七年）、七九〇－七九二頁を参照。

附論Ⅱ　WCRP／ACRP日本委員会の南北朝鮮和解活動

1．序：宗教の国際活動の意味

「戦争は人の心の中で生まれるものであるから、人の心の中に平和のとりでを築かなければならない」。この文章はユネスコ憲章の前文の一節であるが、今日、国家間の平和において宗教者の国際活動がいかに重要であるかを強調する際、よく引用される言葉である[1]。

確かに今日の国家間の紛争や戦争は、政治的・経済的利害関係の対立に起因するところが大きい。しかしながら、ある具体的な利害の対立が平和的に解決されることなく、武力紛争や戦争に転化する際、そこには必ず関係国家の政治家や国民の非合理的な心が働いている。そのなかでも、特に国民相互の不信感は戦争の最も大きな要因の一つとして働くようになる。そして、このような不信感は、かつての侵略や戦争などに対する「過去の記憶」、近代国民国家の自国中心的な教育、そして様々な政治イデオロギーなどにより生じ、また深化していくのである。近代国家間の平和の実現において、制度的な安全保障とともに、国民相互の和解と信頼醸成が切実に要求される理由はここにあるといえよう。

ところで、国民間の相互信頼という心のなかの「平和のとりで」は、誰よりもまず、宗教的な信条を共にする宗教者同士の国際活動により築かれうるだろう。というのも、宗教の普遍的・超越的立場によって、国民国家の論理や政治イデオロギーなどが相対化され、また乗り越えられうるからである。この意味で、今日における国民間の和解と信頼形成のための様々な宗教者の国際活動はきわめて重要であり、またこれからも発展していかなければならないと思われる。

本論は、このような観点から、宗教の国際活動の一つの事例として、「世界宗教者平和会義／アジア宗教者平和会義日本委員会」（WCRP／ACRP日本委員会。以下、「日本委員会」と略称する）が九七年から九九年まで行った、南北朝鮮との和解のための、南北朝鮮和解活動を検討しようとする。[2] 日本委員会は、九七年一月の「非武装・和解委員会」において、この年の四月から始まる新年度の活動方針の一つとして「日韓の和解への取り組み」と「朝鮮半島の和解への取り組み」を正式に決定し、その具体的方法として、韓国訪問および韓国宗教者との対話、朝鮮半島情勢の学習、北朝鮮への人道支援、南北朝鮮の宗教者間の対話の仲裁などを検討している。[3] これらの実践事項は、後述するように、その後実行されることになる。

以下においては、まず日本委員会が南北朝鮮の和解に取り組むことになる精神的背景を考察し（第二節、第三節）、次に実際の活動の展開を検討する（第四節、第五節）。そして最後に、日本委員会の活動の意味について考えることにしたい。

2. 積極的平和観

韓国との和解および信頼醸成のための日本委員会の活動は、すでに八〇年代の中盤から行われていた。人権委員会が中心となって、日本で被爆し、戦後に韓国へ帰国した在韓被爆者に対する支援活動を八五年から九四年まで展開し、また、戦前に朝鮮半島から日本へ強制連行され、戦後にサハリンに取り残された韓国一世の老人を在宅支援する事業を九四年から九九年まで行っていた。そして、青年部会が中心となり、韓国との相互理解のために「韓国宗教人平和会議」(以下、「KCRP」と略称する)の青年との交流会を九〇年から隔年に行っていた。

ところで、非武装・和解委員会の新たな活動計画は、このような既存の事業の成果をふまえたものではあるが、次の二つの点において以前の活動とは相異なるものであった。一つは、和解の対象を北朝鮮まで広げたということであり、もう一つは、和解の方法を、単に過去の歴史の傷跡を癒すという方向ではなく、南北朝鮮の和解を仲裁するという方向から求めているということである。このような新しい活動計画は、平和の概念を積極的に捉える観点に基づいたものであった。つまり、平和を単に紛争や戦争のない状態として、消極的な観点から理解するのではなく、より「人間らしい生活」のできる社会的・政治的条件として理解し、その条件を東北アジアにおいて主体的に作り出そうというものであった。(4)

日本委員会の積極的平和観は、何よりも北東アジアの平和に対する責任意識から生まれたものであった。そして、この責任意識は、日本のいわゆる「一国平和主義」に対する反省を伴っていた。このことは、日本委員会の事務局が九六年五月に作成し、活動部会に提出した報告書に次のように述べられている。

「(日本には)戦後世界の冷戦構造のなかで、日米安保条約のもとで自国の安全をアメリカに委ねてきたお陰で、世界に類のない経済発展を遂げたという肯定的な側面と、自主的に自国の安全保障を突き詰めて考えないで済んでしまうという消極的な一国平和主義に陥るという弊害が見られる」(5)

「(日本には)豊かな『北』の国として貧しい『南』の国々を助けることが世界の当然の論理とされるなかで、国連が次々と打ち出す地球的諸課題への取り組みに対して財政的な拠出はもちろんのこと、人的資源の排出が強く求められている。しかしながら、世界の情勢は大きく変わっても、政治家・官僚・マスコミをはじめとして国民の意識はまだかつての貧しい時代の日本を背負っており、諸外国の期待を大きく裏切る対応

に終始している現状がある」(6)

さらに、この報告書は、「消極的な一国平和主義を排除し、責任ある国家としての軍縮および総合安全保障に貢献すること」を強調し、また「日本委員会としての独自の課題」として「過去の歴史を厳しく見つめた日韓問題への取り組み」を提案している。そして、この提案がおよそ半年後に非武装・和解委員会において、韓国宗教者との対話、北朝鮮への人道支援、南北朝鮮の宗教者間における対話の仲裁などの活動計画として具体化するのである。このように、南北朝鮮との和解のための、南北朝鮮和解活動をめぐる日本委員会の構想は、まず、北東アジアにおける平和の条件（軍縮および総合安全保障体制）を主体的に作り出そうという日本の宗教者としての責任意識に基づいていた。

一方、日本委員会は、南北朝鮮和解活動がどこまでも宗教者の善意と使命感によるものであるという点を強調している。このことは、韓国と北朝鮮における日本への根強い警戒心・不信感を意識したものと見られるが、日本委員会は特に南北宗教者間の対話を仲裁する問題について次の二つの点を強調している。一つは、日本の宗教者の役割があくまでも「わき役」であり、南北宗教者間の対話を「側面から支援する」ということである。この点は、韓朝日の宗教者間の会合において次のように強調されている。

「南北朝鮮の民族統一のための話し合いの主体はどこまで南北の宗教者であります。この会議には日本の宗教者も加わっていますが、南北以外の人たちの役割は、南北の主体的な話し合いがスムーズに行われるよう、邪魔をしないだけでなく、いかに対話を促進するのに好都合な環境や条件を作り出すかという課題に協力することによって、側面から支援することであります。南北の主体的な対話が、周りの国々の圧力や国益によって左右されることがあってはなりません。周りの国々は、大国であれ、小国であれ、わき役に徹することが大切であります」[7]

そして、もう一つ、日本委員会が強調することは「中国の参加」である。このことは、日本委員会の活動の目的がどこまでも宗教協力、つまり宗教者間の「連帯の輪」を強め、平和の条件を作り出すところにあることを示すものである。この点は、韓朝日の宗教者間の会合において次のように述べられている。

「南北朝鮮の統一の問題は、周辺諸国の共通の問題でもあります。韓国、日本、中国といった周辺諸国の共通の問題でありますので、……中国の参加は是非とも今後お願いをしなければなりません」[8]

以上、日本委員会が南北朝鮮の和解と統一の問題に取り組むことになる精神的背景を、平和に対する積極的な理解と責任意識という側面から見てきた。次節では、より具体的に、非武装・和解委員会における「和解」の理念と方法論を中心にして、日本委員会の活動を支えたもう一つの精神的基調を見ることにしたい。

3. 心の信頼醸成論

日本委員会の非武装・和解委員会は、委員会の名称が示すとおり、「非武装」と「和解」という二つの精神に基づいている。まず、非武装の理念は、宗教協力による軍縮の実現と、「軍備なき世界の創造」を目指しているものである。この理念は、WCRPの京都創立会議がマハトマ・ガンディーの非暴力主義と日本国憲法の非武装精神を基調にしていただけに、日本委員会の発足初期からの最も根本的な精神であると指摘されている。[9]非武装・和解委員会は、この理念に基づいて、核武器および通常兵器の軍縮、武器輸出の禁止、対人地雷の撤廃などの課題に取り組んできた。

そして、和解の精神は、軍縮と非武装の目標を人間相互の信頼醸成により実現しようとするものである。この理念は、平和の実現には、制度的軍縮とともに紛争当事者の心理的軍縮、つまり、心における不信感や「敵のイメージ」の払拭を通じた心の和解が必要不可欠であるという認識によるものである。[10] この点について、日本委員会は韓朝日の宗教者間の会合において次のように述べている。

「平和を阻害するものの解決は、絶対に武力によってはできません。それは、本当に非武装精神をふまえた和解の努力によってのみ解決することができると確信します。そういう意味から、私たちは微力ではありますけれども、WCRP日本委員会として、真剣にその問題に取り組んでおります」[11]

ところで、平和の実現において心の和解が重要であり、また絶対に必要であるという当為性については異論の余地がないのだが、問題はどのようにして和解をもたらすかということであろう。この和解への道・方法の問題に関して、日本委員会は、少なくとも南北朝鮮との関係において、次の三つの点を一般論として強調していると思われる。

第一に、理解することである。この場合、「理解」の概念には、「知る」という意味と「真の理解」という意味とが含まれている。「知る」とは、相手の国の状況や情勢、人々のものの考え方や歴史認識などに関して客観的な知識を得ることである。そして、「真の理解」とは、英語の understand が「下に：under」「立つ：stand」という二つの言葉から構成されているように、「理解しようとする相手の人、相手の国の下に立ち、その人、その国の側に立って物事を見る」ことを意味する。[12] 非武装・和解委員会の実際の活動は、まず、このような二つの意味において南北朝鮮の人々と事物を理解しようとする努力から始まった。つまり、人権委員会主催の在日韓国人・朝鮮人問題拡大学習会や国連主催の東アジア金沢シンポジウムへの参加、韓国訪問学習会、そして韓国・北朝鮮宗教者との積極的な対話は、相手を理解しようという意図によるものであった。

第二に、懺悔することである。[13] この場合においても、「懺悔」には二つの意味が含まれていると思われる。一つは、文字どおりに、日本の宗教者として南北朝鮮との過去の歴史に対して反省することである。日本委員会の南北朝鮮の和解活動には、このような反省の意志が大きな要因として働いている。このことは、韓朝日の宗教者間の会合において次のように表明されている。

「戦前、日本が朝鮮半島に様々な迷惑を掛けました。これに対して、心からお詫びを申しますとともに、そうした日本の暴挙を止めることのできなかった日本の宗教者の一人として、懺悔の真心をここに表します。そして、私たち日本の宗教者は単に懺悔するだけでなく、その懺悔を通して、南北朝鮮の平和的統一が実現されるよう、微力ながら努力したいと思います」[14]

また、日本委員会の「懺悔」には、韓国と北朝鮮の宗教者の反省を促すというメッセージが含まれていると思われる。このことは、「自らの反省のうえに立って他の反省を促していく」という日本委員会の精神から根拠づけられる。[15] 国民国家の論理や権力政治の論理を越えた、普遍的な価値観に基づいた宗教者相互の「懺悔と許し合い」こそ、国家間の和解と信頼醸成の出発点であるといえよう。[16]

そして、第三に、日本委員会の強調する和解の方法は、尊敬することである。この場合、「尊敬」の対象は、もちろん相手の国家ではなく、人々である。国家に対する判断においては、政治的正義の問題が関わってくる（例えば、ファシズム国家を尊敬することは不正義に加担することになろう）。しかし、特定の国家の政治体制がいかなるものであっても、その国の人々は「皆、神仏の子」であり、それ故に、人間としての「かけがえのない尊厳性」

を持っている。[17] 日本委員会が和解の道として「尊敬」を強調する際、それは人間の尊厳性に対する自覚に基づいているものである。この精神は、特に北朝鮮への人道支援の過程で貫かれることになる。

以上、非武装・和解委員会における非武装と和解の理念、そして和解と相互信頼にいたる方法の問題を検討してきた。以下では、実際の活動の展開について、北朝鮮への人道支援と韓朝日宗教者間の対話という二つの事業に焦点を合わせて検討することにしたい。

4. 北朝鮮への人道支援

日本委員会の非武装・和解委員会が北朝鮮への人道支援を推進することを正式に決めたのは、九七年一月である。九七年は、三回にわたる九五年と九六年の大洪水の後、北朝鮮が史上最悪の食糧危機に直面した年である。北朝鮮当局が公式統計を発表しなかったが故に正確な死亡者数は確認されていないが、韓国の市民運動団体は九七年と九八年に飢餓と病気で「少なくとも三〇〇万人が亡くなった」と推定している。そして、それだけ、状況が「エチオピアやソマリアの事態よりも深刻である」と報告している。[18] また、世界食糧計画（以下、「WFP」と略称する）は九八年一月に国際社会に向けて、最低限六五万八〇〇〇トンの食糧支援を訴えていた。

このような北朝鮮の状況に対して、韓国の市民団体や国際NGOの緊急支援活動はすでに始まっていた。韓国の場合、九五年から宗教団体と市民団体が活動を始め、一九九七年まで、総計およそ五〇〇万ドル相当の食糧・医療支援を行っていた。そして、国際社会の場合、一九九五年からアメリカ・カナダ・ヨーロッパなどの様々な宗教NGOが主にWFPとのコーディネーションのなかで支援活動を行っていた。日本でも、カトリックのカリタスジャパンやプロテスタントの日本教会協議会（JNCC）が支援活動を始めていた。

しかしながら、日本社会の場合、九七年という時点において北朝鮮への人道支援に対する一般国民の世論はきわめて否定的であった。それには、いろいろな理由が考えられる。一つは、モニタリングが確実に保障されていないが故に、支援食糧が軍事用に使用され、結果的には北朝鮮の政治体制の維持を帮助するということである。また、より直接的な理由としては、九七年に入って北朝鮮による日本人拉致疑惑が社会・政治問題化したことである。さらに、国交がないことや朝鮮民族（特に北朝鮮の人々）に対する根強い差別意識も否定的な世論と関係があったと思われる。[19] 日本委員会の非武装・和解委員会は、このような状況のなかで北朝鮮への人道支援を決めたのである。

日本委員会の実際の活動は世論の喚起と寄付金の募集という二つの方向から展開された。そして、この二つの方向の活動は、アジア宗教者平和会議（以下、「ＡＣＲＰ」と略称する）のチャンネルを通して、ＫＣＲＰとの緊密な連帯のなかで行われた。

まず、日本国民の世論を喚起する作業は、主にＡＣＲＰ日本委員会が主催したＫＣＲＰとの合同記者会見、または合同シンポジウムを通して行われた。この活動は、九七年八月と九八年五月に二回にわたり東京で行われた。ここで、ＫＣＲＰの代表団は主に北朝鮮の飢餓実状や韓国および国際社会の支援状況などについて説明し、政治理念を越えた人道支援を訴えている。そして、ＡＣＲＰ日本委員会は、主に日本と北東アジアの安全と発展における人道支援の意味を説明し、また、ＡＣＲＰ日本委員会およびＫＣＲＰの代表団によって支援物資の配布に対するモニタリングが可能であることを強調している。さらに、九八年五月に開かれた合同シンポジウムの時には、次のような内容の「ＡＣＲＰ行動計画」を発表し、日本の言論や宗教者、一般市民の関心と協力を訴えている。

「（1）緊急食糧支援として、一〇〇〇トンのトウモロコシ、または他の食糧を送るように努力する。（2）人道主義的な国際団体の医薬品輸送経費を送るように努力する。（3）北朝鮮の子供に粉ミルクと必要な食糧を送る。（4）支援物資を伝達するためにＡＣＲＰ使節団を北朝鮮に派遣する」[20]

また日本委員会は、世論喚起の作業とともに、支援物資を購入するための寄付金の募集事業を展開した。募集対象は、主にＡＣＲＰの各国チャプター、日本委員会の加盟教団であったが、上記の韓日合同シンポジウムや記者会見が日本の言論に報じられた時には、一般市民からも寄付金が寄せられた。目標額は一〇万ドルであったが、九八年九月に達成された。このような活動の結果、一一月にＡＣＲＰ日本委員会とＫＣＲＰの代表団が北朝鮮を訪問し、朝鮮宗教人協議会（以下、「ＫＣＲ」と略称する）の代表に支援物資を伝達することになる。

5．韓朝日宗教者間の対話

また、日本委員会は南北朝鮮との和解のために、二回にわたって、南北朝鮮の宗教者間の対話を仲裁しつつ、韓朝日宗教者間の対話を行った。第三節で見たように、相互を理解することは、国家間の和解と信頼醸成において、最も重要な必要条件の一つである。日本委員会は、このような立場から対話を通じて南北朝鮮との相互理解を試みることになる。

韓朝日の宗教者間の対話は、北朝鮮への人道支援という実践事業を中心に推進された。このことは、「実践的協力と奉仕の基礎の上に宗教者の対話はより深められる」という日本委員会の精神によるものである。この奉仕と対話の関連性については、次のように「弁証法的な発展」の関係として強調される。

「宗教協力による奉仕活動のなかで、国と宗教を異にするものたちが協力と一致を実践的に体験し、しかもこの人間的出合いをふまえて、より深められた対話の機会としての国際会議を準備するというように、対話

（dialogue）と奉仕（diakonia）とのいわば弁証法的な発展のなかで、宗教者の交流はより深くより高い次元へともたされつつある」[21]

まず、第一回目の韓朝日宗教者間の対話は、九七年五月にACRP日本委員会の主催で北京で開かれた。この会議の議題については、韓国と北朝鮮の和解のための行動計画、北朝鮮に対する緊急支援活動、韓国・北朝鮮におけるACRP活動の推進、今後の対話と交流活動の推進という四項目が設定されたが、実際には主に北朝鮮への人道支援の問題が議論された。ここでは、具体的な支援額の明示を要求する北朝鮮側の立場と、支援額の明示を受け入れない韓国側の立場、さらに北朝鮮側に対して人権状況の改善を求めるACRP日本委員会の立場とが互いに相衝し、対話は「難航」したと指摘された[22]。

しかし最終的に、韓朝日宗教者は、（1）相互により緊密な協力関係を築き上げる、（2）WCRPとACRPが南北朝鮮宗教者間の対話のパイプ役割をする、（3）KCRは洪水による被害状況と支援物資の配布計画案および実施の結果をACRPに提出する、（4）ACRPは可能な限り速やかに緊急支援額をKCRに通告する、（5）KCRは民衆の福祉向上に献身する、（6）KCRはKCRPを含むACRP代表団の北朝鮮訪問を受け入れる、（7）上記の合意事項の実施のために特別委員会を発足させる、という要旨の七項目に合意した[23]。この会議における対話の成果としては、韓朝日の宗教者がそれぞれ何を考え、相手が自分とどこが違うかを確認したこと、そして、将来の「より深められた対話の機会」のために「実践的協力」のための合意事項を導き出したことを指摘することができよう。

第二回目の韓朝日宗教者間の対話は、約二年後である九九年四月に北京で行われた。この第二次会議は、文字どおり、韓朝日宗教者の「実践的協力と奉仕」の結果である。つまり、およそ二年間、各国委員会は各々第一次会議の合意事項を遂行するために努力した。まずKCRは、第一次会議の直後である九七年六月に洪水の被害状況や食糧事情、支援物資の配布計画案をＡＣＲＰ日本委員会に提出した。これに対してＡＣＲＰ日本委員会は、前節で見たように、ＫＣＲＰとともに世論喚起と募集活動を展開し、九八年五月に緊急支援額をＫＣＲに通告した。これに対してＫＣＲは、六月にＡＣＲＰ代表団とＫＣＲＰを北朝鮮に受け入れる計画を伝えた。そして、一一月にＫＣＲＰを含むＡＣＲＰ代表団が北朝鮮で支援物資を伝達し、その場で第二次韓朝日合同会議を決定したのである。

第二次会議は、第一次会議と比べて、次の二つの点で大きく進展した。まず、一つは、韓朝日宗教者間の対話が相互の善意と信頼のなかで進められたことである。この会議の雰囲気については、日本委員会からの参加者が後に次のように評価している。

「会議では、北朝鮮側が、これまでの日本と韓国の宗教者から寄せられた人道支援に対して深甚の感謝を述べた。また、一九九七年に開催された第一回目の時に、双方の激しい立場が正面からぶつかり、スムーズな会議運営ができなかったことと思い合わせて、今回はほとんどの韓国側からの宗教者にとって北朝鮮の宗教者との対面が始めてであるにも拘わらず、双方ともに率直に意見を交換した。このことについては、第一回の時から長足の内容の発展があった、と参加者から評価の声が聞かれた」(24)

そして、もう一つは、対話のテーマが深められたことである。つまり、第一次会議の対話が実際に北朝鮮への食糧支援という問題に限定されていたことに比して、第二次会議においては、南北朝鮮の平和的統一に対するビジョンという最も根本的な問題が議論された（この会議のテーマは「北東アジアにおける平和と共生――朝鮮半島の平和的統一に果たす宗教者の役割――」であった）。もちろん、この議題をめぐって意見の対立はあったが、日本側の仲裁のなかで、南北朝鮮の宗教者は次のような要旨の四項目の事項を合意した。

「（1）私たちは、祖国の統一のために七・四南北共同宣言における自主・平和・民族的大団結の原則を再確認するとともに、戦争の危険を防止し、自主的な平和統一を妨げる障害を除去することに努力する。（2）私たちは、祖国の平和的統一と相互関心事の解決のために、次の出会いが平壌とソウル、あるいは第三国で実現するように努力する。（3）私たちは、北東アジアの平和のために努力し、北朝鮮への人道支援を持続するように努力する。（4）私たちは、宗教的良心によって民族の和解と対話のために努力し、常に祈りを捧げる」[25]

6．結び

以上、WCRP／ACRP日本委員会が九七年から九九年まで、南北朝鮮との和解のために南北朝鮮和解活動に取り組むことになる精神的背景と、その活動の内容を見てきた。日本委員会が北朝鮮への人道支援を決定し、その実践事業を媒介にして南北朝鮮間の対話を仲裁し、韓朝日宗教者間の対話を行ったのは、三者間の信頼を醸成し、東北アジアにおける平和の条件を主体的に作り出そうという目的によるものであった。このような日本委員会の意図が、その活動によってどれほど達成されたのかを具体的に立証することはきわめて難しいだろう。しかしながら、少なくとも次の二つの点をその成果および意味として指摘することができよう。

まず一つは、南北朝鮮間の信頼醸成と関連して、韓国のKCRPと北朝鮮のKCRとの対話の通路を作り出したことである。KCRPとKCRは、九七年五月に第一次会議が開かれるまで、互いに交流したことがなかった。言い換えれば、第一次会議は、南北朝鮮の分断以来、両者が直接に出会い、相互理解を試みた最初の場であった。この会議と第二次会議の後に、KCRPとKCRは相互信頼を基盤として両者間の対話を行うことになる[26]。この点で、日本委員会による対話仲裁の活動は、南北朝鮮の和解と信頼醸成に大きく寄与したものであると評価することができよう。

そして、もう一つは、日本と南北朝鮮との信頼醸成と関連して、日本委員会の活動が南北朝鮮の宗教者と国民に日本側の善意を確認させたことである。特に、北朝鮮への人道支援という具体的な実践事業をめぐる連帯活動の過程は、三者間の相互信頼をもたらしたと指摘することができよう。この意味で、普遍的な価値観に基づいた宗教の国際活動はこれからも発展していかねばならないと思われる。

（1）飯坂良明『未来への軌跡――ある政治学者の思想と行動――』、五三－五四頁を参照。

（2）「世界宗教者平和会議」（World Conference on Religion and Peace :WCRP）は七〇年に発足し、本部はニューヨークにある。「アジア宗教者平和会議」（Asian Conference on Religion and Peace :ACRP）は七六年に発足し、事務局が東京にあったが、二〇〇二年からソウルに移っている。いずれも、仏教・キリスト教・神道・イスラム教・ユダヤ教・シーク教・ジャイナ教・儒教などの世界の主要宗教を網羅し、宗教協力による平和の実現を目指している。また、いずれも五年に一回の総会を開催し、総会と総会の間には、各種の常設委員会と事務局が研究・調査・救援・国連関連諸機関との協力などの活動に従事している。この二つの団体は、規約上は別個の団体であるが、その各国支部（national chapters）は、各国における同一団体となっている。国連の経済社会理事会における「総合協議資格」（general consultive status）という諮問的地位を有している。

また、日本委員会の場合、活動のための部会として、「非武装・和解委員会」「人権委員会」「開発委員会」「難民特別委員会」を設置している。WCRPおよびACRPの歴史と組織に関しては、世界宗教者平和会議日本委員会『世界宗教者平和会議三〇年史』（二〇〇〇年）を参照されたい。

（3）WCRP日本委員会「非武装・和解委員会議事録」、一九九七年一月三〇日。

（4）「消極的平和」と「積極的平和」との分類および意味については、飯坂良明「平和とは」『平和の課題と宗教』、一八－一九頁、藤原保信「はじめに」『政治思想史における平和の問題』（日本政治学会編、岩波書店、一九九二年）、三－五頁を参照されたい。

（5）WCRP日本委員会「活動部会の現状と今後のあり方」、一九九六年五月二一日。

（6）同上書。
（7）WCRP日本委員会「日朝韓宗教者合同北京会議報告書」、一九九九年五月、七頁。
（8）同上書、三七頁。
（9）勝山恭男「宗教による平和運動：WCRPの事例」『平和の課題と宗教』、一七五頁。
（10）平和の問題に対する社会心理的な接近の必要性に関しては、飯坂良明『未来への軌跡』、五三‐五五頁を参照されたい。
（11）WCRP日本委員会「日朝韓宗教者合同北京会議報告書」、一三頁。
（12）真田芳憲「足元の実践」『平和の課題と宗教』、二六四頁を参照。
（13）一般的に宗教の国際的な和解活動において、懺悔および悔い改めの告白は基本的な出発点である。例えば、韓国教会協議会は八八宣言において「分断と憎悪に対する罪責告白」を行っている。告白の内容については、本書の第二章第二節の注49を参照されたい。
（14）WCRP日本委員会「日朝韓宗教者合同北京会議報告書」、一三頁。
（15）勝山恭男「宗教による平和運動：WCRPの事例」、一九二頁。
（16）宗教の国家超越性、または、宗教者のナショナリズム超越性に関しては、飯坂良明『宗教と現代』（玉川大学出版部、一九八一年）、二四六‐二五〇頁を参照されたい。
（17）真田芳憲「国際NGOと宗教NGO」『平和の課題と宗教』、二九〇頁。
（18）WCRP日本委員会『WCRP』二三〇号、一九九八年七月二〇日、また、『毎日新聞』、一九九八年五月二八日を参照されたい。死亡者の数は、韓国の「民族互いに助け合い運動本部」の法輪（ポップリュン）師が北朝鮮と中国との国境地域で調査し、推定したものである。
（19）九七年を前後にして、北朝鮮に対する日本の世論がいかに否定的であったかは、例えば、「比叡山宗教サミット」の一〇周年を記念する「世界宗教者の平和の祈り」の集いが京都で開かれたが、北朝鮮への人道支援の問題は検討の対象にならなかったことに如実に現れている。この点に関しては、『東京新聞』、一九九七年八月六日を参照されたい。
（20）「ACRP行動計画」は、九八年五月二五日に日本の言論に公表された「ACRP東京宣言」のなかに含まれている。東京宣言および行動計画の内容については、『週刊仏教タイムス』、一九九八年五月二八日を参照されたい。
（21）飯坂良明『宗教と現代』、二五二‐二五三頁。

(22) ＷＣＲＰ日本委員会「第五五回理事会・第五三回評議員会〈議案〉」、一九九七年七月七日。特に、日本人拉致問題など、北朝鮮の人権問題について、日本委員会が「ある国において一人でも人権が抑圧されている状況があれば、それはアジアのすべての宗教者の苦しみである」と指摘したことに対して、北朝鮮側は、「人権とか自由とかいう価値観は国によって考え方が異なる」と述べている。宗教者の国際会議において、共産圏の代表が自国の公式的な立場に忠実である理由や、それへの対応の仕方については、飯坂良明、『宗教と現代』、二四九－二五〇頁を参照されたい。

(23) ＷＣＲＰ日本委員会『ＷＣＲＰ』二一九号、一九九七年七月二〇日、九－一一頁を参照。

(24) ＷＣＲＰ日本委員会「第六二回理事会・第六〇回評議員会〈議案〉」、一九九九年六月二二日。

(25) ＷＣＲＰ日本委員会「日朝韓宗教者合同北京会議報告書」、四五－四六頁を参照。

(26) ＫＣＲＰとＫＣＲは、二〇〇〇年一二月に北朝鮮の金剛山で両者間の会合を開き、同年六月に南北首脳会談で発表された合意事項を宗教者として実行する問題を協議した。

年表（1945年―2003年）

年度	南北朝鮮関係	韓国政府の統一政策	教会協議会の統一運動
1945	8：南北朝鮮の分断		
1948	8：「大韓民国」政府樹立 9：「朝鮮民主主義人民共和国」政府樹立	7：「大韓民国憲法」における領土条項を制定 8：第一共和国政府（48・8‐60・4）が統一の三大原則（韓国唯一合法政府論、北朝鮮での自由選挙論、武力統一論）を発表 10：韓国国家保安法を制定	
1950	6：朝鮮戦争の勃発		
1953	7：停戦協定の締結		6：反共の立場から休戦反対集会を開催
1960		4：学生や市民の「四・一九革命」により第一共和国が崩壊 9：第二共和国政府（60・8‐61・5）が武力統一論を破棄し、国連監視下の南北自由総選挙を主張	

年度	南北朝鮮関係	韓国政府の統一政策	教会協議会の統一運動
1961		5：朴正煕の軍事クーデターによる軍事委員会及び第三共和国政府（63・12-72・10）が反共と「先建設後統一」論を発表	
1970		8：「平和統一構想宣言」を発表（「先平和後統一」論を主張し、北朝鮮を「事実上の国家」として認定）	
1971		8：南北赤十字社会談を提案	
1972	2：南北赤十字社会談を開催（分断後の最初の南北対話） 7：「七・四南北共同声明」の発表「自主・平和・民族的大団結」の三大統一原則に合意	10：第四共和国政府の発足（72・10-80・9）	7：反共の立場から「七・四南北共同声明」に批判的な見解を発表
1973		6：「六・二三平和統一外交政策宣言」を発表（北朝鮮の国際機構への参加を認定）	
1974		8：「平和統一三大原則」（南北不可侵条約の締結、相互門戸の開放、南北自由総選挙の実施による統一）を宣言	
1980		5：光州民主化運動を流血鎮圧	

		9：全斗煥過渡政府の発足（80・9–81・2）	
1981		1：南北朝鮮の最高責任者会談を提案（「金日成主席」という公式名称を使用） 2：第五共和国の全斗煥政権が出帆（81・2–88・2） 6：南北朝鮮の最高責任者会談を再び提案	6：「第四次韓国・ドイツ教会協議会」を開催（統一問題協議会の設置に合意） 11：「第一次祖国統一のための北と海外同胞・キリスト者との対話」がオーストリアのウィーンで開催
1982		1：「民族和合民主統一方案」を発表 2：「二〇大示範実践事業」を提案	9：「統一問題研究院運営委員会」を結成 12：「第二次祖国統一のための北と海外同胞・キリスト者との対話」がフィンランドのヘルシンキで開催
1983			5：「第一次統一問題協議会」が政府の妨害で挫折
1984	4：南北体育会談を開催 9：北朝鮮の救援物資を韓国が受け入れ 11：南北次官級経済会談開催		3：「第三次韓国・北米教会協議会」を開催（平和統一運動のための国際連帯を確認） 10：世界教会協議会との連帯で「東北アジアの平和と正義のための協議会」を日本の東京で開催

年度	南北朝鮮関係	韓国政府の統一政策	教会協議会の統一運動
1985	5：南北赤十字社会談を開催 7：南北国会会談を開催 9：南北離散家族の故郷訪問団及び芸術公演団の相互訪問		2：「韓国教会平和統一宣言」を発表 5：「第一次統一問題協議会」を開催 11：世界教会協議会の代表団が北朝鮮を訪問
1986	1：北朝鮮が韓米軍事合同演習を理由にすべての対話を中断		4：アメリカ教会協議会の代表団が北朝鮮を訪問 8：「第二次統一問題協議会」を開催 9：「第一次南北朝鮮のプロテスタント会議」をスイスのグリオンで開催
1987			5：日本教会協議会の代表団が北朝鮮を訪問。韓国での報告会が政府の妨害で挫折 6：アメリカ教会協議会の代表団が北朝鮮を訪問 8：「第三次統一問題協議会」を開催 10：世界教会協議会の代表団が北朝鮮を訪問 11：「第四次統一問題協議会」を開催

1988	1989	1990
	2：南北高位級会談のための予備会談を開始	9：南北総理級会談を開始 10：南北サッカー大会、南北音楽会を開催
2：第六共和国の盧泰愚政権の発足（88・2-93・2） 7：「民族自尊と統一繁栄のための特別宣言」を発表（北朝鮮を「民族共同体」として宣言） 北朝鮮への非難放送を中止 10：北朝鮮への経済開放措置を発表	9：「韓民族共同体統一方案」を発表	8：「南北交流協力に関する法律」を制定。南北民間交流を法的に保障 8：「南北協力基金法」を制定
1：「第五次統一問題協議会」を開催 2：「民族の統一と平和に対する韓国キリスト教会宣言」を発表 4：世界教会協議会と「世界キリスト教韓半島平和協議会」を韓国仁川で開催 10：「第五次統一問題協議会」を開催 11：「第二次南北朝鮮のプロテスタント会議」をスイスのグリオンで開催	3：文益煥牧師が平壌を訪問 7：世界教会協議会が「韓半島の平和と統一に関する政策声明」を発表	7：「祖国の平和統一と宣教に関するキリスト者東京大会」を開催 12：「第三次南北朝鮮のプロテスタント会議」をスイスのグリオンで開催 12：「統一のための『ヨベルの年』準備委員会」を結成

年度	南北朝鮮関係	韓国政府の統一政策	教会協議会の統一運動
1991	9：国連へ南北同時加入		8：「一九九五年の『ヨベルの年』に向けたメッセージ」を採択
1992	1：北朝鮮がNPT（核拡散禁止条約）に署名 2：「南北間における和解と不可侵および交流協力に関する合意書」を発表。南北朝鮮関係を「民族内部の特殊関係」として明記		1：教会協議会のクォン・オギョン総務が北朝鮮を公式訪問 2：朝鮮キリスト教徒連盟のソウル訪問が韓国政府の許可拒否で霧散 8：アメリカ教会協議会の代表団が北朝鮮を訪問
1993	3：北朝鮮がNPTから脱退予告	2：金泳三政権の発足（93・2－98・2） 7：「三段階・三基調統一案」を発表 9：核問題の解決後、南北首脳会談の開催を提案	4：「『ヨベルの年』準備委員会」が「南北分かち合い運動」本部を創立 8：「南北の人間帯結び」運動を諸社会団体とともに開催
1994	6：カーター元米大統領が訪朝し、核危機回避 6：南北首脳会談開催に合意（七月に金日成死去により霧散） 10：ジュネーブで米朝が包括的枠組みに合意	6：南北首脳会談の開催を受諾 8：「韓民族共同体の建設のための三段階統一案」を発表 11：南北経済協力の活性化方針を発表	3：「南北分かち合い運動」として北朝鮮に「愛と分かち合いの米を送る運動」を展開
1995	3：朝鮮半島エネルギー開発機構（KEDO）が公式に発足	6：北朝鮮と一五万トンの米支援に合意	3：第四次グリオン会議を日本の京都で開催（「ヨベルの年」共同合意文を発表）

			8：「一九九五年：平和と統一のための『ヨベルの年』の宣言」を発表 9：「北韓水害復旧支援本部」を発足
1996	9：北朝鮮の潜水艦の侵入事件	4：北朝鮮に三〇〇万ドルの食料支援を発表 7：北朝鮮に四者会談の受容を前提に、経済支援を表明 9：潜水艦の侵入事件に対する謝罪を要求し、経済支援の不可方針を発表	1：マカオで「東北アジアの平和と連帯の会議」を開催
1997	2：黄長燁が韓国に亡命 4：南北赤十字社が支援物資の伝達に関して合意書を採択	4：北朝鮮に対し四者会談の受容を要求 4：民間団体の対北朝鮮支援に対して政府への窓口単一化を要求 10：金泳三大統領が北朝鮮の赤化統一戦略に対する警戒を強調 12：金大中（次期大統領）当選者が南北首脳会談を提案	2：「北韓同胞後援連合会」を創立 4：大統領への公開書簡で、北朝鮮の食糧難解決と経済回復のために政府支援を要請 6：朝鮮戦争の勃発の週（六月二五日）を「民族和解の週間」として宣布 9：教会協議会の代表団が朝鮮キリスト教連盟の招聘で平壌を訪問（以後、毎年定期的に訪問）

年度	南北朝鮮関係	韓国政府の統一政策	教会協議会の統一運動
1998	4：南北次官級会談が北京で開催 8：北朝鮮のテポドンミサイル発射事件 9：金正日が国防委員長に就任 11：金剛山観光の開始	2：金大中政権の発足（98・2－03・2） 3：WFPを通して北朝鮮へトウモロコシ支援を発表 3：民間部門の対北朝鮮支援の活性化方針を発表 4：南北経済協力の活性化方針を発表、施行 6：現代会長が板門店を経由し、五〇〇匹の牛を北朝鮮に支援	5：教会協議会の代表団が朝鮮キリスト教徒連盟の招聘で平壌を訪問 12：世界教会協議会の八次総会に南北教会の代表団が参加
1999	6：西海で南北軍艦交戦 9：アメリカのペリー対北朝鮮政策調整官がペリー報告書を発表 9：クリントン大統領が対北朝鮮経済制裁の解除を発表	1：現代の金剛山開発計画を承認 2：対北朝鮮支援における窓口の多元化措置を発表 7：脱北者のための支援施設（ハナウォン）設立	2：キリスト教団体の金剛山観光プログラムを実施 10：朝鮮キリスト教徒連盟に五億ウォン相当の支援物資を伝達
2000	6：南北首脳会談が開催され南北共同宣言を発表 7：南北長官級会談が開催 9：南北国防長官会談が開催 12：南北経済協力推進会議が平壌で開催	3：金大中大統領がベルリンで政府のレベルで北朝鮮に対する経済協力を宣言 4：南北首脳会談の開催を発表 12：金大中大統領がノーベル平和賞を受賞	6：「民族の和解と平和のための一日に一分間、お祈りを奉げる運動」を展開 6：南北首脳会談に対する歓迎声明を発表

2001	1：アメリカでブッシュ政権発足 2：南北電力会談を開催 8：八・一五南北共同行事を開催	4：北朝鮮に対し肥料（二〇万トン）の支援を発表	6：金剛山の「民族統一大会」へ参加（以後、毎年参加） 8：平壌の「民族統一大祝典」へ参加（以後、毎年参加）
2002	1：ブッシュ大統領が北朝鮮を「悪の枢軸」と言及 6：西海で南北軍艦交戦 9：南北鉄道・道路工事の着工 10：北朝鮮の経済視察団が韓国を訪問	3：金剛山観光に対する経費の支援方針を発表	8：朝鮮キリスト教徒連盟の代表団がソウルを始めて訪問
2003	1：北朝鮮がＮＰＴから脱退を宣言 4：北朝鮮の核問題をめぐる米朝中の三者会議が北京で開催	2：盧武鉉政権の発足（03・2-08・2）	3：朝鮮キリスト教徒連盟の代表団がソウルを訪問 8：教会協議会の総務が「八・一五民族大祝典」の代表団長として平壌を訪問

参考文献

1．日本語文献

（1）単行本

アルトゥール・カウフマン著、竹下賢監訳『正義と平和』（ミネルヴァ書房、一九九〇年）。

飯坂良明『キリスト者の政治的責任』（新教出版社、一九七〇年）。

　『宗教と現代』（玉川大学出版部、一九八一年）。

　『未来への軌跡――ある政治学者の思想と行動――』（四谷ラウンド、一九九五年）。

飯島昇藏『スピノザの政治哲学――「エティカ」読解をとおして――』（早稲田大学出版部、一九九七年）。

池川健司『平和の市民哲学』（第三書館、一九九〇年）。

石田雄『平和の政治学』（岩波新書、一九六八年）。

　『日本の政治と言葉（下）：「平和」と「国家」』（東京大学出版会、一九八九年）。

浦野起央・崔敬洛『朝鮮統一の構図と北東アジア』（勁草書房、一九八九年）。

大内憲昭『法律から見た北朝鮮社会』（明石書店、一九九五年）。

大原康夫・百地章・坂本是丸『国家と宗教の間――政教分離の思想と現実――』（日本教文社、一九八九年）。

小此木政夫・徐大粛監修『資料 北朝鮮研究――I政治・思想』（慶応義塾大学出版会、一九九八年）。

河合秀和訳『社会変革と宗教倫理』（未来社、一九七三年）。

康仁徳・小田川興編『北朝鮮問題をどう解くか』（聖学院大学出版会、二〇〇四年）。

韓国問題キリスト者緊急会議編『韓国民主化闘争資料集一九七三―一九七六』（新教出版社、一九七六年）。

韓国問題キリスト者緊急会議・NCCアジア資料センター編『朝鮮半島の平和と統一をもとめて』（新教出版社、一九八九年）。

韓国国土統一院『南北対話白書』（現代文芸社、一九八八年）。

姜尚中『東北アジアの共同の家をめざして』（平凡社、二〇〇一年）。

『ナショナリズム』（岩波書店、二〇〇一年）。

木宮正史『韓国――民主化と経済発展のダイナミズム』（ちくま新書、二〇〇三年）。

『ギリシア語新約聖書釈義辞典』（教文館、一九九四年）。

澤正彦『南北朝鮮キリスト教史』（日本キリスト教団出版局、一九八二年）。

柴田敏夫『政治と宗教のあいだ――比較政治論の視点から――』（有斐閣、一九八六年）。

C・ベイツ著、進藤栄一訳『国際秩序と正義』（岩波書店、一九八九年）。

鐸木昌之『北朝鮮――社会主義と伝統の共鳴――』（東京大学出版会、一九九二年）。

徐大粛著、安部誠・有田伸訳『金正日の北朝鮮』（岩波書店、一九九八年）。

徐南同著、金忠一訳『民衆神学の探求』（新教出版社、一九八九年）。

世界宗教者平和会議日本委員会『世界宗教者平和会議三〇年史』（二〇〇〇年）。

『世界宗教大事典』（平凡社、一九九一年）。

宗教と共産主義委員会編『宗教と共産主義』（世界宗教議会日本会議、一九八九年）。

ダグラス・ジョンストン他著、橋本光平・畠山圭一監訳『宗教と国家――国際政治の盲点――』（ＰＨＰ研究所、一九九七年）。

田畑忍『非戦・平和の論理』（法律文化社、一九九二年）。

千葉眞『現代プロテスタンティズムの政治思想――Ｒ・ニーバとＪ・モルトマンの比較研究――』（新教出版社、一九八八年）。

千葉眞・佐藤正志・飯島昇藏『政治と倫理のあいだ』（昭和堂、二〇〇一年）。

池明観『韓国民主化への道』（岩波新書、一九九五年）。

中央学術研究所編『平和の課題と宗教』（佼成出版社、一九九二年）。

崔章集著、中村福治訳『現代韓国の政治変動――近代化と民主主義の歴史的条件――』（木鐸社、一九九七年）

中島誠『丸山真男と日本の宗教』（第三文明社、一九九九年）。

中野毅・飯田剛史・山中弘編『宗教とナショナリズム』（世界思想社、一九九七年）。

中野実『宗教と政治』（新評論、一九九八年）。

『日本キリスト教歴史大事典』（教文館、一九八八年）。

日本国際政治学会編『国際政治』第一二一号「宗教と国際政治」（一九九九年五月）。

日本政治学会編『政治思想史における平和の問題』（岩波書店、一九九二年）。

日本平和学会編『平和の思想』（早稲田大学出版部、一九八四年）。

『市民・NGO運動と平和』（早稲田大学出版部、一九八九年）。

広島平和文化センター編『平和事典』（勁草書房、一九八五年）。

藤原保信『政治理論のパラダイム転換――世界観と政治――』（岩波書店、一九八五年）。

『（増補版）政治哲学の復権』（新評論、一九八八年）

『仏教大事典』（小学館、一九八八年）。

ブルース・カミングス著、横田安司・小林知子訳『現代朝鮮の歴史――世界のなかの朝鮮』（明石書店、二〇〇三年）

ベネディクト・アンダーソン著、白石隆・白石さや訳『想像の共同体』（リブロポート、一九八七年）。

丸山真男『（増補版）現代政治の思想と行動』（未来社、一九八九年）。

『丸山真男講義録［第四冊］』（東京大学出版会、一九九八年）。

宮田光雄『平和の思想史的研究』（創文社、一九七八年）。

森山茂徳『韓国現代政治』（東京大学出版会、一九九八年）。

百地章『政教分離とは何か――争点の解明――』（成文堂、一九九七年）。

ヨハン・ガルトゥング著、高柳先男・塩屋保・酒井由美子訳『構造的暴力と平和』（中央大学出版部、一九九一年）。

柳東植『韓国のキリスト教』（東京大学出版会、一九八七年）。

柳炳徳・安丸良夫・鄭鎮弘・島園進編『宗教から東アジアの近代を問う――日韓の対話を通じて――』（ぺりかん社、二〇〇二年）。

和田春樹・梶村秀樹著『韓国の民衆運動』（勁草書房、一九八六年）。

（2）論文

飯坂良明・真田芳憲他「国家と宗教――その基本的なあり方を考える」（『平和と宗教』第一三号、一九九四年）。

飯島昇藏「ロールズ――正義と平和――」『政治思想史における平和の問題』（岩波書店、一九九二年）。

磯崎展世「金大中政権の対北朝鮮政策と国内政治――冷戦構造解体の方向性と国内対立軸の変化――」（『東洋文化研

究』七号、二〇〇五年三月）

李分一「韓国の第五共和国制と新旧教会の民主化運動――政治変動と教会の役割――」（『国際政治』一二一号「宗教と国際政治」、一九九九年五月）。

李鎔哲「政治権力と自由（上）――丸山真男の「信教の自由」論を中心に――」（『中央学術研究所紀要』第二九号、二〇〇〇年）。

「政治権力と自由（下）――丸山真男の『信教の自由』論を中心に――」（『中央学術研究所紀要』第三〇号、二〇〇一年）。

「宗教と平和――WCRP／ACRP日本委員会における朝鮮半島和解活動――」（『地域文化研究』第五号、二〇〇一年）。

「韓国キリスト教における南北朝鮮和解の理念と活動」（『地域文化研究』第六号、二〇〇二年）。

小杉泰「序論：現代の宗教復興と国際政治」（『国際政治』一二一号「宗教と国際政治」、一九九九年五月）。

小此木政夫「北朝鮮における対ソ自主性の萌芽：一九五三―一九五五」（『アジア経済』第一三巻第二号、一九七二年七月）。

木宮正史「韓国の民主化運動――民主化への移行過程との関連を中心にして――」『世界政治の構造変動　第六巻　市民運動』（岩波書店、一九九五年）。

「金大中政権による対北朝鮮包容政策の起源・展開・帰結」『変貌するアメリカ太平洋世界2：太平洋世界の国際秩序』（彩流社、二〇〇五年）

倉田秀也「韓国外交における『ハルシュタイン・ドクトリン』の放棄の過程（上）――朴正熙大統領『平和統一外交宣言』への道程」（『外交時報』一二五九号、一九八九年六月）。

「韓国外交における『ハルシュタイン・ドクトリン』の放棄の過程（下）――朴正熙大統領『平和統一外交宣言』への道程」（『外交時報』一二六〇号、一九八九年七月）。

「朝鮮半島平和体制樹立問題の規範的構造――相反する『平和保障』概念の交錯」（『国際問題』四七四号、一九九九年九月）。

孔義植「韓国の民主化と対北統一政策との関連について」（『政経研究』第四〇巻四号、二〇〇四年三月）。

眞田芳憲「足元の実践」『平和の課題と宗教』（佼成出版社、一九九二年）。

鐸木昌之「北朝鮮における主体思想の新展開――『社会政治的生命体』論を中心に――」（『法学研究』第六三巻第二号、

一九九〇年二月)。

徐大粛著、安部誠訳『南北朝鮮五十年の政治文化——克服すべき課題と展望——』(『世界』六五三号、一九九八年一〇月)。

池明観「東アジアの平和と民主主義」(『聖学院大学総合研究所紀要』二七号、二〇〇四年)。

東海林勤「南北統一とキリスト者の課題」『朝鮮半島の平和と統一をもとめて』(新教出版社、一九八九年)。

中本義彦「現実主義理論の再検討——責任倫理の観点から——」(『国際政治』第九九号「共産圏の崩壊と社会主義」、一九九二年三月)。

中嶋正昭「韓国のキリスト教徒の戦い」(『世界政経』、一九七五年六月号)。

丸山真男「超国家主義の論理と心理」『丸山真男集』第三巻(岩波書店、一九九五年)。

「ジョン・ロックと近代政治原理」『丸山真男集』第四巻(岩波書店、一九九五年)。

「政治の世界」『丸山真男集』第五巻(岩波書店、一九九五年)。

「政治権力の諸問題」『丸山真男集』第六巻(岩波書店、一九九五年)。

峰島旭雄「宗教と政治——三つの類型を通じて——」(『平和と宗教』第四号、一九八五年)。

宮田光雄「ボンヘッファーと現代——心情倫理と責任倫理への旅——」(『世界』六〇八号、一九九五年五月)。

2. 韓国語文献

(1) 単行本

강만길『강만길선생님과 함께 생각하는 통일』、서울 : 지영사(カン・マンギル『カン・マンギル先生と共に考える統一』、チヨン社、二〇〇〇年)。

고난받는 이들과 함께 하는 모임『비전향장기수백서』、서울(苦難を受ける人々とともにする会『非転向長期囚白書』、二〇〇〇年)。

계희열『헌법학』、서울 : 박영사(ケ・ヒヨル『憲法学』、博英社、二〇〇二年)。

권영성『헌법학원론』、서울 : 법문사(クォン・ヨンソン『憲法学原論』、法文社、二〇〇三年)。

기독교사상편집부편『한국의 정치신학』、서울 : 대한기독교서회(キリスト教思想編集部編『韓国の政治神学』、大

韓キリスト教書会、一九八四年）。

기독교학문연구회편『민족통일과 한국기독교』、서울：한국기독학생회출판부（キリスト教学問研究会編『民族統一と韓国キリスト教』、韓国基督学生会出版部、一九九四年）。

김녕『한국정치와 교회──국가갈등』、서울：소나무（キム・ニョン『韓国政治と教会──国家の葛藤』、ソナム、一九九六年）。

김병로『북한사회의 종교성：주체사상과 기독교의 종교양식 비교』、서울：통일연구원（キム・ビョンロ『北韓社会の宗教性：主体思想とキリスト教との宗教様式比較』、統一研究院、二〇〇〇年）。

김철수『헌법학개론』、서울：박영사（キム・チョルス『憲法学概論』、博英社、二〇〇三年）。

김흥수、류대영공저『북한종교의 새로운 이해』、서울：다산글방（キム・フンス、リュ・デヨン『北韓宗教の新しい理解』、タサングルバン、二〇〇二年）。

김흥수편『해방후북한교회사──연구・증언・자료──』、서울：다산글방（キム・フンス編『解放後北韓教会史──研究・証言・資料──』、ダサングッルバン、一九九二年）。

남북나눔연구위원회편『21세기 민족화해와 번영의길』、서울：크리스챤서적（南北ナヌム研究委員会『二一世紀民族和解と繁栄の道』、クリスチャン書籍、二〇〇〇年）。

노중선『연표：남북한 통일정책과 통일운동50년』、서울：사계절출판사（ノ・ジュンソン『年表：南北韓統一政策と統一運動五〇年』、サゲジョル出版社、一九九六年）。

『대법전』、서울：법전출판사（『大法典』、法典出版社、一九八五年）。

류성민『북한종교연구Ⅰ』、서울：현대사회연구소（リュ・ソンミン『北韓宗教研究Ⅰ』、現代社会研究所、一九九二年）。

『북한종교연구Ⅱ』（『北韓宗教研究Ⅱ』、現代社会研究所、一九九三年）。

『북한주민의 종교생활』、서울：공보처（『北韓住民の宗教生活』、公報処、一九九四年）

『남북한의 사회문화교류에 관한 연구──종교교류를 중심으로──』、서울：현대사회연구소（『南北韓の社会・文化交流に関する研究──宗教交流を中心に──』、現代社会研究所、一九九四年）。

류은상『남북대화시대의 종교계 통일운동의 방향』、서울：국토통일원（リュ・ウンサン『南北対話時代の宗教界統一運動の方向』、国土統一院、一九八九年）。

민화협정책위원회편『민족화해와 남남대화』、서울：한울（民和協政策委員会編『民族和解と南南対話』、ハンウル、

一九九九年）。

『민족화해와 평화정착』、서울：한울（『民族和解と平和定着』、ハンウル、二〇〇一年）。

맹용길『기독교의 미래와 주체사상』、서울：기독교문사（ミャン・ヨンギル『キリスト教の未来と主体思想』、基督教文社、一九九〇年）。

박순경『통일신학의 미래』、서울：사계절（パク・スンキョン『統一神学の未来』、サゲジョル、一九九七年）

박원순『국가보안법연구1——국가보안법변천사——』、서울：역사비평사（パク・ウォンスン『国家保安法研究1——国家保安法変遷史——』、歴史批評社、一九八九年）。

『국가보안법연구2——국가보안법적용사——』、서울：역사비평사（『国家保安法研究2——国家保安法適用史——』、歴史批評社、一九九二年）。

『국가보안법연구3——국가보안법폐지론——』、서울：역사비평사（『国家保安法研究3——国家保安法廃止論——』、歴史批評社、一九九二年）。

북미주 기독학자회편『기독교와 주체사상』、서울：신앙과 지성사（北米州キリスト学者会編『キリスト教と主体思想』、信仰と知性社、一九九三年）。

북한연구학회편『분단반세기북한연구사』、서울：한울아카데미（北韓研究学会編『分断半世紀北韓研究史』、ハンウルアカデミー、一九九九年）。

서광선『한국기독교 정치신학의 전개』、서울：이화여자대학교출판부（ソ・クァンソン『韓国キリスト教の政治神学の展開』、梨花女子大学校出版部、一九九六年）。

서재진『주체사상의 형성과 변화에 대한 새로운 분석』、서울：통일연구원（ソ・ジェジン『主体思想の形成と変化に関する新しい分析』、統一研究院、二〇〇一年）。

성락인『헌법실습——사례와 판례——』、서울：법문사（ソン・ラックイン『憲法実習——事例と判例——』、法文社、二〇〇〇年）。

『소법전』、서울：법전출판사（『小法典』、法典出版社、二〇〇四年）。

손호철『해방50년의 한국정치』、서울：새길（ソン・ホチョル『解放五〇年の韓国政治』、セギル、一九九五年）。

송우 편저『한국헌법개정사』、서울：집문당（ソン・ウ編著『韓国憲法改正史』、集文堂、一九八〇年）。

신법타『북한불교연구』、서울：민족사（シン・ボッブタ『北韓仏教研究』、民族社、二〇〇〇年）

신일철『북한주체철학연구』、서울：나남출판（シン・イルチョル『北韓主体哲学研究』、ナナム 出版、一九九三年）。

안병무『역사앞에 민중과 더불어』、서울：한길（アン・ビョンム『歴史の前に民衆と共に』、ハンギル、一九八六年）。

양영식『통일정책론——이승만정부에서 김영삼정부까지——』、서울：박영사（ヤン・ヨンシック『統一政策論——李承晩政府から金泳三政府まで——』、博英社、一九九七年）。

ＮＣＣ한국신학연구소『민중과 한국신학』、천안：한국신학연구소（ＮＣＣ神学研究委員会編『民衆と韓国神学』、韓国神学研究所、一九八二年）。

오경환외『교회와 국가』、인천：인천카톨릭대학출판부（オ・キョンファン他『教会と国家』、仁川カトリック大学出版部、一九九七年）。

윤이흠『종교가 북한사회에 미치는 영향』、서울：통일원조사연구실（ユン・イフム『宗教が北韓社会に及ぼす影響』、統一院調査研究室、一九九〇年）。

이상민외『21세기의 남북한 정치』、서울：한울아카데미（イ・サンミン他『21世紀の南北韓政治』、ハンウルアカデミー、二〇〇〇年）。

이종석『분단시대의 통일학』、서울：한울（イ・ジョンソク『分断時代の統一学』、ハンウル、一九九八年）。

재일대한기독교회『평화통일과 ＮＣＣＪ』、동경（在日大韓キリスト教会『平和統一とＮＣＣＪ——祖国の平和統一と宣教に関するキリスト者東京会議の評価資料集——』、二〇〇〇年）。

전대련・노정호 엮음『한국기독교의 사회운동——형성・전개・과제』、서울：로출판（ジョンデリョン、ノジョンホ編『韓国キリスト教の社会運動——形成・展開・課題』、路出版、一九八六年）

정성한『한국기독교통일운동사』、서울：그리심（ジョン・ソンハン『韓国キリスト教統一運動史』、グリシム、二〇〇三年）

제성호『남북한특수관계론——법적 문제와 그 대책——』、서울：한울아카데미（ジェ・ソンホ『南北韓特殊関係論——法的問題とその対策——』、ハンウルアカデミー、一九九五年）。

조민『한국사회의 냉전문화의 극복방안에 관한 연구』、서울：통일연구원（チョ・ミン『韓国社会の冷戦文化の克服方案に関する研究』、統一研究院、一九九九年）。

『한국사회의 평화문화 형성방안에 관한 연구』（『韓国社会の平和文化の形成方案に関する研究』、統一研究院、二〇〇〇年）。

『남북한 이념통합의 방향과 과제』、서울：통일연구원（チョ・ミン『南北韓理念統合の方向と課題』、統一研究院、二〇〇一年）。

조한범『남북의 사회문화교류・협력의 평가와 과제』、서울：통일연구원（チョ・ハンボム『南北社会文化交流協力の評価と発展方向』、統一研究院、一九九九年）。

채수일편『희년신학과 통일희년운동』、천안：한국신학연구소（チェ・スイル編『禧年神学と統一禧年運動』、韓国神学研究所、一九九五年）。

최상룡『평화의 정치사상』、서울：나남출판（チェ・サンヨン『平和の政治思想』、ナナム出版、一九九七年）。

최장집『한국민주주의의 조건과 전망』、서울：나남출판（チェ・ジャンジップ『韓国民主主義の条件と展望』、ナナム出版、一九九六年）。

통계청『남북한경제사회상비교』、대전（統計庁『南北韓経済社会像比較』、一九九五年）。

통일교육원『통일문제이해』、서울（統一教育院『統一問題理解』、二〇〇〇年）。

통일신학동지회엮음『통일과 민족교회의 신학』、서울：한울（統一神学同志会編『統一と民族教会の神学』、ハンウル、一九九〇年）。

통일원『통일백서』、서울（統一院『統一白書』、一九九〇年）。

『통일백서』、서울（統一院『統一白書』、一九九二年）。

통일부『통일백서』、서울（統一部『統一白書』、二〇〇三年）。

편집부편『주체사상연구』、서울：태백（編集部編『主体思想研究』、テベック、一九八八年）。

한국기독교교회협의회70년역사편찬위원회『하나되는 교회 그리고 세계──한국기독교교회협의회70년연표──』、서울：한국기독교서회（韓国キリスト教教会協議会七〇年史編纂委員会『一つになる教会、そして世界──韓国キリスト教教会協議会七〇年年表──』、韓国キリスト教書会、一九九四年）。

한국기독교교회협의회통일위원회편『한국교회통일문제주요자료집』、서울（韓国キリス教教会協議会統一委員会編『韓国教会統一問題主要資料集（一九八四・一〇―一九八七・五）』、一九八七年）。

『남북교회의 만남과 평화통일신학』、서울：한국기독교사회문제연구원（『南北教会の出会いと平和統一神学』、韓国キリスト教社会問題研究院、一九九〇年）。

『한국교회평화통일운동자료집』、서울（『韓国教会平和統一運動資料集一九八〇―二〇〇〇』、二〇〇〇年）。

한국기독교역사연구소북한교회사집필위원회『북한교회사』、서울：한국기독교역사연구소（韓国キリスト教歴史研究所北韓教会史執筆委員会『北韓教会史』、韓国キリスト教歴史研究所、一九九六年）。

한국기독교장로회역사편찬위원회『한국기독교１００년사』、서울：한국기독교장로회출판사（韓国キリスト教長老

会歴史編纂委員会『韓国キリスト教一〇〇年史』、韓国キリスト教長老会出版社、一九九二年)。

한국천주교회통일사목연구소편『카톨릭교회와 민족복음화』、서울:일선기획(韓国天主教統一司牧研究所編『カトリック教会と民族福音化』、日善企画、一九九〇年)。

한국천주교북한선교위원회『마르크스주의와 카톨리시즘』、서울:분도출판사(韓国天主教北韓宣教委員会『マルクス主義とカトリッシズム』、ブンド出版社、一九八八年)。

『카톨릭교회와 남북교류』、서울:사람과 사람(『カトリック教会と南北交流』、サラムとサラム、一九九二年)。

『한국천주교통일사목자료집』(『韓国天主教統一司牧資料集一九四五―一九九一』、サラムとサラム、一九九二年)。

한신대학교60주년기획위원회편『한반도통일논의의 쟁점과 과제』、오산:한신대학교출판부(韓神大学校開校60周年企画委員会編『韓半島統一論議の争点と課題』、韓神大学校出版部、二〇〇一年)。

한신대학교종교문화연구소『종교문화연구』、오산(韓神大学校宗教文化研究所『宗教文化研究』創刊号、一九九九年)。

한신대학교평화연구소『민족통일과 평화』、오산:한국신학연구소(韓神大学校平和研究所編『民族統一と平和』、韓国神学研究所、一九九五年)。

한배호『한국정치변동론』、서울:법문사(ハン・ベホ『韓国政治変動論』、法文社、一九九四年)。

황장엽『나는 역사의 진리를 보았다』、서울:한울(ファン・ジャンヨップ『俺は歴史の真理を見た』、ハンウル、一九九九年)。

『개인의 생명보다 귀중한 민족의 생명』、서울:시대정신(『個人の生命より貴重な民族の生命』、時代精神、一九九九年)。

홍동근외 공저『주체사상과 기독교』、서울:북미주체사상연구회(ホン・ドングン他共著『主体思想とキリスト教』、北米主体思想研究会、一九九〇年)。

(2) 論文

강성윤「『북한학』연구의 현황과 과제」『분단반세기북한연구사』(カン・ソンユン「『北韓学』研究の現況と課題」『分断半世紀北韓研究史』、ハンウル、一九九九年)。

강영안「기독교와 주체사상」『민족통일과 한국기독교』（カン・ヨンアン「キリスト教と主体思想」『民族統一と韓国キリスト教』、韓国基督学生会出版部、一九九四年）。

강인철「현대북한종교사의 재인식」『해방후북한교회사』（カン・インチョル「現代北韓宗教史の再認識」『解放後北韓教会史』、タサングルバン、一九九二年）。

「종교와 통일운동――한국천주교의사례――」（「宗教と統一運動――韓国天主教の事例――」『宗教文化研究』、韓神大学校宗教文化研究所、一九九九年）。

강정구「통일과정으로서의 평화협정과 평화체제의 구축」『민족화해와 남남대화』、서울：한울아카데미（カン・ジョング「統一過程としての平和協定と平和体制の構築」『民族和解と南南対話』、ハンウルアカデミー、二〇〇一年）。

곽태환「한반도 정치통합의 문제점」『남북한 정치통합과 국제관계』（クァク・テアン「韓半島政治統合の問題点」『南北韓政治統合と国際関係』、慶南大極東問題研究所、一九八六年）。

김병서「민중사회와 민족공동체」『통일과 민족교회의 신학』（キム・ビョンソ「民衆社会と民族共同体」『統一と民族教会の神学』、ハンウル、一九九〇年）。

김성재「민중교육방법론의 연구」『민중과 한국신학』（キム・ソンジェ「民衆教育方法論の研究」『民衆と韓国神学』、韓国神学研究所、一九八二年）。

김용복「민족분단과 기독교의 대응」『한국기독교 사회운동――형성・전개・과제』（キム・ヨンボック「民族分断とキリスト教の対応」『韓国キリスト教の社会運動――形成・展開・課題』、路出版、一九八六年）。

김홍수「한국교회의 통일운동 역사에 관한 재검토」『희년신학과 통일희년운동』（キム・フンス「韓国教会の統一運動史に関する再検討」『禧年神学と統一禧年運動』、韓国神学研究所、一九九五年）。

노치준「한국전쟁이 한국교회의 성격결정에 미친 영향」『기독교사상』（ノ・チジュン「韓国戦争が韓国教会の性格決定に及ぼした影響」『キリスト教思想』四三八号、一九九五年六月）。

류성민「북한종교연구」『분단반세기북한연구사』（リュ・ソンミン「北韓宗教研究」『分断半世紀北韓研究史』）。

「최근북한의 종교정책과 남한종교인의 대북활동」『종교문화연구』（「最近北韓の宗教政策と南韓宗教人の対北活動」『宗教文化研究』）。

박명림「냉전의 해체와 북한연구：시각・이론・해석의 문제」『창작과 비평』、서울：창작과비평사（パク・ミョンリム「冷戦の解体と北韓研究：視角・理論・解釈の問題」『創作と批評』第三二号、創作と批評社、

一九九五年秋号)。

박성준「1980년대의 한국기독교통일운동에 관한 고찰」『희년신학과 통일희년운동』(パク・ソンジュン「一九八〇年代の韓国キリスト教統一運動に関する考察」『禧年神学と統一禧年運動』)。

박재순「주체사상과 민중신학」(パク・ジェスン「主体思想と民衆神学」『南北教会の出会いと平和統一神学』)。

박종화「민족통일의 성취와 통일신학의 성립」(パク・ジョンファ「民族統一の成就と統一神学の成立」『南北教会の出会いと平和統一神学』)。

「분단극복과 교회의 역할」『남북교회의 만남과 평화통일신학』(「分断克服と教会の役割」『南北教会の出会いと平和統一神学』)。

「남북교류와 한국교회통일운동의 반성과 전망」『민족통일과 평화』「南北交流と韓国教会統一運動の反省と展望」『民族統一と平和』、韓国神学研究所、一九九五年)

박형중「북한정치연구」『분단반세기북한연구사』(パク・ヒョンジュン「北韓政治研究」『分断半世紀北韓研究史』)。

박희승「민족통일과 불교」『석림』(パク・ヒスン「民族統一と仏教」『釈林』第二七号、一九九三年)。

배재식「남북한통일방안에 관한 법적평가」『민족화합민주통일론Ⅰ』(ペ・ジェシック「南北韓統一方案に関する法的評価」『民族和合民主統一論Ⅰ』、国土統一院、一九八二年)。

변진흥「한국교회의 민족화해운동」『한국천주교회사의 성찰』(ピョン・ジンフン「韓国教会の民族和解運動」『韓国天主教史の省察』、韓国教会史研究所、一九九九年)。

「북한의 종교정책의 변화에 관한 연구——인간중심철학의 대두를 중심으로——」、서울:한양대학교박사논문(「北韓の宗教政策の変化に関する研究——人間中心哲学の台頭を中心に——」、漢陽大学校博士論文、二〇〇二年)。

「현대북한의 종교와 국가」『종교와 국가』(「現代北韓の宗教と国家」『教会と国家』、仁川カトリック大学出版部、一九九七年)。

서정민「한국전쟁과 기독교」『희년신학과 통일희년운동』(ソ・ジョンミン「韓国戦争とキリスト教」『禧年神学と統一禧年運動』)。

서진영「남북관계와 한국정치」『21세기의 남북한정치』(ソ・ジンヨン「南北関係と韓国政治」『二一世紀の南北韓政治』、ハンウル、二〇〇〇年)。

송기득「민족통일에 대한 신학적 과제」『기독교와 주체사상』(ソン・ギドック「民族統一に対する神学的課題」『キ

リスト教と主体思想』、信仰と知性社、一九九三年)。

안재웅「기독교 평화통일운동의 평가와 과제」『기독교사상』(アン・ジェウン「キリスト教の平和統一運動の評価と課題」『キリスト教思想』第四七四号、一九九八年六月)。

이삼열「한반도의 평화와 정의――한국의 입장――」『한국교회통일문제주요자료집』(イ・サムヨル「韓半島の平和と正義――韓国の立場――」『韓国教会統一問題主要資料集(一九八四・一〇―一九八七・五)』)。

「한국기독교와 통일운동――교회협의회선언의 입장과 배경――」『남북교회의 만남과 평화통일신학』(「韓国キリスト教と統一運動――教会協議会宣言の立場と背景――」『南北教会の出会いと平和統一神学』)。

「분단의 극복과 기독교」『남북교회의 만남과 평화통일신학』(「分断の克服とキリスト教」『南北教会の出会いと平和統一神学』)。

「평화의 주 고백과 통일」『남북교회의 만남과 평화통일신학』(「平和の主の告白と統一」『南北教会の出会いと平和統一神学』)。

이상규「통일운동에 대한 보수교단의 어제와 오늘」『기독교사상』(イ・サンギュ「統一運動に対する保守教団の昨日と今日」『キリスト教思想』第四三九号、一九九五年七月)。

이장희「민족화해를 위한 남북기본합의서의 법적・제도적 실천방향」『민족화해와 남남대화』(イ・ジャンヒ「民族和解のための南北基本合意書の法的・制度的実践方案」『民族和解と南南対話』、ハンウル、二〇〇一年)。

이재정「민중신학과 주체사상――주체론에 관한 비교――」『통일과 민족교회의 신학』(イ・ジェジョン「民衆神学と主体思想――主体論に関する比較――」『統一と民族教会の神学』、ハンウル、一九九〇年)。

이지범「북한불교의 어제과 오늘」『불교평론』、서울(イ・ジボム「北韓仏教の昨日と今日」『仏教評論』第五号、二〇〇〇年)。

오준근「남북교류협력 활성화를 위한 법제정비방안」『21세기 민족화해와 번영의 길』(オ・ジュングン「南北交流協力の活性化のための法制整備法案」『21世紀民族和解と繁栄の道』、クリスチャン書籍、二〇〇〇年)。

윤응진「평화통일 희년맞이를 위한 기독교교육적 과제」『민족통일과 평화』(ユン・ウンジン「平和統一の禧年を迎えるためのキリスト教の教育的課題」『民族統一と平和』、韓国神学研究所、一九九五年)

윤기원「국가보안법 개폐논의에 대하여」『민족화해와 남남대화』(ユン・ギウォ「国家保安法の改廃議論について」『民族和解と南南対話』)。

이승환「민족통일운동의 현황과 과제」『민족화해와 남남대화』(イ・スンファン「民族統一運動の現況と課題」『民

族和解と南南対話』)。

임혁백「남북한통일정책의 비교분석」『남북한통합론――이론적및 경험적연구――』(イム・ヒョックベック「南北韓統一政策の比較分析」『南北韓統合論――理論的および経験的研究――』、インガンサラン、一九九二年)。

장명국「80년대 민족운동의 전망과 과제」『해방40년의 재인식』(チャン・ミョングック「80年代の民族運動の展望と課題」『解放40年の再認識』、ドルベゲ、一九八六年)。

조국「한국근현대사에서의 사상통제법」『역사비평』(ゾ・グック「韓国近現代史における思想統制法」『歴史批評』、一九八八年夏号)。

조병활「불교통일운동의 현단계」『불교평론』(チョ・ビョンファル「仏教統一運動の現段階」『仏教評論』第二巻第四号、二〇〇〇年)。

조성렬「통일운동과 불교의 역할」『불교평론』(チョ・ソンヨル「統一運動と仏教の役割」『仏教評論』第二巻第四号、二〇〇〇年)。

최대권「한국헌법의 좌표――『영토조항』과『평화적통일조항』――」『법제연구』(チェ・デクォン「韓国憲法の座標――『領土条項』と『平和的統一条項』――」『法制研究』第二巻第一号、一九九二年六月)。

한국불교사회연구소「불교사상과 마르크스주의와 주체사상의 인간관의 비교연구」『불교와한국사회』(韓国仏教社会研究所「仏教思想とマルクス主義と主体思想の人間観の比較研究」『仏教と韓国社会』第三号、一九八九年一〇月)。

한호석「황장엽류의 주체철학해석에 대한 북조선 내부의 비판」(ハン・ホソック「黄長燁流の主体哲学解釈に対する北朝鮮内部の批判」、www.onekorea.or)。

홍근수「기독교의 사회윤리학적 입장에서 본 통일」『남북교회의 만남과 평화통일신학』(ホン・グンス「キリスト教の社会倫理学的立場から見た統一」『南北教会の出会いと平和統一神学』)。

홍성현「분단상황의 극복을 위한 신학의 몇가지 모티브」『남북교회의 만남과 평화통일신학』(ホン・ソンヒョン「分断状況の克服のための神学のいくつかのモティーフ」『南北教会の出会いと平和統一神学』)。

3. 朝鮮語文献

（1）単行本

김일성『세기와 더불어』제1권、평양：조선로동당출판사（金日成『世紀とともに』第1巻、朝鮮労働党出版社、一九九二年）。

김창하『불멸의 주체사상』、평양：사회과학출판사（キム・チャンハ『不滅の主体思想』、社会科学出版社、一九八五年）。

김철앙『주체철학 개요』、동경：구월서방（キム・チョルアン『主体哲学概要』、九月書房、一九九〇年）。

리진규『주체의 정치학』、동경：구월서방（リ・ジンキュウ『主体の政治学』、九月書房、一九八八年）。

박승덕외『주체의 사상・이론・방법의 심화발전』제1권―제5권、평양：사회과학출판사（バク・スンドック他『主体の思想・理論・方法の深化発展』第1巻―第5巻、社会科学出版社、一九八四年）。

『정치사전』、평양：사회과학출판사（『政治事典』、社会科学出版社、一九七三年）。

정하철『우리는 왜 종교에 반대하는가』평양：조선로동당출판사（ジョン・ハチョル『我々はなぜ宗教に反対するのか』、朝鮮労働党出版社、一九五九年）。

『조선어대사전』제1권・제2권、평양：사회과학원언어학연구소（『朝鮮語大辞典』第1巻・第2巻、社会科学院言語学研究所、一九九二年）。

『조선대백과사전』제1권―제23권、평양：백과사전출판사（『朝鮮大百科事典』第1巻―第23巻、百科事典出版社、一九七三年）。

『철학사전』、평양：사회과학원철학연구소（『哲学事典』、社会科学院哲学研究所、一九八一年）。

한중모『주체의 인간학』、평양：사회과학출판사（ハン・ジュンモ『主体の人間学』、社会科学出版社、一九八七年）

『현대조선어사전』、평양：사회과학원언어학연구소（『現代朝鮮語辞典』、社会科学院言語学研究所、一九八一年）。

（2）論文

김일성「사상사업에서 교조주의와 형식주의를 퇴치하고 주체를 확립할데 대하여」『김일성저작집9』（金日成「思

想事業で教条主義と形式主義を一掃し、主体性を確立するために」『金日成著作集９』、朝鮮労働党出版社、一九八〇年）。

「조선민주주의인민공화국에서의 사회주의건설과 남조선혁명에 대하여」『김일성저작집19』（「朝鮮民主主義人民共和国における社会主義建設と南朝鮮革命について」『金日成著作集19』、朝鮮労働党出版社、一九八二年）。

「반미투쟁을 강화하자」『김일성저작집21』（「反米闘争を強化しよう」『金日成著作集21』、朝鮮労働党出版社、一九八三年）。

「우리당의 주체사상과 공화국정부의 대내외정책의 몇가지 문제에 대하여」『김일성저작집27』（「わが党の主体思想と共和国政府の対内外政策にいくつかの問題について」『金日成著作集27』、朝鮮労働党出版社、一九八四年）。

「조선로동당의 역사적경험」『김일성저작집40』（「朝鮮労働党建設の歴史的経験」『金日成著作集40』、朝鮮労働党出版社、一九九四年）。

김정일

「사회주의의 사상적 기초에 관한 몇가지 문제에 대하여」『김정일선집10』（「社会主義の思想的基礎に関するいくつかの問題について」『金正日選集10』、朝鮮労働党出版社、一九九七年）。

「주체철학에 대한 올바른 관점과 리해를 가질데 대하여」『김정일선집10』（「主体哲学に対する正しい観点と理解を持つことについて」『金正日選集10』、朝鮮労働党出版社、一九九七年）。

「주체사상에 대하여」『친애하는 지도자 김정일동지 문헌집』（「主体思想について」『親愛する指導者金正日同志の文献集』、朝鮮労働党出版社、一九九二年）。

「주체사상 교양에서 제기되는 몇가지 문제에 대하여」『친애하는 지도자 김정일동지문헌집』（「主体思想教養で提起されるいくつかの問題について」『親愛する指導者金正日同志の文献集』、朝鮮労働党出版社、一九九二年）。

박승덕

「주체사상의 몇가지 문제에 대하여」『기독교와 주체사상』（パク・スンドック「主体思想のいくつかの問題について」『キリスト教と主体思想』）。

「주체사상의 종교관」『기독교와 주체사상』（「主体思想の宗教観」『キリスト教と主体思想』）。

「기독교에 대하는 주체사상의 새로운 관점」『기독교와 주체사상』（「キリスト教に対する主体思想の新しい観点」『キリスト教と主体思想』）。

4. 英語文献

(1) 単行本

Anthony de Crespigny and Kenneth Minogue, ed., *Contemporary Political Philosophy* (New York: Dodd, Mead & Company, 1975).

Arm Control Association, *Arm Control and National Security: An Introdution* (Washington D.C: Arms Control Association, 1989).

Arnold Wolfers, *Discord and Collaboration: Essays on International Politics* (Baltimore: The Johns Hopkins Press, 1962).

Arthur F. McGovern, Marxism: *An American Christian Perspective* (Maryknoll, New York: Orbis Books, 1980).

Barry K. Gills, *Korea versus Korea: A case of Contested Legitimacy* (London: Routledge, 1996).

Bertrand Badie & Pierre Birnbaum, *The Socialogy of the State*, trans. by A. Goldhammer (Chicago and London: The University of Chicago Press, 1983).

Billy Graham Evangelistic Association, *North Korean Journey: Billy Graham in theDemocratic People's Republic of Korea* (Minneapolis, MN: World Wide Publication, 1993).

Carole Pateman, *Participation and Democratic Theory* (Cambridge: Cambridge University Press, 1970).

Charles R. Beitz, *Political Theory and International Relations* (New Jersey: Princeton University Press, 1979).

Choy Bong-youn, *A History of the Korean Reunification Movement: Its Issues and Prospect* (Illinois: Bradley University Press, 1984).

Daniel H. Levin, *Religion and Politics in Latin America: The Catholic Church in Venezuela and Columbia* (Princeton NJ: Princeton University Press, 1981).

Douglas Johnston & Cynthia Sampson, ed., *Religion, The Missing Dimension of Statecraft* (Oxford: Oxford University Press, 1994).

Elie Kedourie, *Nationalism* (London: Anchor Press Ltd, 1960).

Ernest Gellner, *Conditions of Liberty: Civil Society and Its Rivals* (London: Harmish hamilton, 1994).

Gareth Evans, *Cooperation for Peace* (Australia: Allen & Unwin, 1993).
Göran Therborn, *The ideology of Power and the power of Ideology* (London: Villiers Pubulication, 1980).
Gregory Baum and Harold Wells, ed., *The Reconciliation of Peoples: Challenge to the Churches* (Maryknoll, New York: Orbis Books, 1977).
Gregory Henderson, *Korea: The Politics of the Vortex* (Cambridge: Harvard University Press, 1968).
Hans Barth, *Truth and Ideology, trans.* by Frederic Lilge (Berkeley: University of California Press, 1961).
Henry A. Landsberger, ed., *The Church and Social Change in Latin America* (Notre Dame: University of Notre Dame Press, 1970).
Janine Chanteur, *From War to Peace* (Boulder and London: Westview Press, 1992).
Johan Galtung and Carl G. Jacobson, *Searching for Peace* (London: Pluto Press, 2000).
Kang Wi-Jo, *Christ and Caesar in Modern Korea: A History of Christianity and Politics* (Albany: State University of New York Press, 1997).
Khil Young-Whan, *Politics and Policies in Divided Korea: Regimes in Contest* (Boulder and London: Westview Press, 1984).
Korea Ministry of Culture and Sports, *Religious Culture in Korea* (Seoul: Hollym Co., 1997).
Kwak Tae-Hwan, ed., *The Four Powers and Korean Unification Strategies* (Seoul: KyungNam University Press, 1997).
National Unification Board, *A Comparision of Unification Policies of South and North Korea* (Seoul: National Unification Board, 1990).
Leonardo Boff, *Saint Francis: A Model for Human Liberation*, trans. by J. W. Dierckmeier (New York: Crossroad Press, 1982).
Church: Charism and Power-Liberation Theology and the Institutional Church-, trans. by J. W. Dierckmeier (New York: Crossroad Press, 1982).
Martin Seliger, *Ideology and Politics* (New York: The Free Press, 1976).
Martin Shaw, *Post-Military Society: Militarism, Demilitarism and War at the End of the Twentieth Century* (Philadelpia: Temple University Press, 1991).

National Council of Churches in Korea, *Report of the International Christian Consultation on Justice and Peace in Korea, April25-29, 1988* (seoul, 1989).
Park Kyung-Seo, *Reconciliation, Reunification: The Ecumenical Approach to Korean Peninsula Based on historical documents* (Hong Kong: Clear Cut Publishing & Printing Co., 1998).
Reinhold Niebuhr, *Christian Realism and Political Problem* (New York: Charles Scribner's Sons, 1953).
R. A. Dahl, *Regime and Opposition* (New Haven: Yale University Press, 1973).
R. Mandel, *The Changing Face of National Security: A Conceptual Analysis* (Conneticut: Greenwood Press, 1994).
R. N. Bellah, *Religion and Progress in Modern Asia* (New York: The Free Press, 1965).
Beyond Belief (New York: Harper & Row, 1970).
S. P. Huntington, *Political Order in Changing Societies* (New Haven: Yale University Press, 1968).
The Third Wave: Democratization in the Late Twentieth Century (Norman and London: University of Oklahoma Press, 1991).
Thomas J. Belke, *Juche: A Christian Study of North Korea's State Religion* (Bartlesville, OK: Living Sacrifice Book Company, 1999).
W. R. Schmidt, *Memoir in Dialogue* (Hong Kong: Christian Conference of Asia, 2002).

(2)論文

A. G. Foster-Carter, "Standing Up: The Two Korean States and The Dependency Debate: A Bipartisan Approach", *Dependency Issues in Korean Development: Comparative Perspective*, ed. by Kim Kyong-Dong (Seoul: Seoul National University Press, 1987).
Alessandro Corradini, "Disarmament Education as a Distinct Field of Study", *Armament, Arms Control and Disarmement*, ed., by Marek Thee (Paris: The UNESCO Press, 1981).
Anders Boserup, "A Way to Undermine Hostility", *Bulletin of the Atomic Scientist*, Vol.44, Sep. 1988.
Brian. H. Smith, "Religion and Social Change", *Latin American Research Review*, Vol. 10, No.2, 1975.
Bruce Cumings, "Ending the Cold War in Korea", *World Policy Journal*, Vol.3, 1984.

Choi Jin-Wook, "Inter-Korean Economic Cooperation: A Vital Element of Seoul's Unification Policy", *The Korean Journal of National Unification*, Vol.4, 1995.

Choi Kang, "Inter-Korean Confidence-Building", *Asian Perspective*, Vol.20, No.2, 1996.

C. Rhodes, "The Juche Idea and its Role in the North Korea Political Economy", *North Korea in the New World Order*, ed. by Hazel Smith (New York: St. Martin's Press, 1996).

Doh Jin-Soon, "Deduction of the National Division and the Premise of Reunification of the Korea Peninsula", *Korea Journal*, Vol. 38, No.4, Win. 1988.

Donald S. Macdonald, "Reunification and Korean Foreign Policy", *The Korean Journal of National Unification*, Vol.1, 1992.

Erich Weingartner, "First Official WCC Visit to North Korean Christians", *One World*, Apr. 1986.

"The Tozanso Process: Ecumenical Efforts for Korean Reconciliation and Reunification", *The Reconciliation of Peoples: Challenge to the Churches*, ed., by G. Baum and H. Wells (Maryknoll, New York: Orbis Books, 1977).

Ha Young-Sun, "Post-Modern Development Project of the Demilitarized Zone in Korea", *Korea Observer*, Vol. 24, No.3, 1993.

Je Seong-Ho, "How to Build a New Peace Structure on the Korean peninsula", *The Korean Journal of National Unification*, Vol.4, 1995.

Johan Galtung, "Peace Studies as Countertrend in International Relation Theory: On The Linkage Between Cosmology and Epistemology", *Pyungwha-Yongu*, No.7, ed. by The Institute of Peace Studies in Korea University (Seoul: Korea University Press, 1988).

Kee Woo-Sik, "The Path Toward a Unified Korean Economy", *Korea and World Affairs*, Vol.15, No.1, 1991.

Kil Jong-Woo, "Building Peace on the Korean Peninsula: In Search of a Multi-Dimensional Approach", *The Korean Journal of National Unification*, Vol.1, 1992.

Kim Han-Kyo, "Reconciliation and Cooperation between the Two Koreas in the Era of Globalization", *Korea Observer*, Vol.25, No.4, Win. 1994.

Lee Dal-Gon, "Negotiation Strategy between the Two Koreas: With Emphasis on Politico Military Affairs", *The*

Korea Journal of Policy Studies, Vol.5, 1990.

Lee Sam-Sung, "Building a Peace Regime on the Korea peninsula: A Three-Step Concept for the Peace Process", *Asian Perspective*, Vol.20, No.2, 1996.

Leon V. Sigal, "Who is Fighting Peace in Korea?: An Undiplomatic History", *World Policy Journal*, Vol.14, No.3, 1977.

Li Cong, "Some Views on the Reunification of South Korea and North Korea on the Korean Peninsula", *The Korean Journal of National Unification*, Special Edition, 1993.

Mehervan Singh, "ACRP Report", *Bridges of Peace in Asia*, ed. by Choi Eui-Pal, Lee Kang-Back, Kim Hung-Su (Seoul: Asian Conference on Religion and Peace, 1986).

Paik Jin-Hyum, "Necessity and Task for More Active Policy of Peaceful Coexistence and Cooperation on the Korean Peninsula", *Korea and World Affairs*, Vol.16, No.4, Win. 1993.

Paul A. Kowert, "National Identity: Inside and Out", *Security Studies*, Vol.8, Win. 1988.

R. Calvo, "The Church and the Doctrine of National Security", *Journal of Interamerican Studies & World Affairs*, Vol.21, No.1, Feb. 1970.

R. L. Walker, "Korean Unification: The Functional Approach-What Prospect?", *Korea Observer*, Vol.11, No.4, 1980.

Robert O. Keohane, "Reciprocity in International Relations", *International Organization*, Vol.40, No.1, Win. 1986.

Shin Ki-Young, "Christianity and National-Building in Korea", Arizona State University Ph. D. Dissertation, 1993.

Vasily V. Mikheev, "A Korean Settlement: New Political Thinking vs. Old Ambition", *Korea and World Affairs*, Vol.13, No.4, Win. 1989.

W. Huber, "What kind of peace?", *Report of the International Christian Consultation on Justice and Peace in Korea, April25-29, 1988*, ed. by KNCC (seoul: 1989).

Yu Suk-Ryul, "Theoretical Approach to South korea's Unification Policy", *Korea and World Affairs*, Vol.12, No.4, 1988.

あとがき

本書は、二〇〇四年七月に早稲田大学大学院の政治学研究科に提出した博士論文「韓国国家の南北朝鮮統一政策と韓国プロテスタントの統一運動――政教間対立の特徴と意味：一九八〇―一九八八」を部分的に補足したものである。論文を提出してから二年余の歳月が経ったので、この間韓国で行われた新しい研究の成果を注などの形で補足し、結論の部分で、一九八八年以降現在の盧武鉉政権が発足した二〇〇三年までの展開過程を書き下ろした。しかしその他、本書の内容は博士論文のそれと全く同じである。

冷戦の終焉以降、南北朝鮮の関係は劇的な変化を遂げている。二〇〇〇年六月には分断の歴史上初めて南北首脳会談が行われ、「六・一五共同宣言」に合意した。以来、南北関係は画期的に進展し、政府と民間レベルで活発な交流が行われてきている。わたしは、このような南北関係の友好的な発展が、北朝鮮の核兵器の廃棄のための六者会談の進展とともに、朝鮮半島だけでなく、東北アジアの望ましい新秩序を構築することにおいて、必須不可欠であると考え、もっとも敵対的であった南北関係に劇的な変化をもたらした韓国の国内政治の変動に注目したのである。

本書を通して、わたしが何よりも示そうとしたものは次の二つである。一つは、韓国の対北朝鮮包容政策が、単に特定の政治家や政党の所産ではなく、一九八七年六月の民主化以前から展開されてきた韓国の市民社会の「平和統一」運動と、それによって幅広く形成された国民世論の結果だということである。このことは、韓国の包容政策の根強い生命力を表すとともに、今後において政権及び大統領の交替にもかかわらず、その政策の根幹が持続される可能性が高いということを意味する。そしてもう一つは、南北関係の改善において、既存の権力政治の論理を超えた、宗教の普遍的理念に基づいた理想主義的な運動が、「非現実的」であるという批判及び政治権力の抑圧にもかかわらず、究極的に現実政治の変動をもたらすことができたということである。このような政治過程は、現在において、国民国家レベルにおける現実主義的な権力政治の論理を相対化し、「東アジア共同体」を形成しようとする多様な論議と運動にも示唆するところが多いだろうと思う。

わたしが政治学徒として理想主義の理論及び観点に共感を覚えることになったのは、故・藤原保信先生のご指導をいただいたのがきっかけであった。大学院のゼミ以来今日にいたるまで、自由主義の理想主義的自己修正を通じてマルクス主義と自由主義の問題点を克服しようとした先生の思想的試みは、今後の南北朝鮮の望ましい政治秩序を模索することにおいて、わたしの立場の根幹を形成してくれた。また、故・飯坂良明先生は、聖学院大学でお会いして以来、宗教政治学に関する理論的指導をしてくださるとともに、宗教の国際的な平和活動に実際に参加する機会を与えてくださった。わたしが、韓国プロテスタントの「平和統一」の思想において自由主義の理想主義的自己修正の試みを確認し、その実践的運動の政治的意味に注目するようになったのは、お二人の先生のおかげである。遅ればせながら本書を両先生のご霊前に捧げたい。

また、こうして本書をまとめ、出版するまでには、実に多くの方々から多様なご指導をいただいた。すべての方々のお名前を挙げることはできないが、藤原先生の没後、指導教授を引き受け、途方に暮れていたわたしを励まし、博士論文の主査をしてくださった飯島昇藏先生、近代国家に対する批判的な視角から韓国のナショナリズムを相対化して考える機会を与えてくださった梅森直之先生、現代韓国政治の全般に対するご教授に加えて、博士論文に対する貴重なご助言をいただいた木宮正史先生（東京大学）、宗教の国際的な平和活動の重要性についてご指導をいただき、論文の完成を励ましてくださった真田芳憲先生（中央大学・今年退官）、高麗大学における恩師である崔相龍先生、崔章集先生には、この場をお借りして、特に感謝の気持ちをお伝えしたい。わたしの非力ゆえに、ほんのわずかしかすくいあげることができなかったが、先生方の貴重なご教示がなかったら、本研究は完成しなかったに違いない。

本書を作成する期間中に、中央学術研究所は多年間にわたり、わたしが研究に専念することのできる最適の環境、財政的な支援、実に温かい精神的な声援を送ってくださった。心からお礼を申し上げたい。そして今回の出版にあたって、早稲田大学の二一世紀ＣＯＥプログラム「開かれた政治経済制度の構築」（COE-GLOPE）から若手研究成果刊行助成を受けることができた。拠点リーダーの藪下史郎先生、出版助成の審査をしてくださった匿名の先生方、事務局のみなさまにこの機会に厚く感謝申し上げたい。また本書の出版を引き受けていただいた社会評論社、丁寧にミスを直してくださった担当編集者の新孝一さんにもお礼申し上げたい。最後に、これまでの長い間、わたしを物心両面にわたり援助してくれた両親に感謝したい。

二〇〇七年夏

李鎔哲

［タ行］

索引

李鎔哲（イ・ヨンチョル）

1958年韓国春川に生まれる。高麗大学政治外交学科および同大学院卒業、早稲田大学大学院政治学研究科で博士号取得。政治思想、韓国・北朝鮮政治専攻。現在、高麗大学アジア問題研究所責任研究員、早稲田大学アジア研究機構研究員、早稲田大学大学院政治学研究科非常勤講師。

主要論文・訳書
「政治権力と自由——丸山真男の信教の自由論を中心に——」『中央学術研究所紀要』第28号（2000年）、第29号（2001年）。
「북일수교협상의 동향과 일본의 입장」（「日朝修交交渉の動向と日本の立場」）、『亜太政治研究』創刊号、2005年。
『자유주의의 재검토』（藤原保信『自由主義の再検討』）、白山書堂、2005年。

韓国プロテスタントの南北統一の思想と運動
——国家と宗教の間で

2007年9月30日　初版第1刷発行

著　者——李鎔哲
発行人——松田健二
発行所——株式会社社会評論社
東京都文京区本郷2-3-10
☎03(3814)3861　FAX.03(3818)2808
http://www.shahyo.com
印　刷——倉敷印刷株式会社
製　本——東和製本

Printed in Japan